"十四五"职业教育国家规划教材

高等院校婚庆专业"十三五"规划教材

婚礼主持教程（第二版）

主　编　万俊杰　王书恒

参　编　王晓玫　金　毅

王　伟　王　楠

中国铁道出版社有限公司

CHINA RAILWAY PUBLISHING HOUSE CO., LTD.

内容简介

本书基于现代教学理念和行动导向的教学方式，采取全新的编写模式，按照婚礼主持人工作的过程，采用项目制的编写模式设计结构和顺序，体现了“教学做一体化”“教中学、学中做”的人才培养理念。

本书按照婚礼主持人的工作过程分为八个教学项目，包括婚礼主持概述、婚礼主持艺术语言的表达、接受婚礼主持任务、婚礼主持前的准备工作、婚礼彩排、婚礼仪式的现场主持、婚礼主持的评估与总结、婚礼主持作品赏析及专项训练。相信本教程的出版能够为更好地培养婚庆专业人才奠定更加坚实的理论和实务基础，对于推动婚庆行业的专业化、职业化起到积极的作用。

本书适合作为高等院校婚庆专业的教材，也可作为婚庆行业工作人员的工具书，还可作为广大读者了解婚礼主持知识的参考书。

图书在版编目（CIP）数据

婚礼主持教程 / 万俊杰，王书恒主编 . — 2 版 . —北京：中国铁道出版社，2018.9（2023.7 重印）

高等院校婚庆专业“十三五”规划教材

ISBN 978-7-113-24850-5

Ⅰ . ①婚… Ⅱ . ①万… ②王… Ⅲ . ①结婚 - 主持人 - 高等学校 - 教材 Ⅳ . ① K892.22

中国版本图书馆 CIP 数据核字（2018）第 195918 号

书　　名：婚礼主持教程
作　　者：万俊杰　王书恒

策　　划：魏　娜　　**编辑部电话：**（010）63549508
责任编辑：陆慧萍　徐盼欣
封面设计：刘　颖
责任校对：张玉华
责任印制：樊启鹏

出版发行：中国铁道出版社有限公司（100054，北京市西城区右安门西街 8 号）
网　　址：http://www.tdpress.com/51eds/
印　　刷：三河市宏盛印务有限公司
版　　次：2013 年 9 月第 1 版　2018 年 9 月第 2 版　2023 年 7 月第 6 次印刷
开　　本：787 mm×1 092 mm　1/16　**印张：**11　**字数：**244 千
书　　号：ISBN 978-7-113-24850-5
定　　价：32.00 元

高等院校婚庆专业“十三五”规划教材
编委会名单

总序

凝结着四所高校教师和婚庆行业一线专家集体智慧和辛勤付出的“高等院校婚庆专业‘十三五’规划教材”终于面世了。我们为之感到由衷的欣慰。这是婚庆专业教育理论建设、专业研究和专业教育情结使然。

2007 年，北京社会管理职业学院开始举办高等职业教育后，在民政管理专业项下设立了三个专业方向：婚庆服务与管理、社会救助与管理、殡仪服务与管理，自此在全国高校开创了婚庆专业的先河。而在专业建设之初，教材建设就成为专业建设的重中之重。从 2007 年下半年开始，北京社会管理职业学院婚庆教研室就着手编写婚庆专业自编讲义，至 2010 年已经编写完成了《婚姻庆典服务概论》《婚礼策划实务》《婚礼现场督导》《婚礼主持艺术》《普通话与婚礼主持》《婚礼摄影》《婚礼色彩学》《婚俗文化学》《婚礼花艺与现场布置》《婚礼音乐鉴赏与编辑》《婚庆公司经营与管理》《婚庆服务礼仪》等 12 本校本自编讲义。这些自编讲义为我们出版“高等院校婚庆专业‘十三五’规划教材”奠定了坚实的基础。

随着我国高等学校高职高专婚庆专业的迅速发展和社会需求的不断增长，高职高专婚庆专业教材建设也面临着更高的要求。目前，除北京社会管理职业学院开办婚庆专业外，湖北民政职业学院、长沙民政职业技术学院、重庆城市管理学院也相继开办了婚庆专业。据统计，目前已经有 23 所高职院校、3 所中职学校开设了婚庆服务和管理专业或方向。为更好地配合高等职业教育婚庆专业的教学改革，加大工学结合教学资源的开发力度，为高职高专婚庆专业高端技能型人才培养提供优质教材支持，我们依靠民政部牵头组建和管理的、指导民政职业教育与培训工作的专家组织——民政行业教育指导委员会的领导，由民政行业教育指导委员会教材编写委员会、北京社会管理职业学院民政管理系牵头，长沙民政职业技术学院、重庆城市管理职业学院、湖北民政职业学院提名人选参与，同时吸纳了部分婚庆行业专家，成立了“高等院校婚庆专业‘十三五’规划教材编写委员会”（以下简称编委会），负责规划教材的组织编写。

“高等院校婚庆专业‘十三五’规划教材”总结了婚庆服务领域企业经营、技术经验、行业标准等方面理论和实践经验，展示了婚庆服务的未来发展趋势，突出了专业性、统一性和规范性。在具体编写上，体现了行业特点和前瞻性，并将国际、国内先进婚庆行业发展理念和实践经验提炼出来；力求成为引导我国婚庆行业未来发展的高质量、高水平的“高等院校婚庆专业‘十三五’规划教材”。

本系列教材包括：《婚礼策划实务（第二版）》《婚礼现场督导》《婚礼主持教程（第二版）》《婚礼花艺与现场布置（第二版）》《婚礼化妆造型技术》《婚礼音乐鉴赏与编辑》《婚庆公司经营与管理》《中西婚礼文化（第二版）》《婚礼摄影教程》《婚庆服务礼仪》《婚礼色彩设计与应用（第二版）》《婚姻庆典服务概论》《婚礼手绘教程》等。在每本书体例设计上采取以工作流程为主线设计教材的方式，突出体现了基于工作过程的设计理念。

编委会按照“服务婚姻、服务婚庆、服务行业”的理念，将内容与专业未来发展相衔接，结合各编者所在高校的自身优势，分工合作，并于 2013 年 1 月 20 日召开了各分册编写大纲审议会议，确定了编写计划和各分册编写提纲。在北京社会管理职业学院编写讲义的基础上，历时两年多陆续由中国铁道出版社正式出版。

本系列教材体系框架主要由王晓玫教授带领相关教师和行业专家构思而成，在此基础上，又由各分册的主编和作者作了进一步的讨论和修改。展示在广大读者面前的这套“高等院校婚庆专业‘十三五’规划教材”，无疑凝聚着所有给予指导和参与撰写、讨论修改的专家、教师的集体智慧。

本系列教材出版后，获得开设婚庆专业的院校的热烈欢迎和选用，也获得了婚庆行业的高度评价和积极使用。由于部分教材已经售罄或者即将售罄，同时，经过调研有的教材需要进行修订完善，经编委会与出版社商议，决定在第一版的基础上，对已经出版的教材进行修订后再版。

“高等院校婚庆专业‘十三五’规划教材”受水平所限，在其理论和实践的探索中难免会有这样或那样的疏漏或缺陷，敬请婚庆、婚俗理论界、实务界和所有关心婚庆教育的人士给予批评、指教。

邹文开

2016 年 6 月 26 日于北京

2版 前言

任何艺术形式的产生和发展都是与社会经济文化的发展密切相关的。商品经济的发展带动了城市的繁荣，婚礼主持艺术是随着城市繁荣而发展起来的。随着时代的发展，婚礼主持人逐步替代了“婚礼司仪”的称谓，而且所指范围更加宽泛，表现手段更加多样化。目前，追求个性化、高品位、既喜庆热烈又温馨浪漫的婚礼已经成为时尚，为婚礼选择一名称职的主持人可以说是婚礼成功的一半，更能给婚礼锦上添花。

伴着婚庆产业的迅速崛起，我们发现婚礼的形式新颖多样，传统的中式婚礼、简约的西式婚礼、温馨的酒店婚礼、时尚的草坪婚礼、浪漫的烛光婚礼……婚礼庆典呈现出个性与多样、怀旧与时尚、注重情感与追求浪漫并存的多元化格局。我们也看到，婚礼从传统的只注重仪式性开始向重视婚礼文化、注重婚礼策划、提升生活品位方向转变。这促使婚礼主持人要具备良好的专业素质。一名优秀的婚礼主持人，既要有相声演员有关说、学、逗、唱的基本功，还要具备吐字发声、播音朗诵、形体礼仪以及现场导演等基本素质和技能，更应该掌握天文地理、民俗民风、竞技娱乐、中西方婚礼文化等方面的基本知识。

构思和撰写本书，我们的态度是十分认真和诚恳的，主编和全体参编人员边思考、边写作、边修改，我们还访问了活跃在婚庆行业一线的婚礼主持人，终于完成了这本“抛砖引玉”的拙作。从第一版出版至今，国内外的婚庆行业又有了新的发展，移动互联、人工智能、大数据等新科技促进婚庆行业新业态快速增长。习近平总书记指出：“要高度关注新业态发展，坚持网上网下结合，做好新就业群体的思想引导和凝聚服务工作。”党的二十大报告中指出：“中华优秀传统文化源远流长、博大精深，是中华文明的智慧结晶。”文化自觉、文化自信、文化自强等软实力悄然影响着我国婚庆行业的深刻变革。科技力量日新月异，文化魅力历久弥新，科技与文化已经为婚庆产业注入了新的动能和活力，婚庆产业的商业模式、经营方式、市场环境正在持续升级，作为婚礼主持人要审时度势，深层次去考量这些问题，因此，决定修订《婚礼主持教程》。

本书基于现代教学理念和行动导向的教学方式，采取了全新的编写模式，按照婚礼主持人工作的过程，采用项目制的编写模式设计结构和顺序，体现了“教学做一体化”“教中学、学中做”的人才培养理念。

本书按照婚礼主持人的工作过程分为八个项目，包括：项目 1 婚礼主持概述；项目 2

婚礼主持艺术语言的表达；项目 3 接受婚礼主持任务；项目 4 婚礼主持前的准备工作；项目 5 婚礼彩排；项目 6 婚礼仪式的现场主持；项目 7 婚礼主持的评估与总结；项目 8 婚礼主持作品赏析及专项训练。同时，每一个项目除学习目标、项目概览、核心技能环节外，都是按照理论知识和教学项目两个方面进行编写，前者体现了基础性和理论性，后者体现了实务性和操作性。

本次修订，项目1、项目4、项目6、项目8的部分内容做了重大调整，各项目后都增加了“拓展阅读”，对婚庆行业一线涌现出的热点现象、出现的新业态、呈现的精品佳作等进行了介绍，引导学生进行科学的哲思。同时，强化了每个项目后的实操能力检测，并按照婚礼主持人的基本要求完善评价标准，在每个项目后增加了项目评价表，注重学生学习过程的考核评价。相信本书的改版能够为更好地培养婚庆专业人才奠定更加坚实的理论和实务基础，进而促进婚庆行业的专业化、职业化、规范化发展，传承发展中华优秀婚俗文化。

本书由万俊杰、王书恒任主编，王晓玫、金毅、王伟、王楠参编。全书由万俊杰负责统稿，由王晓玫负责审稿定稿。具体编写分工如下：

项目 1：北京社会管理职业学院 万俊杰
书恒婚礼主持人培训学校校长 王书恒

项目 2、项目 5、项目 8：北京社会管理职业学院 万俊杰

项目 3：北京社会管理职业学院 万俊杰
著名婚礼督导师 金毅

项目 4：北京社会管理职业学院 万俊杰
书恒婚礼主持人培训学校校长 王书恒

项目 6：北京社会管理职业学院 万俊杰 王晓玫
书恒婚礼主持人培训学校校长 王书恒

项目 7：北京社会管理职业学院 王晓玫 王伟 王楠

本书适合作为高等院校婚庆专业的教材，也可作为婚庆行业工作人员的工具书，还可作为广大群众了解婚礼主持知识的参考书。作者在撰写本书的过程中，参阅了大量的相关资料，吸收了文化学、播音学、民俗学、艺术学、管理学、社会学等方面专家的研究成果，在此一并表示感谢。

诚恳地说，本书并非简单的经验分享，而是注重技能训练，当然也引入一些学理性的阐释，试图为婚礼主持人拓宽视野提供帮助，尝试为婚礼主持技能训练体系的建立做出努力。当下，婚庆行业一线关于婚礼主持艺术的研究尚属空缺，既然是初次尝试，本书中难免有这样那样的缺点和不成熟甚至粗陋之笔，还望大家批评指正，我们愿意听取广大读者中肯的批评和建议。

万俊杰

2023 年夏于北京

目录

项目1 婚礼主持概述

学习目标

- 明确婚礼主持艺术的界定。
- 了解婚礼主持人的发展现状。
- 了解和掌握婚礼主持人在婚礼中的作用。
- 掌握婚礼主持人的形象管理。
- 掌握婚礼主持人的工作流程。

项目概览

婚礼主持的相关概念、基础知识是婚礼主持人首先必须了解和具备的内容。本项目的核心目标是了解婚礼主持的相关概念，掌握婚礼主持人的功能和作用、婚礼主持人的形象管理以及婚礼主持人的基本工作流程。为了实现目标，需要完成任务：明确婚礼主持人的功能。

核心技能

- 婚礼主持人的功能和作用。
- 婚礼主持人的形象管理。
- 婚礼主持人的工作流程。

理论知识

知识点1　婚礼主持艺术的界定

1.1　司仪、婚礼主持人与礼仪主持人

“司仪”一词古而有之，《辞海》中对司仪的解释是举行典礼时的赞礼人。《现代汉语词典》

中对司仪的解释是举行典礼或召开大会时主持仪式的人。《新华字典》中对“司”的解释是主管、主持、经办的意思，对“仪”的解释是仪式，连在一起就是掌控仪式的人。婚礼主持人是从司仪演变而来的，现在在民间仍有人称婚礼主持人为婚礼司仪。

为了适应社会的发展和需求，国家劳动部门在2005年组织相关单位专家团队进行研究论证，完成了对“礼仪主持人”国家职业资格的论证和职业标准的制定，并获准纳入国家职业资格培训体系。申请者经过培训，通过人力资源和社会保障部门统一考试后，将获得由人力资源和社会保障部颁发的职业礼仪主持人资格证书。人力资源和社会保障部在《中华人民共和国职业分类大典（2005增补本）》共收录了包括“礼仪主持人”等在内的77个新职业，但并没有将司仪收录进去。由此可以预见：“司仪”这一称谓即将消失，“礼仪主持人”将取而代之。

“礼仪主持人”的职业定义是：从事礼仪活动方案策划、程序推进、气氛调节和关系沟通等工作的人员。随着人民生活水平的不断提高，各种礼仪活动逐渐增多，礼仪主持人已经成为当今的热门高薪职业。随着礼仪活动数量激增，涉及范围也在不断加大，如政务礼仪、商务礼仪、服务礼仪、社交礼仪、涉外礼仪、营销礼仪、婚庆礼仪等。

2009年12月1日我国首部《婚姻庆典服务国家标准》开始正式实施，新标准将对维护婚庆市场、提高婚庆质量起到重要的作用。中国的婚庆服务业结束了长期以来没有标准、缺少行业规范行为的运作模式，而进入一个标准严格、行为规范、全行业共同遵守的良性循环、健康并可持续发展的新阶段。《婚姻庆典服务国家标准》指出，婚礼主持人应当是指经过相关专业培训、具有相关职业资格的主持人。

2013年8月，人力资源和社会保障部《国家职业分类大典》修订办公室决定将婚礼主持人作为一个新工种纳入新版的国家职业分类大典，成为礼仪主持人职业的一个工种，编号X4-07-99-10。

婚礼主持人是指从事婚庆礼仪活动前期沟通、负责主持文案制作、进行婚礼典礼仪式主持的工作人员，婚礼主持人把握婚礼主题，推进婚礼流程，掌控婚礼现场，以爱情、亲情、友情为主线，突出烘托新人，展现新人的爱情故事，运用语言把婚礼仪式各环节串联起来，引导新人、亲友及来宾共同完成婚礼典礼仪式的人。

1.2 婚礼主持艺术的内涵

婚礼上，新人是主体，新娘、新郎是绝对的主角，但是要真正打造一场成功的婚礼，除了新娘、新郎之外，有一个重要角色是必不可少的，那就是典礼仪式上的主持人。婚礼主持人的作用在现代婚礼中越来越不可忽视，因为一名称职的主持人可以给婚礼锦上添花。在婚礼上，婚礼主持人要善于运用语言艺术把新人衬托出来，帮助新人在最重要的人生舞台上展现出最光彩夺目的一面，让新人感受到婚礼的神圣和美好。①

从广义上讲，婚礼主持是以说为主，集文艺主持、演说、朗诵、表演、曲艺等诸多艺术表现手段为一体的综合艺术；从狭义上讲，婚礼主持是一门语言表达艺术。

婚礼主持是一门语言艺术，主要是借助语言来进行婚庆礼仪服务，其成败在于婚礼主持人

---

① 万俊杰.对象感在婚礼主持艺术中应用的新思考[J].新闻传播，2015（9）：82.

能否娴熟、有效地运用语言工具来组织议程、表达祝福、传递情感、渲染气氛、驾驭场面。①

知识点2 婚礼主持人的发展现状

2.1 婚礼主持人的由来

“司仪”一词最早出现在《诗经•楚茨》“工祝致告，徂赉孝孙”中。其中的“工祝”就是主持祭祀的人。在《周礼》中称“司仪”为官名，谓“秋官司寇所属有司仪，设上士八人、中士十六人。掌傧相礼仪，实为大行人、小行人的辅助人员，故大、小行人为大夫，司仪为士……后世北周亦于秋官府的宾部中大夫、小宾部下大夫之下，设司仪上士、中士。”而最早的婚礼主持人应该是古代被称为“傧相”的人。据《周礼•秋官•司仪》记载：“掌九仪之宾客傧相之礼。”郑玄注曰：“出接宾曰傧，入赞礼曰相。”后来又指婚礼中陪伴新郎的男子和陪伴新娘的女子。

在古代，没有父母之命、媒妁之言，婚姻的合法性是不被认可的。故而，《诗经》中就有“娶妻如何，匪媒不得”的诗句，说明早在周代，媒人就已成为婚姻的要件了。后代的礼制和法律中，都明确规定，婚姻必须有“媒妁之言”，比如《唐律》中规定：“为婚之法，必有行媒。”按照古代的礼制，标准的婚姻要经过六个环节——六礼，即纳采、问名、纳吉、纳征、请期、亲迎。基本上每个环节都需要媒人穿针引线。一般人家的婚礼仪式基本上都由媒人代劳，而社会地位较高的人家，则专门请一个有一定身份的礼宾来主持。

到了1851年（清咸丰元年）至1864年（清同治三年），洪秀全等发动了反对清朝封建统治和外国资本主义侵略的农民起义战争，引进了西方的结婚仪式。呤俐在《太平天国革命亲历记》中这样记载：“我曾经多次见到太平天国所举行的婚礼，我可以说，除了不用指环以外，其他一切仪式都跟英国礼拜堂中的婚礼无异。新人同赴礼拜堂（即“天厅”，每个村或管辖25家的两司马的官署内均设有天厅，至于官长则在自己的天厅里举行婚礼），教士为之祈祷，并严格审查新娘新郎的教理，再联合新人的右手，双方彼此接受了之后，教士为之祝福，宣告婚礼结束。”这时出现了教士担当婚礼主持人的角色。

从中华人民共和国成立后到改革开放前，婚礼司仪不是个专门的职业，那时的司仪没有名字，被叫作“帮着念念的人”，一般都是单位工会的干部担任这一角色。当然年代不一样念的内容也不一样。

婚礼主持人在20世纪90年代前都是兼职的，而且也没有收入。大多在办完喜事后，新人用红纸给婚礼主持人包上一把喜糖来表示感谢。

可见，主持人古已有之，在现代社会中才发展成一种新兴的职业门类。近年来，尽管礼仪主持人队伍发展迅速，在庆典活动、展览仪式、婚丧寿庆等各个领域发挥着重要作用，但行业发展很不规范，从业人员素质和技能水平良莠不齐，绝大多数从业者没有接受过必要的专业培训，高水准的“名嘴”主持人就更少了，礼仪主持人职业从业余趋向专业，从自发走向规范，是必然的趋势。1999年由劳动部、国家统计局、技术监督局颁布的《中华人民共和国职业分类

① 万俊杰. 审美情境下语言功力的彰显：谈婚礼主持语言的特点 [J]. 今传媒，2012（2）：136.

大典》中将主持人纳入大典中，称为“礼仪主持人”，使主持人成为国家认可的职业之一。但是，礼仪主持人涵盖的范围很广，不仅包括政务礼仪、商务礼仪、服务礼仪、社交礼仪、涉外礼仪、营销礼仪，还包括丧葬礼仪和婚庆礼仪等活动。婚礼主持人仅仅是礼仪主持人的其中一个工种。

婚礼主持人真正成为职业是在20世纪90年代。也就从婚庆服务开始兴起的时候，从那时起，婚礼主持人有了收入，从最初主持一场的五十元，一直涨到六百元、上千元，甚至上万元。20世纪90年代末相继出现了电视台、电台主持人加盟婚礼主持人队伍的情况。

2007年9月，北京社会管理职业学院民政管理系在全国首设婚庆服务与管理专业，开始了婚礼主持人的学历教育，预示中国出现了首批科班出身的婚礼主持人。

2013年8月，人力资源和社会保障部《国家职业分类大典》修订办公室正式将婚礼主持人作为一个新工种纳入礼仪主持人职业类别。

2.2 婚礼主持人的基本素养

婚礼主持人必须具备的基本素养有以下几个方面：

1. 较强的语言功力

婚礼主持人在主持过程中要语音规范、吐字清晰、用声自如、声音悦耳、节奏明快、基调准确、感情浓郁、富有表现力。

2. 较强的思维能力

婚礼主持人在主持过程中要能够根据婚礼各个环节之间的内在联系，合情合理、周密细致地策划安排婚礼程序，使整个婚礼程序自然流畅、富有创意、高潮迭起、打动人心。

3. 较高的文化修养

婚礼主持人在主持过程中只有具备较高的文化修养，才能表现出高雅的气质；有了丰厚的文化底蕴，才能编写出高雅优美的婚礼主持词，从而大大提升主持的文化品格和审美意蕴。

4. 较强的表演能力

婚礼主持人在主持过程中要生动地表达主题、营造现场气氛，调动来宾的情绪，必须对自己的言谈举止加以有效利用和控制。

5. 专业的舞台风范

婚礼主持人在主持过程中要放松自如、表情自然、姿态端庄、动作优雅、稳重大方、举止潇洒。

6. 良好的应变能力

婚礼主持人要理解力强，反应迅速，在主持过程中对于出现的一些干扰和意外情况，能沉着冷静、临阵不乱、化解问题、机智应变，转尴尬为欢笑。

7. 良好的心理素质

良好的心理素质和应变能力与婚礼主持人丰富的舞台经验、扎实的专业基础、广博的文化知识以及高度的责任心和工作热情密切相关。

8. 良好的沟通能力

婚礼主持人要能与新人有效快速地交流沟通，了解新人的情况、特点、想法、意见，为新人量身打造个性化的婚礼主持文案，同时还要与婚礼相关工作人员实现良好的交流与沟通，便于相互协调、密切合作。

9. 良好的个人形象

婚礼主持人良好的个人形象会使来宾赏心悦目，从而拉近和来宾的心理距离；高雅大方的举止会大大增加婚礼主持人的个人魅力；整洁的仪容会增强婚礼庄严神圣之感。

10. 一定的幽默感

婚礼主持人在主持过程中能够通过幽默的言语，营造欢乐的婚礼气氛，使婚礼充满高雅的情趣。

11. 一定的组织管理能力

婚礼主持人在主持过程中要熟知婚礼的各个环节，掌控整个婚礼程序进程，指挥引导各个工作人员，圆满地完成婚礼仪式。

12. 丰富的想象力

婚礼主持人要在婚礼主持文案制作方面不断地推陈出新，给人以新鲜感，不断提升新人及来宾的审美追求和艺术鉴赏力。

13. 丰富的婚庆专业知识

婚礼主持人要通晓婚俗文化，懂得婚礼礼节，熟悉不同风格婚礼的特点、禁忌及仪式流程。

14. 高尚的职业道德

婚礼对于新人来说一生只有一次，意义重大，所以作为一名婚礼主持人，要设身处地地为新人着想，守约守时、恪守行规、细心周到，尽心尽力地为新人提供优质的服务，具备高尚的职业道德。

2.3　婚礼主持人的服务内容

2.3.1　有声语言

（1）标准普通话国家一级乙以上标准。

（2）严禁低俗、粗口，以及对新人及受众的一切侮辱、讥讽性质的语言。

（3）礼貌用语：谢谢、请、对不起等。

（4）声音自然圆润，配合婚礼仪式环节，充分体现不同主题风格。

2.3.2　态势语

1. 站姿

挺胸、收腹、微低下颌、双脚自然站立，开度小于肩宽，避免摇晃、抖动、非自然踱步等现象。

2. 坐姿

就座整理服装，保持舒适美观，上身微前倾，便于倾听及沟通，与新人谈话避免正面就座，保持 45° 最佳谈话角度。

3. 手势

仪式中（站立）臂展微曲，手活动范围在眉骨以下、西装下摆以上，收臂贴近身体两侧，严禁用单指示意（应平掌手心向上示意方向等），请嘉宾讲话要以手势提醒站立位置，递接话筒要双手。

4. 笑容

微笑为主，标准八齿，配合点头及微前倾身体，表示对来宾的尊敬。

5. 鞠躬

45° 标准，避免抬头，鞠躬时上步，双脚并拢。持话筒时手放置胸部以下，调整鞠躬方向。仪式开始、仪式礼成、请来宾上台、向来宾表达感谢时必须鞠躬。

6. 站位

仪式中在新人侧面 45° 站立，避免以背部对拍摄方向、遮挡新人镜头、影响新人走位等问题。与新人保持 1.5 m 以上距离（采访沟通形式、传递话筒、人前式证婚等除外），确保拍摄中新人的形象专一性。

7. 走位

脚步踏实稳重，严禁跑跳（特殊环节设计除外），避免从新人与拍摄机位之间穿行，使用有线话筒时避免缠绕、牵绊新人，避免踩踏新娘婚纱，避免阻挡新人、来宾、礼仪人员等行走路线。

8. 话筒

单手以拇指与四指相对持话筒，避免握拳及翘指等非专业动作。话筒平持，正对面部，话筒尾部低于口部（避免演唱姿态）。

2.3.3 服饰礼仪

服饰礼仪主要有以下几个方面：

1. 西装

男性着黑、蓝、灰色或标准礼服（即黑、白色），以适合现场整体风格为目的，女性着职业装或中式服装。

2. 领带

中性色为主或打领结，颜色以中性色为主，避免花俏浮夸，力求稳重得体。

3. 衬衣

浅色系正装衬衣或礼服衬衣（白色），避免色彩复杂，突出专业服务形象。

4. 皮鞋

正装皮鞋，黑色，同色衬袜，避免引起行动不便及着非正装鞋袜。

5. 发型

因人而异，要求整洁美观，男性避免长发（过颈）、染发（非黑色）、怪异发型。

6. 面部

男性严禁蓄须，要求整洁美观，适当应用护肤品，保持皮肤干净光泽。

7. 手部

指甲整齐，干净卫生，保持干燥，男性避免非必要的饰品（婚戒除外）。

8. 腕部

只可佩戴正装腕表，男性避免一切非必要饰品，女性可以戴手镯。

9. 皮带

西装裤带，避免过于夸张的带扣，严禁佩戴手机套、钥匙扣等物品。礼服必须装饰腰封。

10. 胸花

左胸部上装口袋佩戴。

2.3.4 前期服务

1. 签订服务协议

与顾客或中介婚礼公司签订婚礼服务协议，注明服务日期、时间、地点、服务内容、服务时限等内容。

2. 第一次联系客户

签订服务协议的同时，与顾客（新人）取得联系，确认准确时间、地点、姓名，互留联系方式（电话号码、邮箱、固话号码等），预定婚礼前沟通时间（婚礼前15天之内）、地点，提醒新人沟通时需要准备的资料（嘉宾名单、情感故事、特别创意等），便于策划婚礼流程。

3. 第二次联系顾客

到预定沟通日期前3天内，致电新人，确认准确见面时间、地点，提醒新人沟通时需要准备的资料（嘉宾名单、情感故事、特别创意等），并通知婚礼公司与新人的见面时间。

4. 第三次联系顾客（见面沟通）

按约定时间、地点与新人见面沟通。根据新人的需求、婚礼公司的策划创意，制定相应的婚礼仪式流程。充分理解新人对婚礼的要求，为新人细致耐心地讲解流程细节，提示新人婚礼中的注意事项，并再次确认婚礼时间、地点、新人姓名等。

5. 第四次联系顾客

婚礼仪式举行前一天，致电新人，致以新婚祝贺，并再次提示各项准备事宜。

2.3.5 婚礼典礼仪式主持

1. 到场时间

婚礼仪式开始30 min前到达现场（下午场次不晚于开始前10 min），并通知新人婚礼主持人已经到场。

2. 准备工作

与新人及婚礼执行人员（婚礼公司现场负责人（督导）、酒店现场服务人员、摄像、摄影、伴郎伴娘、花童戒童等）再次确认婚礼流程，排除现场故障。

3. 婚礼仪式

正式开始婚礼仪式，按照与新人的约定程序逐步引导完成婚礼仪式。根据现场情况随时调整细节，确保婚礼仪式的流畅完整。

4. 仪式完成

仪式完成后，向合作婚礼执行人员（婚礼公司现场负责人（督导）、酒店现场服务人员、摄像、摄影、伴郎伴娘、花童戒童等）表示感谢，及时离开现场。严禁在现场滞留、向来宾派发个人名片、向新人或亲属索要财物等。

2.3.6 婚礼后续服务

1. 第五次联系顾客

婚礼后第3天致电新人，最好在下午，避免影响新人休息，致以新婚祝福，感谢新人接受服务，并请新人对主持服务提出批评建议。

2. 延续服务

于每次新人结婚纪念日、新人生日、重大节假日致电新人（或以其他方式），表达祝福。

3. 联系婚礼公司

婚礼完成后3天内，注意要避开婚礼执行日，向中介婚礼公司致电表示感谢，并请求批评建议。

至此，婚礼主持人婚礼服务全部完成。

2.4 婚礼主持人的风格特色

风格属于美的范畴，指的是艺术家的创作在总体上表现出来的独特的创作个性和鲜明的艺术特色。西方有法国布封提出的“风格即人”，我国古语有“言为心声，文如其人”之说。婚礼主持人的风格作为一种表现形态，是婚礼主持人个性特点与婚礼仪式高度融合统一的整体面貌的彰显，贯穿于个体本身发现美、表现美、创造美的全过程，带有“这一个”的独特性，是婚礼主持人在长期实践中逐步形成的。

2.4.1 以现场表现形式为依据

婚礼主持人的风格以现场表现形式为依据，可以分为以下四类：

1. 庄重典雅型

这类婚礼主持人大都有着播音主持艺术的基本功，语音准确、吐字清晰，声音圆润，表达生动，配上灯光、音效，营造的现场气氛较为唯美浪漫。

2. 喜庆幽默型

这类婚礼主持人大都经过曲艺的专业培训，现场包袱不断，现场气氛轻松、喜庆、幽默。

3. 才艺展示型

这类婚礼主持人在婚礼上都会展示自己的才艺，唱歌、跳舞、乐器、魔术、快书、快板、模仿秀等无所不包。

4. 明星效应型

随着婚庆行业的不断发展，越来越多的文艺界、新闻界名人也加入其中，他们也会客串婚礼主持人或兼职婚礼主持人这个角色。

2.4.2 以工作职责为依据

婚礼主持人的风格以工作职责为依据，可以分为以下两类：

1. 全能型

承担婚礼的各个环节，包括接待、采访、策划、谈单、主持词写作、迎娶、现场主持等。

2. 单一型

只负责新人的迎娶、现场主持。

婚礼主持人应该更多地去学习各门学科，提高自己的综合业务能力，这样才能更好地适应不同风格的婚礼策划，打出自己的知名度。

2.5　婚礼主持人的形象管理

婚礼主持人的形象是一种复杂的综合理念，是与受众群体评价相联系的一种观念，是婚礼主持人的表现与风格在公众心目中的印象与反应。婚礼主持人的形象既包括其外在的体征，又包含其个性特征，是外在形象和内在形象的融合。婚礼是严肃的，但不是场场西装革履就是严肃；婚礼是喜庆的，但不是把自己打扮成流浪艺人形象就是喜庆。婚礼主持人的形象在整个婚礼过程中所体现出的是与婚礼策划风格相一致的特征，也就是说婚礼主持人的形象要受到本场婚礼策划风格的制约，而不能将自身的形象凌驾于婚礼策划形象之上。

婚礼主持人的形象是否被观众所接受、认可、喜欢，往往决定了其主持的婚礼在观众心目中的生命力。对婚礼现场的收视率也有一定的影响。一个优秀的婚礼主持人，由于受外观形象、特质等客观条件的制约，决定了其未必能主持所有的婚礼。婚礼主持人的形象应该注意以下几方面。

2.5.1　外在形象

未曾学艺先学礼，虽然说不能以貌取人，但是婚礼主持人给人的第一印象至关重要，通过言谈举止就可以判断出其主持婚礼水平高低。所以，婚礼主持人首先要注意自己的外在形象。外在形象需要注意以下几点：

一是整体外貌形象要整洁。这是婚礼主持人推销自己的最基本要求。包括服饰、头发、耳朵、眼睛、鼻孔、口腔、指甲，以及随身携带的物品等一定要保持整洁。

二是服饰搭配要合适。西装有西装的穿法，唐装有唐装的讲究，便装有便装的搭配，舞台装有舞台装的要求。什么场合穿什么衣服有很大的学问，婚礼主持人更应该根据婚礼策划的要求掌握一些服饰搭配的技巧，绝对不能喧宾夺主。

三是语言要标准。婚礼主持人是主持人的一个分支，普通话要过关，要达到国家普通话一级乙等标准。

四是找准自己的声音位置。主持人的声线很重要，固然有天生原因，后天培养也可以改变。男主持人浑厚磁性的声音，女主持人柔美甘甜的声音都是外在形象的一种表露。在训练过程中，找准自己最佳的声音位置，让自己的声音打动观众。婚礼主持人的声音位置要根据婚礼策划的要求，具体表现在婚礼现场的主持形态上。

五是注意副语言。包括表情、手势、体态在内的副语言在沟通和主持的时候也很重要。文字、语调、肢体语言所占比例分别为 7%、38%、55%。

六是关于化妆。长相是天生的，化妆可以弥补自然缺陷。化妆是一门艺术，婚礼主持人要根据婚礼策划的要求进行化妆。

2.5.2 内在形象

如果说外在形象更多的是停留在婚礼主持人的长相、身材、服饰、语言方面，那么随着婚庆行业的不断发展和新人素质的不断提高，婚礼主持人先天的外在形象似乎越来越被人们所忽视，而“外在形象”这四个字也被赋予了新的内涵，即婚礼主持人综合素质的外化。也就是人们所说的内在形象更重要，包括性格、气质、风度、修养等，这些需要婚礼主持人长期的积累。比如，电视屏幕上出现了一些非俊男靓女式的智慧型、学者型的实力派节目主持人。他们没有靠着父母赐予的好皮囊来取悦观众，而是通过自身的学识、修养和智慧，向观众展示出了一种独有的外在魅力。作为一名婚礼主持人除了必要的外在形象，更多的是要注意内在气质的修炼。

2.5.3 公众形象

随着婚礼主持人的不断学习和进步，以及主持婚礼场次的增多，他们渐渐地会成为当地乃至全国的公众人物。这时候婚礼主持人要维护主持人的公众形象，要约束自己的言行。在日常生活中，婚礼主持人更应该把家庭责任、社会责任、德艺双馨视为“敬业”的一部分。

知识点 3　婚礼主持人在婚礼中的作用

婚礼主持人串联引导，控制着整场婚礼的进程和情绪，能让婚礼的创意、文化表达、美学阐释等得到充分的展示和升华。一名优秀的婚礼主持人往往能营造喜庆热烈的气氛，为婚礼增添光彩。婚礼主持人在婚礼中的作用主要有以下几个方面。

1. 答疑解惑

结婚仪式不具有法律意义，仅仅是一种形式。而对于每对新人而言，结婚仪式都具有一次性的特点，对于整个婚礼过程中，物品准备、人员安排、时间安排、路线安排、风俗习惯、车辆安排、现场布置、婚礼流程等都会很迷茫，婚礼主持人要有耐心为新人解答他们的疑问和出现的问题，让新人很自信地走入神圣的婚礼殿堂。

2. 辅导流程

绝大多数新人在平时很少有成为全场关注的焦点的情况，所以新人入场的步伐、舞台上的姿态、新人现场措辞等都要经过缜密策划和多次演练，婚礼主持人要辅助新人摆脱紧张情绪，尽量表现得自然、得体。

3. 程序串联

婚礼主持人要按照策划好的婚礼主题写出自己的主持词，按照婚礼主题这条线把婚礼程序串联起来。有的时候策划人员会把婚礼主持人的主持词写好交给婚礼主持人，这时候婚礼主持人只要找准自己的位置和主持形态就可以了。

4. 气氛控制

婚礼主持人要运用音乐和主持形态，甚至一些必要的表演和道具来烘托婚礼仪式的现场气氛。让新人和来宾感觉到是一种享受，而不是一种忍耐，更不是演戏。

5. 事件处理

婚礼仪式现场具有一次性的特点，灯光、音响、道具等需要紧密配合，但是在操作的过程中会出现各种突发事件。作为一名经验丰富的婚礼主持人，要去处理这些情况，用现挂的方法处理得天衣无缝。本来是一个事件，经过婚礼主持人的处理有可能会成为一个亮点。

知识点 4　婚礼主持人的工作流程

婚礼主持人的工作流程因其在婚礼中的工作范围不同而不同。婚礼主持人根据其工作范围不同分为参与型和单一型婚礼主持人。下面以参与型婚礼主持人为例进行介绍，他的工作范围要比单一型婚礼主持人工作范围广得多。

1. 利用二选一法则邀约新人见面

二选一法则指的是不给新人更多的选择余地，只有两种选择。例如：要么是上午，要么是下午；要么是三点，要么是四点。目的是尽快与新人见面。

2. 做好接待工作

按照接待礼节流程接待新人。接待的目的是：

（1）让新人认可婚礼主持人和婚庆公司。

（2）从新人的副语言了解新人的经济情况，包括新人的代步工具、穿着服饰、使用的手机品牌、婚纱照价位、酒店档次等。

（3）让新人记住婚礼主持人和婚庆公司，包括宣传资料、名片、礼物、短信等。

3. 了解新人的具体要求和基本情况

包括新人是否头婚、民族、风俗习惯、对婚礼的具体要求等。

4. 采访新人

利用开放式询问分别单独采访新人，更多地掌握新人的成长故事和爱情故事。所谓开放式询问，指的是更多地问为什么，多让新人说话，走进他们的内心世界；而不是封闭式询问，新人只回答是或不是，能或不能，行或不行等。

5. 再约新人

邀约新人第二次见面沟通，利用视频、图片共同商榷婚礼策划草案，包括软策划和硬策划两部分。

6. 预付定金签订合同

合同包括：婚庆公司和新人服务合同、婚庆公司和场地合同、婚庆公司和婚礼主持人合同、婚庆公司和保险公司合同、婚庆公司和执行团队合同等。

7. 细化方案

根据第二次沟通细化、完善婚礼策划草案，包括人员、音乐、道具、婚礼主持人主持词，形成婚礼策划文案。

8. 内部彩排

内部工作人员按照婚礼策划文案彩排。除新人以外所有参加婚礼现场执行的人员在公司内部进行几次磨合彩排。

9. 带妆彩排

婚宴前一天所有工作人员和新人实地带妆彩排。

10. 预付第二次费用

新人彩排完后预付第二次费用（备注：关于付费形式根据当地情况有所不同）。

11. 实施婚礼流程

婚礼主持人按照婚礼策划文案实施婚礼流程。

12. 总结评估

婚礼结束后总结评估。

13. 回访客户

婚礼主持人回访新人，对建议或意见记录在案。过年过节短信祝福，和新人做一辈子的朋友，做好口碑宣传。

教学项目

任务　明确婚礼主持人的功能

婚礼是每个人都期待的人生大事，我们都希望它美丽而且又难忘，不过，要想让自己的婚礼办得难忘，选择一名出色的婚礼主持人就是至关重要的。婚礼主持人是婚庆典礼上的灵魂人物，他应该对婚俗文化有很透彻的了解，并具有串联引导、程序推进、气氛营造、临场应变的功能。

1.1　串联引导

婚礼主持人在婚礼现场起桥梁和纽带的作用，是典礼仪式的串联者和引导者。

【训练材料】

鞭炮声声，红尘中诞生了一个幸福的家庭；喜字对对，人世间缔结了一桩美好的姻缘。现在有请主婚人 ××× 主婚致辞。大家掌声有请。①

1.2　程序推进

婚礼主持人要注意与现场亲友的互动，善于引导和控制婚礼现场上的气氛，机敏而巧妙地引导婚礼仪式向预定的方向发展。

【训练材料】

戒指是婚姻的象征，它们完美的圆环代表着生命与爱，象征着永恒的爱情。现在请新郎把戒指戴在新娘左手的无名指上。②

1.3　气氛营造

婚礼主持人增强语言的文采和表现力，最大限度地调动现场的热烈气氛。

---

① 根据万俊杰主持的婚礼资料整理。

② 根据万俊杰主持的婚礼资料整理。

【训练材料】

各位亲朋好友，在这天赐良缘的一对新人百年好合的大喜日子里，我想此时此刻，他们心中最惦记的是他们挚爱的父母。因为父母的爱是无私的，只懂付出，不求索取。是啊，人世间最真实的爱是母爱，最朴实的爱是父爱。朋友们，让我们把最热烈的掌声送给双方的父母，表达我们崇高的敬意。①

1.4　临场应变

不管婚礼现场出现任何失误，婚礼主持人都要处变不惊，保持清醒头脑，急中生智来补救现场，具有很强的现场应变能力。

【训练材料】

情境：新人手持香槟酒瓶准备将香槟酒注入香槟塔时，香槟塔突然倒塌了！

婚礼主持人：朋友们，爱情让金石为开，让杯塔心花怒放，让酒香浓情四溢，真实地让我们每个人都感受到了幸福的气息。正所谓，爱情摧毁了重重阻力，随之而来的便是他们的真爱永恒，朋友们请鼓起热烈的掌声，让我们衷心的祝福一对新人万事如意，岁岁（碎碎）平安。

拓展阅读

怎样才能做一名出色的婚礼主持人②

婚礼主持人，一直被称为一份“甜蜜的职业”。但要真正做好这一甜蜜的事情却并不那么容易，一个好的婚礼主持人在婚礼场上不仅需要侃侃而谈、知识渊博、风度潇洒、仪表堂堂，而且应该能够引典释疑、说学逗唱、诙谐风趣、雅而不俗；不仅需要主持必要的程序，还要面对其他一些意外的、突发的情况发生，这时，就需要婚礼主持人能够游刃有余，应付自如，处理事情令所有的人都满意。一个出色的婚礼主持人不仅会为整个婚礼增光添彩，推波助澜，营造喜庆热闹的气氛，而且应该随机应变，幽默风趣地帮助新人巧妙安排，协调好各方面的关系，从而起到婚礼总指挥的作用。

针对婚礼主持中存在的一些问题，以及主持人这个行业的特殊性，想要做一名出色的、优秀的婚礼主持人，需要从几个方面入手。

一名优秀的婚礼主持人，需要具备一定的职业道德、职业素质，遵守行规守则，维护婚庆行业的信誉。因为对主持人来讲，一场婚礼只是他所有婚礼中的一场，然而这对于新人来说，却是百分之百重要。新人把自己一辈子仅此一次的婚礼仪式交给主持人，这就意味着对其极大的信任。相对而言对于婚礼主持人来说，这既是幸运的，同时也是艰巨的。因此，要求主持人必须把新人的利益放在第一位，严格守时；杜绝赶场，姗姗来迟，故作高贵，或者不把新人的事当一回事，以及乱收费等不讲信誉的现象；用百分之百的热情投入新人的婚礼当中，尽心尽责，力求完美，维护婚庆行业的信誉，维护自身的形象，维护主持人这一美好的称谓。

---

① 根据万俊杰主持的婚礼资料整理。

② 太平洋时尚网：https://brides.pclady.com.cn/151/1513689.html，2016 年 5 月 25 日 .

婚礼主持人的着装和仪态都体现着对婚礼的重视程度，以及对新人和宾客们的敬意。因此，一名优秀的婚礼主持人还应该注重职业仪表，严格着装，给新人和宾客以亲和力。

一名优秀的婚礼主持人，应该做到婚礼前与新人及其家人进行充分的交流和沟通。只有充分与新人进行交流，才能较详细地了解双方的职业、家庭情况、文化背景和喜好等信息，才能挖掘各种素材，一切围绕新人做文章，针对不同的新人准备不同的婚礼程序串联词。

一名优秀的婚礼主持人需要具备一定的文化艺术底蕴。因为，能说会道应该算主持人的基本功，但其内在的文化艺术素质修养也是十分重要的。

一名优秀的婚礼主持人应该顺应潮流，与时俱进地学习、研究和探索，同时，应该与同行朋友多交流多借鉴，取他人之长补自己之短，形成自己的主持风格。

婚礼主持人应在婚礼上把握好自己的“度”，即分清谁是主角，谁是配角。有些婚礼主持人在婚礼场上过多地表演自己、表现自己，抢了新人的风头，剥夺了新人发挥的空间，以至于来宾都把注意力和视线从新郎新娘身上转移到婚礼主持人身上。优秀的婚礼主持人一定要把新郎新娘当作绝对的婚礼主角，时刻围绕着新郎新娘，挖掘出他们生活中、恋爱中、工作中的点点滴滴，让他们的感情在这一刻来一个很好的升华，让来宾们一起分享新郎新娘的美丽往事。

婚礼主持人应该杜绝单纯的模仿，最好是多一些创意。做一名优秀的婚礼主持人应该在学习的基础上实现不断的创新。学习是基础，但不应该把自己拘束在学过的内容里。应该用心去思考，用心去感悟，用心去行为，切勿一味地堆砌华丽的词藻，去哗众取宠。要结合不同的人群、不同的层面以及不同的审美标准，定做不同的版本，组织不同的语言，这是一 名优秀的婚礼主持人应该为之努力的方向。

在婚礼现场只有主持人真正地投入了自己的感情，才有可能和新人以及来宾产生感情上的共鸣，才有可能灵感如泉涌，妙语连珠，主持出一场声情并茂、皆大欢喜的成功婚礼。

一名优秀的婚礼主持人，应具备冷静处理突发事件的能力。虽然婚礼主持有规律可循，但是，在婚礼场上，不免经常还会遇到一些意外的、尴尬的时刻，比如说香槟塔坍塌了，准备献花的时候花掉地上了，交换结婚戒指时结婚戒指掉了，喝交杯酒时酒洒了等。在这种情况下，就需要主持人能够及时地站出来帮助新人摆脱这种尴尬的境遇，用一些话挽回让人不快的局面，让婚礼得以欢快而热闹地继续，不至于因为一点点的小事影响整个结婚的气氛或者新人的心情。

总之，优秀的婚礼主持人在主持婚礼以前就应该做足功课，下足功夫，这样婚礼上才有发挥的空间和余地。

项目小结

1. 婚礼主持人是从司仪发展演变而来的，礼仪主持人是指从事礼仪活动方案策划、程序推进、气氛调节和关系沟通等工作的人员。2013 年 8 月，人力资源和社会保障部《国家职业分类大典》修订办公室决定将婚礼主持人作为一个新工种纳入新版的国家职业大典，成为礼仪主持人职业的一个工种，编号 X4-07-99-10。

2. 从广义上讲，婚礼主持是以说为主，集文艺主持、演说、朗诵、表演、曲艺等诸多艺术表现手段为一体的综合艺术；从狭义上讲，婚礼主持是一门语言表达艺术。婚礼主持作为一门语言艺术，主要是借助语言来进行婚庆礼仪服务，其成败在于婚礼主持人能否娴熟、有效地运用语言工具来组织议程、表达祝福、传递情感、渲染气氛、驾驭场面。

3. 婚礼主持人在婚礼中的作用：①答疑解惑；②辅导流程；③程序串联；④气氛控制；⑤事件处理。

4. 婚礼主持人根据工作职责可分为全能型婚礼主持人和单一型婚礼主持人，他们的工作范围不同。

5. 婚礼主持人是婚庆典礼上的灵魂人物，应该对婚俗文化有很透彻的了解，并具有串联引导、程序推进、气氛营造、临场应变的功能。

核 心 概 念

司仪；婚礼主持人；礼仪主持人；婚礼主持艺术的内涵；婚礼主持人的功能

能 力 检 测

1. 简述婚礼主持人的由来。
2. 如何理解婚礼主持艺术的内涵?
3. 试述婚礼主持人的功能与作用。
4. 婚礼主持人的形象管理包括哪些方面?
5. 若在某婚庆公司微信公众号的推广中使用，请你用一张图说明婚礼主持人的工作流程。

项 目 评 价

序号	考核项目	考核内容	考核方式	考核时间（min）	配分	评分
1	串联引导	婚礼主持的基本串联语	口试	3	40	
2	程序推进	推进典礼活动各环节	口试	3	30	
3	气氛营造	营造典礼活动的整体氛围	口试	3	25	
4	临场应变	沟通典礼活动现场各方关系	口试	3	5	

项目 2 婚礼主持艺术语言的表达

学习目标

- 掌握婚礼主持语言的特点。
- 掌握婚礼主持艺术语言的表达技巧。
- 恰当使用婚礼主持人的体态语。

项目概览

在婚礼主持艺术实践中，婚礼主持人要准确、生动、形象地表情达意，要讲究语言表达技巧，养成良好的语言表达习惯。能恰当使用停连、重音、语气、节奏，有效提高有声语言的表现力、感染力和吸引力。掌握婚礼主持的语言特点、婚礼主持艺术语言的表达技巧、恰当使用婚礼主持人的体态语是本项目的主要内容，核心目标是掌握婚礼主持人的主持艺术语言表达技巧。为了实现目标，需要完成三项任务：第一，婚礼主持人对象感的训练；第二，婚礼主持艺术语言表达技巧训练；第三，婚礼主持人的体态语训练。

核心技能

- 婚礼主持人对象感的把握。
- 婚礼主持艺术语言的表达技巧中停连、语气、重音、节奏的恰当使用。
- 婚礼主持人的体态语的运用。

理论知识

知识点 1　婚礼主持艺术语言的特点

时代的进步、婚礼文化产业的发展和新人对爱情品质的不断提高，激发了婚礼主持艺术实践的生命活力，婚礼主持的语言也随之逐步形成了自己的特点。婚礼主持语言的特点可以概括为：准确规范，清晰流畅，喜庆明快，亲切朴实，生动给力，分寸得当。[①]

1. 准确规范

婚礼主持语言的规范性，主要是指语音（声、韵、调）、词汇、语法、语流都要符合普通话的要求，遵从普通话的规范。吃字、音包字、归音不到位，声调、变调不准确，词、词组、句子的轻重格式不准确都属于不规范范畴，要坚决改正。推广普通话，应视为婚礼主持人的一项重要职责。

值得注意的是，把婚礼主持语言的准确规范认作“呆板”的代名词，把规范性当成“不自然”“不生活”的同义语，显然是一种幼稚的、需要加以纠正的偏见。[②]

2. 清晰流畅

在婚礼现场，婚礼主持人的语言所负载的信息密度大，所以要求吐字清晰、流畅。

吐字清晰，即要做到字头叼住弹出，字腹拉开立起，字尾弱收到位，整个音节合起来成为一个两头小中间大的“枣核形”。语言流畅，即要做到句子内部组合得当，句子与句子之间上下衔接，顺序合理，语意通畅，清晰易懂。

在婚礼主持中，婚礼主持人是通过语流来让现场亲友获取信息而受到感染的。所以，每一个音节、每一个字音都是融会在语流当中的，要注意语流对于字音的影响，注意“枣核形”在语流中的变化。也就是说，吐字归音要服从表达的需要，灵活自如，轻快流畅。

3. 喜庆明快

在婚礼庆典仪式中，无论是中式婚礼中的迈火盆、过马鞍、行大礼、揭新娘红盖头、合卺酒，还是西式婚礼中的新人入场、结婚誓言、交换戒指等，这一切都为新人营造了一个欢快、祥和的喜庆场面，婚礼主持人使这个场面成为动态的、立体的、热烈的、让人难以忘怀的场面，就要依靠其语言功力。

所以，婚礼主持人在使用有声语言表情达意的时候，即在婚礼现场进行主持创作的时候，婚礼主持语言要做到喜庆、舒展、明快，在语气中要充满欢快的意味，隆重而热烈，喜庆而活泼，表意则意明，传情则情切。

在婚礼主持中，不能把“隆重而热烈”理解为装腔作势、故作深沉、油嘴滑舌、油腔滑调，不能把“喜庆而活泼”理解为玩世不恭、哗众取宠、张扬自我、喧宾夺主。对婚礼主持中的庸俗、媚俗、低俗之风要坚决予以摒弃。

4. 亲切朴实

婚礼主持语言的亲切朴实不仅是一种语言传输心态，而且是一种比较稳定的平等交流心态，这是语言传播的心理基础。亲切朴实，是指婚礼主持人的语言要接近生活中的口语，但又不等同于生活中的口语，而是生活中口语的规范、提炼和升华。

亲切朴实，从内容上说，要适应“通俗”“可信”“情真”“互动”的婚礼现场亲友的期待心理。在婚礼仪式中，难于理解的、东拉西扯的语言，往往使人产生厌烦；虚情假意的、故

---

① 万俊杰. 艺术审美情境下语言功力的彰显：谈婚礼主持语言的特点 [J]. 今传媒，2012（2）：136.

② 张颂. 中国播音学 [M]. 北京：北京广播学院出版社，2003：188.

作多情的语言，更令人无法接受。从表达上说，语言要朴实无华，真切感人，张弛得体，控纵有节。婚礼主持语言中充满了尊重、通达、真挚、友善，婚礼主持人既不高高在上、张扬自我，又不唯唯诺诺、乞怜谄媚。

若婚礼主持人故作亲切状，一味地追求所谓的“亲切”而忽略了内容的准确表达，则容易造成机械的、单一的、雷同化的声音效果，不利于“内容决定形式，形式反作用于内容”的能动和多样化的表达。[①]

5. 生动给力

婚礼主持语言的魅力植根于语言的“情感性”和“感染力”。在婚礼主持实践中，情感贴切体现着语言内容的厚度，生动形象体现着语言表现的力度。

婚礼主持语言的生动给力首先体现在彰显时代特色上。婚礼主持需要符合时代精神，充满生活气息，丰富多彩的时代，也要求丰富多彩的语言去反映。

其次反映了语言表达艺术的审美需求。在婚礼仪式中，婚礼主持人要求发声相对集中，有穿透力，语言表达有层次，节奏变化适度，基调隆重而喜庆；在婚礼游戏环节则要求声音能适应不同的语言环境，有表现力，语言夸张、装饰成分较多使用，节奏变化较大，能烘托现场气氛，基调欢快而活泼。

再者决定了婚礼主持多样化的表达方式。由于婚礼风格的差异，婚礼主题的区分，客户需求的不同，必须坚持具体问题具体分析的辩证方法，用多样化的表达方式，让婚礼主持更出色。

6. 分寸得当

每一场婚礼，面对不同的新人，表现不同的爱情故事，实现不同的婚礼创意，婚礼主持人在有序的、动态的主持中，内容表达会有主次、轻重之分，节奏变化有高低、快慢之别，感情有浓淡、起伏之变，并付诸于相应的、贴切的语气给以鲜明、适当的表现。于是，“分寸感”便有了不可或缺的意义。

首先是内容的主次。主要的内容，重点的语句，都要予以突出。其次是感情的浓淡。感情起伏变化，“浓墨重彩”与“轻描淡写”，在不同的色彩中，“淡妆浓抹总相宜”。再次是节奏的对比。高低、快慢、轻重、缓急、明暗、虚实……不同的节奏变化要适度。这些落实到语言上，就是“分寸”。

可以说，成功的婚礼主持人十分注意分寸的把握和火候的掌控，努力避免“分寸不当”的问题，呆板浊拙、轻浮低俗、简单复制的语言是要坚决制止的。

总之，婚礼主持语言的这六个特点是一个整体的概念，相互联系，密不可分，“你中有我，我中有你”，这是婚礼主持人进行艺术创作必须遵循的基本原则。在这个基础上，婚礼主持人还应在语言功力上花气力，“语言这东西非下苦功不可”，如果不进行艰苦的积累和不懈的努力，那也只能是纸上谈兵。

---

① 张颂．中国播音学 [M]．北京：北京广播学院出版社，2003：192.

知识点 2　婚礼主持人对象感的把握

2.1　对象感的内涵和具体表现

1. 对象感的内涵

对象感是指即使面前有人，可以当面交流，但为了“不在场”的广大受众，播音员必须设想和感觉到对象的存在和对象的反应，必须从感觉上意识到受众的心理、要求、愿望、情绪等，并由此调动自己的思想感情，使之处于运动状态。①

在这里，我们借用播音创作基础理论中“对象感”的概念，并赋予它新的内涵。简单而言，婚礼仪式上，婚礼主持人把握对象感就是要真诚、主动、热情地关注现场观众（这里是指嘉宾和亲朋好友的统称）的反应，使他们尽快融入婚礼的喜庆气氛。在婚礼主持中，主持人把握好对象感有利于调动婚礼现场的气氛，有利于彰显婚礼的乐趣。

2. 对象感的具体表现

婚礼主持人把握对象感具体表现在互动性和针对性两个方面。

（1）互动性。所谓互动性，是传播者在增强受众意识，尊重受众自主选择、自主接受的心理基础上，与受传者之间信息往返的流动，是传授双方平等的沟通交流。② 婚礼主持具有很强的仪式性，互动性能让观众深度地参与进来，适时推进婚礼的进程和调节婚礼的气氛。

（2）针对性。在婚礼主持中，观众都非常明确，主持人可以直接看到观众的表情，观众也会把主持人和典礼仪式的感受写在脸上。婚礼主持人只有充分地了解观众，知道他们的诉求，才能真正掌控婚礼现场。

2.2　对象感在婚礼主持艺术中的重要作用

1. 对象感是婚礼主持人进行艺术创作的重要元素

婚礼主持艺术正确的创作道路可以表述为：婚礼主持人对婚俗文化有着深刻的理解，通过自己的语言，把婚礼习俗与新人的爱情，与父母的感情，与来宾的热情，巧妙地结合在一起，使新人享受到婚礼的庄重与神圣，体会到爱的意义和结果，实现爱情、亲情、友情等人类美好感情的交流和融合，从而让新人感受到一份喜庆、一个承诺、一种责任。

婚礼主持人作为婚礼现场的桥梁和纽带，要考虑观众是不是乐意听，是否听得进去，就要善用对象感，尽快取得观众的信任，将整个现场观众的注意力吸引到新娘、新郎两位新人身上，并使之有兴趣地关注下去，这是整个主持成功的必要前提。

2. 对象感是婚礼主持人语言功力提升的动力源泉

婚礼主持人应恰当地把握对象感，灵活有效地运用话语方式，掌控现场、化解意外、营造气氛、增添乐趣，保证婚礼在喜庆、欢乐、温馨、浪漫的氛围中顺利进行。③

---

① 张颂．播音创作基础 [M]．3 版．北京：中国传媒大学出版社，2011：77.

② 陆锡初．互动：节目主持的亮点 [J]．现代传播，2003（6）：114.

③ 万俊杰．婚礼主持人使用普通话的必要性和发展空间 [M]．北京：首都师范大学出版社，2012：225.

2.3 婚礼主持人对象感获得的途径和方法

1. 主持人与新人和来宾之间关系是平等的

在婚礼主持中，主持人与新人和来宾之间应是平等的关系，是一种朋友似的亲切交谈。

2. 主持人尽可能多地熟知各种对象的情况，丰富生活体验

由于民族、文化的差异性，使得各地的婚俗都呈现出很大的不同。不同国家、不同民族，甚至在同一国家的不同地区，婚俗也不尽相同。婚礼主持人应深入生活，了解生活，观察生活，通过直接或间接的种种渠道关注婚礼，了解熟悉各种人群，尽量和各个层次、各种职业的人打交道，丰富自己的生活体验，善于针对不同年龄、不同身份、不同地位的观众组织语言，使大家能够深切感受到婚礼的欢快和喜悦。

3. 把握好情感交流

唐朝诗人白居易在《与元九书》一文中说："感人心者，莫先乎情。"情感是婚礼主持语言的精髓。若婚礼主持人缺乏激情，会与婚礼现场亲友的心理不协调，不能满足其艺术的审美需求；如果主持人失去控制，情感铺排过于浓烈，则易被认为在"煽情""作秀"，从而对婚礼主持人情感的表达和交流产生抵抗心理。只有真诚饱满的情感，才会使对象感把握更精准、更贴切，从而提升婚礼主持人的文化品位和艺术感染力。

总之，婚礼主持中对象感越明确，就越贴近新人实际，越结合现场实际，越有欢快喜庆的气氛。

知识点 3 婚礼主持艺术语言的表达技巧

在婚礼主持艺术实践中，婚礼主持人要准确、生动、形象地表情达意，要讲究语言表达技巧，养成良好的语言表达习惯。停连、重音、语气、节奏的恰当使用，能有效提高有声语言的表现力、感染力和吸引力。

婚礼主持人要在承认和重视技巧重要性的同时始终牢记所有的技巧都是为表达服务的，真情实感，自然表达，是婚礼主持艺术语言创作的重要规律，正所谓"清水出芙蓉，天然去雕饰"。

3.1 停 连

1. 停连的内涵

停连包括两个方面：停，指停顿；连，指连接。在播音主持艺术实践中，有声语言总有休止、中断的地方，这属于停顿。那些不休止、不中断的地方，特别是文字稿件中有标点符号而不休止、不中断的地方，就是连接。有停顿、有连接才能更好地传情达意。

2. 停连的作用

（1）使语义表达得清楚、准确。

（2）使语言富有表现力，语流富于生命活力。

3. 如何确定停连的位置

确定停连的位置遵循的基本原则是：标点符号是参考；语法关系是基础；情感表达是根本。

（1）准确理解语句意思。例如：

婚礼主持人也来头不小，是美国退役宇航员欧文·加里奥特之子全球第六名太空游客查理德·加里奥特。

（2）正确分析语句结构。例如：

蓝天、碧草、阳光、花丛、白纱……每一缕色彩都是组成草坪婚礼的天然染料。在大自然的怀抱中，一个微小的元素都能成为草坪婚礼增添浪漫的气息，这就是草坪婚礼独有的魅力，让草坪婚礼成为大自然最永恒不朽的爱情神话。

（3）恰当体会情景神态。例如：

在第 125 号石窟内，有一尊观音的雕像。她身材苗条，面带微笑，双手拿着一串佛珠，好像是在数着佛珠的多少，又好像是在遐想着自己的未来，人称媚态观音。

（4）合理处置标点符号。例如：

朋友们，在这里让我们祝福这对新人，在生活的海洋里，一帆风顺，二人同心，三阳开泰，四喜平安，五世齐昌，六六大顺，妻唱夫随，八仙同贺，九龙呈祥，十全十美。百年偕老，千载良缘，万世如意！

4. 停连的表达方式

（1）落停。一般用于一个完整意思讲完之后。它的特点是：第一，停顿的时间较长；第二，停时声止气也尽（气正好用完）；第三，句尾声音顺势而落，停住。

（2）扬停。一般用在句中无标点符号处，或一个意思还没说完而中间又需要停顿的地方。它的特点是：第一，停顿时间较短；第二，停时声停气未尽；第三，停之前的声音稍上扬或是平拉开。

（3）直连。一般用于有标点符号而内容又联系紧密的地方，多用于郑重发布播报状态下顿号的连接。它的特点是：连而不断，起点较一致，稳步前行，并列、强调的意味鲜明。

（4）曲连。一般用于标点符号两边既需要连接又需要有所区分的地方，特别是一连串顿号之间，或者是排比句之类的连接点。它的特点是：自然而错落有致地连环相接，悠荡前行，给人以洒脱之感，生活气息较浓。

3.2　重　音

3.2.1　重音的内涵

有声语言的语流中，那些根据语句目的、思想感情需要而给予强调的词或短语称为重音。重音用于解决播音中语句内部各词或词组之间的主次关系问题。

3.2.2　重音的确定

1. 准确

一定要联系上下文，联系语境，到全篇中去找，使重音选择准确、恰当。

2. 少而精

重音应该是突出语句目的的中心词，体现逻辑关系的对应词，点染思想感情的关键词。重音的选择要“少而精”。

3. “拎起来”和“带过去”

“拎起来”就是把主要重音拎起来，而与重音无关的则应“带过去”。

3.2.3 重音的表达方式

运用重音的方法是多种多样的，下面介绍几种较为常见的强调重音的方法。

1. 加重声音法

加重声音法指的是对重音的表达采用重读，但要明白重音的表达方式绝不仅仅是重读，而是千变万化的。

2. 高低强弱法

这是一种用声音的轻重、高低变化来强调重音的方法。需要注意的是，重音不只可以用强和高的声音来强调，强中见弱、高中显低也不失为有效的方法。

3. 快慢停连法

这是一种用声音的急缓、长短、顿连等变化来强调重音的方法。

4. 虚实对比法

这是一种通过声音的虚实变化来强调重音的方法。

重音的表达要能准确体现语句目的，要依据思想感情的运动，要符合语流变化的需要，要大胆、鲜明地运用各种技巧来强调重音。强调重音、突出重音，都是在对比之中实现的。强调重音的方法是多样的，但总的要求是：加强对比，协调适当，讲究变化，切忌呆板。

3.3 语　　气

3.3.1 语气的内涵

语气是具体思想感情运动状态支配下语句的声音形式。[①] 对语句的实质可以从以下三个方面进行把握：首先，具体的思想感情是语气的“神”、灵魂。其次，具体的声音形式是语气的“形”、躯体。最后，语气存在于句子之中，它在整个的流动中占据着核心的位置。

3.3.2 语气的感情色彩和分量

语气的色彩是语句的内在的思想感情的积极运动的显露，它体现为创作主题声音与气息的变化。

语气的分量指的是在把握语气感情色彩的基础上，创作主体还要区分是非、爱憎的“度”，能区分感情色彩不同的程度和不同的量级并能使之付诸有声语言的表达。

3.3.3 语气的声音形式

语气的感情色彩和分量是千变万化、丰富多彩的，所以声音形式也一定是曲折起伏、不断变化的。我们用“语势”来表示语气的声音形式。语势是指一个句子在思想感情的运动状态下声音的态势，或者说有声语言的发展趋向。

---

① 付程. 实用播音教程：语言表达 [M]. 北京：中国传媒大学出版社，2002：202.

张颂教授在《朗读学》（湖南教育出版社，1983 年 8 月出版）中对表现不同感情色彩、声音形式、口腔状态、气息的特点进行了如下概括：

感情色彩	声音形式	口腔状态	气　息
爱的感情	气徐声柔	口腔宽松	气息深长
憎的感情	气足声硬	口腔紧窄	气息猛塞
悲的感情	气沉声缓	口腔如负重	气息如尽竭
喜的感情	气满声高	口腔似千里轻舟	气息似不绝清流
惧的感情	气提声凝	口腔像冰封	气息像倒流
欲的感情	气多声放	口腔积极敞开	气息力求畅达
急的感情	气短声促	口腔似弓箭，飞剑流星	气息如穿梭
冷的感情	气少声平	口腔松软	气息微弱
怒的感情	气粗声重	口腔如鼓	气息如椽
疑的感情	气细声黏	口腔欲松还紧	气息欲连还断

3.3.4　语势的种类

语势是由气息、声音、口腔状态这三方面因素多层次、立体化的多重组合而构成的。构成语势的这三方面因素是互相渗透、相互融合的，也使语势呈现为立体的运动变化态势。

（1）波峰类。声音的发展态势是由低向高再向低行进，状如波峰。

（2）波谷类。声音由高向低再向高发展，即句头、句尾较高，句腰较低，状如波谷。

（3）上山类。声音由低向高发展，即句头最低，句尾最高，状如上山。不过，有时是步步高，有时是盘旋而上。

（4）下山类。特点是句头最高，而后顺势而下，状如下山。应注意的是它有时是直线而下，有时是呈蜿蜒曲折的态势。

（5）半起类。特点是句头较低，而后呈上行趋势，行至中途，气提声止。由于没有行至最高点，所以称为半起。

为了在表达中克服语势单一的固定腔调，应尽量做到：句头避免同一起点，句腰避免同一波形，句尾避免同一落点。

3.4　节　　奏

3.4.1　节奏的内涵

节奏是有声语言运动的一种形式。在播音中，节奏应该是由整个文本发出来的、创作主体思想感情的波澜起伏所造成的抑扬顿挫、轻重缓急的声音形式的回环往复。①

首先，播音节奏是以思想感情运动为依据的声音运动形式。

其次，播音节奏的外部形式表现为有声语言语流的抑扬顿挫、轻重缓急。

再次，节奏的核心是具有一定特点的声音形式的回环往复。

① 张颂. 播音创作基础 [M]. 3 版. 北京：中国传媒大学出版社，2011：110.

最后，播音节奏的基本要求要立足于全篇和整体。

3.4.2 节奏的类型

1. 轻快型

多扬少抑，声轻不着力，语流中顿挫少，且顿挫时间短，语速较快，轻巧明丽，有一定的跳跃感。全篇重点处的基本语气、基本转型都比较轻快。

2. 凝重型

多抑少扬，多重少轻，音强而着力，色彩多浓重，语势较平稳，顿挫较多，且时间长，语速偏慢。重点处的基本语气、基本转换都显得分量较重。

3. 低沉型

声音偏暗偏沉，语势多为落潮类，句尾落点多显沉重，语速较缓。重点处的基本语气、基本转换多偏于沉缓。

4. 高亢型

声多明亮高昂，语势多为起潮类，峰峰紧连，扬而更扬，势不可遏，语速偏快。重点处的基本语气、基本转换都带有昂扬积极的特点。

5. 舒缓型

声多轻松明朗，略高但不着力，语势有跌宕但多轻柔舒展、语速徐缓。重点处的基本语气、基本转换都显得舒展、徐缓。

6. 紧张型

声音多扬少抑，多重少轻，语速快，气较促，顿挫短暂，语言密度大。重点处的基本语气、基本转换都较急促、紧张。

3.4.3 运用节奏的方法

1. 欲扬先抑，欲抑先扬

“扬”一般指声音的趋势向上发展；“抑”一般指声音的趋势向低发展。如果重点要“扬”，“扬”前要“抑”；如果重点要“抑”，“抑”前要“扬”。扬、抑二者本身是对比而言的，并没有绝对的标准。

2. 欲停先连，欲连先停

在播音中，连要连得顺畅，停要停得恰当。在连接时，要同时考虑停顿，在停顿中，要注意连接。停连的运用不能生搬硬套，要依文意、合文气、顺文势。

3. 欲轻先重，欲重先轻

轻重相间，虚实相间，也是形成节奏的重要方法。语流推进过程中，由于色彩和分量的需要，在加重声音之前，要先弱化声音；在轻化声音之前，要先强化声音。

4. 欲快先慢，欲慢先快

快慢是节奏的一个重要方面。“慢”是指字音稍长，停顿多而时间长。“快”是指字音短，连接较多。重点句需要慢时，前面句子则需适当加快。重点句需要快时，前面句子则需要适当减慢。

在实际运用中，四种方法交错、重叠使用。只有综合使用它们，才能使节奏更为灵活多样。

四种方法的核心是：加强对比，控纵有节。

停连用于解决词、词组、句子、段落、层次之间的疏密关系。重音用于以句子为基本单位，解决语句内部词与词之间的主次关系。语气体现“这一句”的具体思想感情色彩和力量。节奏是指抑扬顿挫、轻重缓急的声音形式的回环往复。

这四种技巧既有区别又相互联系，各有特点又浑然一体，都是为表情达意服务的。其中，语气是核心，是关键。语气可以支配停连、重音，也可以形成不同节奏的不同类型；同时，停连、重音、节奏各自不同的变化，主要由语气来体现。

知识点4 婚礼主持人的体态语

4.1 体态语的内涵

体态语，又称“态势语”，是指以人的面部表情、身体姿势、肢体动作、仪表以及身体位置的变化来传达信息的一种无声的语言。体态语主要包括表情语言、手势语言、形体语言和仪表语言。

美国心理学家艾德华·霍尔在他的《无声语言》一书中说：“无声语言所显示的意义要比有声语言多得多，而且真实、生动得多。”

4.2 体态语的作用

婚礼主持人向观众传达信息、表达情感时，不仅要通过有声语言，还要通过体态语来表达，它有以下主要功能。

4.2.1 表达情感信息时，体态语具有补充、强化信息的效果

在口语交际和沟通过程中，人的思想、情感、信息单纯依靠有声语言不能完全或充分地表达出来，这就需要借助体态语加以补充或强调。通过动态、直观的体态语，与有声语言协调统一，同时作用于人们的视觉、听觉，拓宽信息传输渠道，使有声语言富有鼓动性，给人强大的感染力。

4.2.2 体态语能够生动形象地传达信息，交流情感

体态语是交际双方心理状态和情感的直接、自然、真实的表现。婚礼主持人可以通过体态语表情达意，恰当表现自我；也可以通过体态语观察分析对方说话的内容是否真实，以便准确理解对方，达到双方交流、沟通的目的。

4.2.3 体态语可以有效调节有声语言的交际

婚礼主持人有意识地通过手势、表情、眼神等间接手段来传递信息，可以掌握口语交际的主动权，化不利被动的局面为有力主动的局面。优美的体态语还能获得更多与人合作的机会。

4.2.4 体态语是日常礼仪交往的有效工具

体态语可作为人们传情达意的一种重要辅助的工具，因为它具有文字语言所达不到的效果。

4.3 体态语的具体运用

4.3.1 表情语言

表情语言是由主持人眉、眼、口、鼻相互配合形成的，简言之，表情语言是婚礼主持人的面部表情所传递的信息，它既是婚礼主持人内心情感的反映，也是婚礼主持人心理状态的表露。

真诚微笑、心眼合一，会拉近婚礼主持人与观众的心理距离。婚礼主持人的表情语言要准确地、自然地、恰当地体现自己的丰富情感。

4.3.2 手势语言

手势含义丰富手势，作为口语表达的辅助手段，常常是在说话人说出某句话时，为了增强这句话的表现力，在那一瞬间做出来的。手势分别由手指、手掌、拳头以及手臂的不同形状构成，是表情达意的重要手段。人们在日常生活中常常借助于手势来表达自己的思想和愿望，久而久之，这些手势形成了一定的思想意义。

婚礼主持人运用手势语要做到端正、高雅，符合生活美学的要求。手势贵在自然，自然才见感情的真实流露，自然才能真实地表情达意，才能给人以美感。

手势从来不是单独进行的，它的一举一式，总是和声音、姿态、表情等密切配合进行的。婚礼主持人运用手势虽可以表情达意，但手势运用应规范和适度，要给观众一种优雅、含蓄、彬彬有礼的感觉。

4.3.3 形体语言

形体语言也是体态语的重要组成部分，古人讲究“站如松，坐如钟、行如风”。

首先是站姿。正确的站姿是：头、颈、躯干和脚的纵轴在一条垂直线上，挺胸、收腹、梗颈，两臂自然下垂，形成一种自然挺拔的状态。

其次是坐姿。坐姿情况比较复杂，不同人有不同姿势，不同坐姿显示不同心态。直腰而坐表示对对方或谈话有兴趣；上身前倾，身体的重心落在两脚上，这既表示谦恭，又显示一定程度的紧张、害怕；斜着身子坐，表示心情愉快或自信优越；等等。

再次是行走。行走是立姿的一个发展，除了保持站立时优美的姿势外，还要做到躯体移动正直、平稳，但不僵硬不呆板，两腿交替前行，落步时脚掌先着地，两脚后跟几乎在一直线上，步伐稳健、均匀，给人一种精神抖擞、舒服大方的美感。

4.3.4 仪表语言

俗话说“人要衣裳马要鞍”。人要穿得体的衣裳，才会显得恰到好处。所谓仪表，更多是从服饰上体现出来。一般，着装要符合国际上公认的 TPO 原则，即 T（time，时间）：着装要注意季节和时代；P（place，场所、职位）：着装要符合自己的职业和出席场所；O（object，目标、对象、目的）：着装要体现一定的目标性，要针对不同对象。

婚礼主持人的衣着打扮能直接衬托或显示其身姿，应该做到：合己、合时、合俗。

教学项目

任务 1　婚礼主持人对象感的训练

活动　对象感专项训练

1.1.1　训练提示

（1）注意与观众的呼应和交流。

（2）交流要自然、生动活泼。

（3）强化互动，从思维、情绪、情感与观众产生积极、恰切的交流。

（4）明确针对性，把观众的注意力吸引到自己所说的内容上来。

1.1.2　训练材料①

1. 婚礼主持词

【开场语】

材料 1

尊敬的各位领导、各位来宾、现场的亲朋好友，大家好。

在这春暖花开、激情无限的季节，我们迎来了 ×× 先生和 ×× 小姐喜结良缘的大喜日子。在这里，我首先代表二位新人以及他们的家人对各位的光临，表示衷心的感谢和热烈的欢迎！

材料 2

各位来宾、各位朋友，请听我的口令，全体起立，共同为一对新人的婚礼倒计时，共同为他们祝福。大家跟我一起喊，五、四、三、二、一！新婚典礼现在开始，奏乐。

祝你们在爱的海洋上扬起爱的风帆，祝你们人生的旅途上永远洒满爱的阳光。

【新人入场】

材料 1

在这优美抒情浪漫的婚礼进行曲的伴奏下，在这个幸福的时刻里，在我们面前的这对新人，他们心贴着心、手牵着手，面带着微笑向我们款步走来。这预示着他们幸福生活的开始。朋友们，让我们衷心地为他们祝福，为他们欢呼，为他们喝彩，为他们完美的结合而热烈鼓掌，祝福他们拥有美好的未来！

材料 2

各位亲朋好友，我们的新郎，那是玉树临风、英俊潇洒，而且是才华横溢，学富五车。我们的新娘，那是闭月羞花，沉鱼落雁，而且在生活中那是秀美端庄、柔情似水。

大家看，今天的新人往这一站，那真的是龙凤呈祥，珠联璧合，天生的一对，地造的一双，大家说对不对？！用掌声告诉我。

---

① 节选自万俊杰婚礼主持艺术实践中整理出的个人资料。

【誓言】

材料 1

×××，你愿意娶这位小姐成为你的合法妻子吗？一起生活，守护婚姻，一直爱她，关心她，尊重她，不论疾病或健康，不论发生任何事情都去忠诚守护她一个人一生一世吗？

×××，你愿意让这位男子成为你的合法丈夫吗？一起生活，走入神圣的婚姻殿堂，一直爱他，关心他，守护他，不论疾病或健康，不论发生任何事情只忠诚守护他一个人一生一世吗？

材料 2

××× 先生，您是否愿意和 ××× 小姐结为合法夫妻，在今后的生活中，无论是贫穷或是富贵，健康还是疾病，顺境还是逆境，你都可以和她相濡以沫，白头偕老，你愿意吗？

××× 小姐，您是否愿意和 ××× 先生结为合法夫妻，在以后的生活中，无论是贫穷或是富贵，健康还是疾病，顺境还是逆境，你都可以和他相濡以沫，白头偕老，你愿意吗？

【礼成】

材料 1

现在，我非常高兴地向大家宣布 ××× 先生和 ××× 小姐的新婚盛典礼成，让我们再一次用热烈的掌声为新人送上最真挚的祝福，祝他们新婚快乐、百年好合、永结同心！

材料 2

爱是人生道路上的相互搀扶与牵手，爱是执子之手与子偕老的铮铮誓言，爱是愿有情人终成眷属的虔诚祝福！亲爱的朋友们，在大家的欢声笑语中，在大家的深情祝福声中，××× 先生和 ××× 小姐的新婚盛典到此礼成。

2. 婚礼小游戏

材料 1

各位亲朋好友，接下来是我们的游戏环节，这个游戏的名字叫《小蜜蜂采蜜》，新郎当然是小蜜蜂了，新娘是万花丛中那朵最漂亮的花儿，我们的游戏规则非常简单，首先我给大家介绍一下。

材料 2

今天我们还特意安排了一个抽奖环节，我们的新郎新娘将为大家抽奖，抽出天长地久奖、百年好合奖、永结同心奖。让我们一起期待，看哪位亲朋好友能得到这份特别的礼物。

任务 2　婚礼主持艺术语言表达技巧训练

活动 1　停连专项训练

2.1.1　训练提示

运用停连技巧进行朗读，注意落停、扬停、直连、曲连的恰当使用，准确地表情达意。

2.1.2　训练材料

旗袍——传统模式到时装风格

提到旗袍，每个女人的内心深处或多或少都有一种“情结”。错过了曾经风华正茂的流行，怀旧的心绪却在心中沉淀，何时能够复古一回？于是，越来越多的新娘总会在西式婚纱之外，留一身装束给中式旗袍。

让我们记忆深刻的是影像资料所极力呈现的 20 世纪 30 年代的旗袍，伴随着《花样年华》那个温婉的爱情故事走进人们的视野，那隆重的、妩媚的、华丽而不张扬的、魅惑但不轻浮的东方旗袍令人心动。

这以后旗袍又在领高、袖长、开衩，以及三围等部位不断变化，衣料、色彩、花边、饰品也不断翻新。近 20 年来，所见到的改良旗袍，受国际时装流行思潮影响颇大，一时间低领、无袖、紧腰、高开衩超短、袒胸、裸背等各种形式变化无穷，珠片、刺绣、毛皮饰边、织物印花等工艺装饰大放异彩，颜色绚丽、跳跃、浓重、柔和、大胆，突破了旗袍的旧有模式，将昔日旗袍与今日服饰相融成趣，使旗袍焕发出新的生命力。也因此，小众的旗袍以一朵奇葩的姿态大受瞩目。

一字排开的一件件以红色为基调的旗袍，一瞬间竟让人有些混淆了时空。锦、缎、绘、绸的旗袍面料上，大多织有象征吉祥如意的图案，如千字、寿字、团花等，浓浓的民族风洋溢其间，这些寓意也是吸引准新娘的理由。

中国人偏爱红色，红绸、红缎、红绒、红纱把中国人内向的性格和火热的色彩对比，实质上却是一种互补和充实。尤其是结婚，非常适宜选择红色的旗袍，喜庆是不言而喻的。

（——深圳晚报）

2.1.3　训练方式

采用学生录音、教师点评的方式进行。

活动 2　重音专项训练

2.2.1　训练提示

运用重音表达方式进行朗读，注意加重声音法、高低强弱法、快慢停连法、虚实对比法的恰当使用，准确地表情达意。

2.2.2　训练材料

婚礼用花——花语

想要让自己的婚礼浪漫十足，用鲜花来装扮无疑是最有效、最简单的方法，然而，不同的鲜花寓意也是各不相同的。

1. 玫瑰

玫瑰花容秀美，有“花中皇后”之称。其中红玫瑰更是表达爱情的专用花卉，寓意真诚的感情，所以它也是结婚鲜花配伍中应用最广的一个。

2. 郁金香

郁金香是结婚用花的好材料，常选用红、黄、紫、白几种颜色。红色郁金香花语为爱的告白；黄色郁金香花语为爱的来临；紫色郁金香花语为爱的永恒；白色郁金香花语为爱的纯洁。

3. 百合

结婚用花中，百合被广泛使用，其外表高雅纯洁，素有“云裳仙子”之称。由于它的鳞茎由鳞片抱合而成，所以有“百年好合”“百事合意”之意，是中国人自古以来婚礼上必不可少的吉祥花卉。

4. 康乃馨

康乃馨又名香石竹，其中大红和桃红的康乃馨是结婚用花销量最大的花卉品种之一，前者花意为“女性之爱”，后者花语为“不求代价的爱”，一般常用于新娘捧花、新郎胸花、婚礼花篮、花车、新房等。

5. 蝴蝶兰

蝴蝶兰又称蝶兰，花形似蝴蝶，素有“兰中皇后”之称，是新娘捧花、头花、肩花、腕花、襟花的主要花材，其花语为“我爱你，清秀脱俗，青春永驻”。

另外，结婚用花的陪衬花材有满天星、一叶兰、常春藤、文竹、天东草等，这些五彩的花材为新人的婚礼增添了温馨的氛围，以其自身丰富的寓意祝福新人百年好合、白头偕老。

（——北广传媒《完美婚嫁》）

2.2.3 训练方式

采用学生录音、教师点评的方式进行。

活动 3 语气专项训练

2.3.1 训练提示

朗读时，注意不同类型语气交替变化时在色彩、分量、气息状态、口腔状态方面不同的感觉，恰当地使用语气。朗读时，体会各种语势的具体表现，如波峰类、波谷类、 上山类、下山类、半起类，做到准确地表情达意。

2.3.2 训练材料

独具特色的婚礼目的地

婚礼是每个人都期待的人生大事，我们都希望它美丽而且又难忘，不过，要想让自己的婚礼办得难忘，选择一个合适的婚礼举办地就是至关重要的，那今天我就带您去三个地方，看看它们都有怎样的特色。

1. 夏威夷：最奢华的婚礼目的地

说夏威夷是最奢华的结婚目的地并不单指花费，而是作为结婚目的地，它的声誉实在是太大了。据统计，平均每一个月都会有约300对新人在夏威夷完成终身大事。这里一年四季拥有得天独厚的凉爽气候，细致的白沙湾和清澈的海洋，无论何时何地都能让您感受到轻松、浪漫的心情，难怪被称为“殿堂级的结婚胜地”。

2. 爱尔兰：最神秘的婚礼目的地

在神秘幽静的古堡里举办一场公主与王子式的婚礼，是很多对爱情有着梦幻般憧憬的女孩的心愿，而听起来离我们十分遥远的爱尔兰，却是实现这个愿望的最好地方。

爱尔兰岛是一个极佳的旅游目的地，她有着美丽的自然风貌，令人叹为观止的海岸风景，友善的人民，休闲的生活节奏和丰富的户外活动。

有着“翡翠岛国”美誉的爱尔兰满目都是宜人的景色，必能给爱侣们留下美好的回忆。

3. 塞班岛：最宁静的婚礼目的地

塞班岛是马里亚群岛的主要岛屿，靠近亚洲，属太平洋边缘地带。这里气候舒适宜人，全年日光充沛，空气清新，是旅游度假的天堂。

塞班岛面积虽然不大，但可谓“麻雀虽小，五脏俱全”。这里人数稀少，马路广阔，空气纯净，热带植物丛生，几乎处处入画。如果在这里拍摄婚礼照片，一定要让塞班岛的海成为你们的背景，因为这里的海水颜色是罕见的湛蓝色，为身穿白色婚纱的新娘做背景，就算是最普通的照相机也能拍出时尚大片的感觉！

（——北广传媒《完美婚嫁》）

2.3.3 训练方式

采用学生录音、教师点评的方式进行。

活动4 节奏专项训练

2.4.1 训练提示

朗读时，把握各种节奏类型（轻快型、凝重型、低沉型、高亢型、舒缓型、紧张型）的使用，注意体会交替变化、回环往复的节奏感，注意从整体上把握节奏，准确地表情达意。

2.4.2 训练材料

定制婚礼走俏，创意贯穿全过程

秋季中国婚博会正在北京展览馆举行，记者从本届婚博会上看到，创意贯穿全程的婚礼设计，深受新人们的青睐，不论是请柬、糖盒，还是海报、桌卡，都凸显定制的特点。

在婚博会上，记者发现结婚用品根据每对新人的故事量身打造已成为趋势。婚礼现场的迎宾海报上不再是单调的婚纱照，而是印上了新人们俏皮的漫画肖像。一张目的地是永远的车票，一张不散场的电影票，则成为带有故事的请柬。这些有点夸张但又充满天真烂漫的个性定制婚品囊括了婚礼印章、迎宾水牌、签名卷轴等婚礼中的各个环节，让新人们感到很兴奋。

在婚博会中，不少新人发现婚纱摄影已经演变为婚礼电影，现在花费一万元到两万多元就能让20人左右的拍摄团队为一对新人服务，用纯影视的手法，拍摄一部属于新人自己的爱情故事。拍自己的电影，做朋友中的明星成为很多新人的新愿望。

据了解，随着新人对定制婚礼的需求不断提高，婚博会上已经有近五成的婚品开始打创意牌，为不同需求的新人们打造更具个性的婚礼。

（——中央电视台新闻频道）

2.4.3 训练方式

采用学生录音、教师点评的方式进行。

活动5 综合训练

2.5.1 训练提示

表达时，强化语言表达技巧的综合运用，停连的处理，重音的选择，语气随着具体的情境发生变化，避免语气色彩和语势的单一，把握节奏，注意对比变化，从而准确、生动地表情达意。

2.5.2 训练材料

《完美婚礼》登场，央视财经喊你来“结婚”

《完美婚礼》，这是一档具有生活服务功能的造梦节目，同时也是一档包裹着蜜糖的幸福类的季播节目，栏目全面展现当代中国人对于婚姻、爱情以及家庭的深度解读。

在节目中，专业的婚礼顾问团围绕每一对新人以及他们的故事和梦想，量身为新人打造一场盛大的梦想中的婚礼，让每一对新人都有梦想成真的权利！

4月10日圆梦的这一对新人是FD和LY，他们的故事在2016年的春运被各大媒体曝光，感动了亿万网友。2016年2月3日，在广州东站的月台上，FD紧紧抱住妻子LY，两人泪湿双眼。FD是奋战在广东春运一线执勤的边防军人，LY是奔波在春运铁路线上的客运列车员，刚刚新婚的他们都在为春运忙碌着，这个新年他们无法团圆。因为一趟临客列车的机缘，他们在广州东站的月台上有了30分钟的短暂“团圆”。

《完美婚礼》的第一期，节目讲述了这对新婚的小两口的恋爱故事，三年226封信，聚少离多，缘分和爱情让这对爱人走进婚礼的殿堂。在记录他们爱情的月台、火车的车厢上展示了他们爱情的每一步，更有新郎亲手折的纸花，每一枝花都写满了他们的爱情。

这是中国首档以婚礼呈现为主题的节目，是未来恋爱、婚礼的样本、标杆。

（——央视网）

2.5.3 训练方式

采用学生录音、教师点评的方式进行。

任务 3　婚礼主持人的体态语训练

活动　体态语专项训练

3.1.1　体态语训练的要求

（1）自然。体态语训练不能统一，而应是情之所至，自然大方，具有个性。反对矫揉造作，动作应生活化。

（2）得体。谈话双方在特定情境中的体态语运用要恰如其分，符合场合、双方的年龄、身份等。

（3）适度。体态语运用的幅度、力度和频率要受到所说内容的控制。动作幅度不宜太夸张，力度要始终，频率不宜过高，花样不宜变换过多。

（4）谐调。体态语的运用要有美感。除了应使自己各种体态语动作和谐统一，它的运用还要和有声语言协调一致，与谈话双方情感吻合，适合当时情境，符合沟通与交流的目的。

3.1.2　体态语训练的具体方法

（1）整体态势训练。

（2）纠正不良身姿训练。

（3）不同情境训练。

（4）自我日常训练。

拓展阅读

婚礼行业未来走向：破界 + 融合[①]

记者　杨田风

八成作坊式的婚嫁行业或将迎来格局新变化。近日，“破界 • 融合——2018 中国行业婚嫁互联网高峰论坛”在长沙举行，国内著名婚嫁大咖齐聚长沙进行实战干货分享，用最鲜活的经验、最前沿的实践、最尖锐的观点一举打破行业间的边界，对行业资源、人才信息、平台技术等进行深度整合，促进婚嫁产业联动、融合，从根本上助推婚嫁产业的未来发展。

现状：个性主题婚礼兴起

对很多“90 后”来说，如果期望的婚礼形式还停留在演奏着婚礼进行曲的酒店和教堂里，在婚礼主持人的指挥下完成烦冗而古板的流程，那便已经 OUT 了。

4 月初的一场婚礼，新郎 LX 将婚礼现场设计成火车站的场景，原来他和新娘因在列车上的邂逅成就了一段姻缘，两人希望通过婚礼再次重温当年初见时那种美好。这样的婚礼，让人耳目一新、印象深刻。

混迹 cos 圈、承接 Cosplay 服装造型制作的“90 后”姑娘小 Y 对自己的婚礼有另一番憧憬——

① 杨田风 . 婚礼行业未来走向：破界 + 融合 [N]. 三湘都市报第 A2 版，2018 年 4 月 23 日 .

和爱人办一场由自己策划的Cosplay（用复杂精致的化装和服饰，扮演卡通、漫画书和视频游戏中的人物和物体）主题婚礼。

伴随“90后”成为婚恋主力军，婚庆市场上产品与消费结构正发生改变，像LX、小Y一样将生活、感情、职业中的故事糅入婚礼，甚至敢于尝试一场Cosplay主题小众婚礼的年轻人越来越多，3D婚礼案例展示、海外旅拍、聚会式私人策划等新潮产品和特色服务成准新人的心头好。

湖南省婚嫁行业协会秘书长杨喆表示，“现在的年轻人很有自己的想法，他们对婚礼已经不满足于模式化的流程，而更注重创意、内涵，而不是简简单单走形式。”杨喆介绍，拒绝雷同、个人风格凸显是年轻人对待婚礼的态度。

数据：结婚人数降低消费总额坚挺

据国家民政部门2017年的数据显示，去年全国有1059万对新人步入婚姻殿堂，行业预计，2017年我国婚庆市场规模近15 000亿元，未来五年（2017—2021）年均复合增长率约为23.11%，2021年市场规模将达到33 630亿元。

中国结婚产业服务平台婚嫁同窗创始人郑荣翔在主题发言《2018中国结婚产业发展的思考》中指出，婚庆行业涉及面较广，从婚宴、婚纱摄影、婚纱礼服以及婚礼策划四大行业，到密切关联的酒店、旅游、家纺和酒业，再到珠宝首饰、婚品百货、婚车，继而延伸扩展到金融、房产、家装以及母婴健康等产业，牵一发而动全身的婚嫁产业链成为中低频服务业中的朝阳产业，而且属于“刚需”。近两年，婚嫁产业也出现了新变化。

郑荣翔透露，2016年，湖南省结婚人数有50万对，2017年下降到45万对，“下滑速度高于全国平均8%左右的水平”。郑荣翔指出，这一变化数据也意味着湖南婚嫁企业及行业所面临的压力和挑战更大。好消息是，“虽然随着人口红利消失，结婚人口在降低，但婚嫁行业的资金消费在不断上涨——客单价提高了，消费总额仍然坚挺”。郑荣翔表示，客单价的上涨并不在于商品本身的涨价，而在于服务价值的提升，“行业正经历着从‘粗放走量’到‘精细化服务’的转型升级”。

湖南本土婚礼服务平台蜜匠联合创始人匡亮军进一步指出，新时代的婚礼行业市场将整体呈现为更强的消费能力＋更好的服务体验＋更高品质的产品。受益于消费逻辑和消费底层思维的改变，年轻人更愿意为服务买单。

来自美团点评结婚事业部的数据反映，消费者对于“定制”“品牌”的搜索量持续走高，“这表明，用户需求趋向个性化，同时对品质要求越来越高”。另外，用户需求也在扩大，从本地化的需求延展到海外的需求，其中本地个性化需求占比38%，有旅拍需求的占比15%。

行业：作坊式往品牌方向发展

论坛上，各位嘉宾都不约而同地提到，当下年轻人的婚礼消费理念与父辈模式已经发生了很大变化。一个不争的事实却是，我国内婚嫁产业依然处于不成熟的“两低一无”状态——市场准入门槛低、市场集中度低、无强势领军品牌。

论坛上，匡亮军直言婚庆行业的现状：80%的婚庆企业为婚庆作坊，年营业规模不到300万元，服务体验差、无产品思维、更无品牌思维，80%的企业仍然采用门店守株待兔、上下游资源等最老的流量获取方式来招揽顾客。

在杨喆看来，“互联网＋婚嫁产业”，可以通过跨界、整合、开放、信息化、在线化、数据化等方式和手段，打破以往的行业潜规则，赋予行业新的发展思维，增强行业的体验服务意识，满足个性化定制需求。如蜜匠平台，让消费者实现婚纱摄影、婚礼婚宴、蜜月旅行一站式搞定，就是服务提升的一种体现。匡亮军表示，在移动互联网时代，婚嫁企业应积极拥抱流量，并坚持“产品为王”，他认为，目前，婚嫁行业已进入品牌竞争时代，区域性各自为战的格局或将改变，将陆续出现全国性的品牌。

郑荣翔则认为，婚嫁行业将迎来融合式发展，竞争边界会进一步打破，真正实现“破界、融合”。

亮点：蜜月旅拍消费抢眼

方正证券研究所发布的一组数据显示，婚宴消费仍然是重头戏，花费占比60%；其次是蜜月旅行，占比为12%。此外，珠宝首饰、婚礼策划均占比8%，婚纱摄影占7%，其他消费占比5%。郑荣翔表示，受中国传统习俗影响，婚宴＋酒水饮料在国内各大城市婚礼当天消费中占比最高，同时，结婚的仪式感不再局限于婚礼本身，蜜月旅拍备受青睐。

经营海外旅拍业务已有三年的摄影机构相关负责人介绍，以往海外旅拍可能还属于高端消费路线，现在则发展成三四月份热门拍摄地如圣托里尼、塞班、巴厘岛等档期难求。相较往年奢侈动辄几万元的价格，现在开销普遍减少五成左右，如往年2万元左右的巴厘岛拍摄价格，现在万元内可以搞定，进一步带动了旅拍市场的热度。

回归：中国式婚礼趋热

就在上周，邵阳新郎WS和新娘YBF结束三年的恋爱步入婚姻殿堂，两人选择的是传统喜庆的中式婚礼。WS表示，“作为中国人，我觉得中国传统文化应该传承下去。中式婚礼比西式婚礼喜庆、隆重，更有仪式感。”实际上，凤冠霞帔的中式婚礼俨然成为现代人的“新时尚”，越来越多新人热衷于举办庄重典雅的中式婚礼。

中国传统婚礼受青睐，是中国传统文化回归的体现，同时也是中国文化自信的回归。

婚礼消费方式

反观现有的消费选择，可大致分为以下几种——酒店式婚礼、一站式婚礼会馆、目的地婚礼。

（1）酒店式婚礼：

优势：过去十年，酒店＋婚礼是市场的主流形式。

劣势：婚宴非高档酒店的主营业务，而是“附属产品”，在服务上存在升级的空间：比如婚宴布景用完即拆，无法复用；比如单一装修风格，无法满足个性化需求。

（2）一站式婚礼会馆（婚礼堂）：

优势：实现了婚礼线下场景的闭环——婚庆、留念性影像、餐饮，都在一个消费场景下完成；可复制性强，布景可复用，降低成本；提供一站式的服务，免去了消费者和多个供应商谈判的麻烦。

劣势：“闲时”问题，周一到周五场地空转；作为标准化的产品，似乎与消费者的个性化需求相悖，既不会让人感到失望，也不会让人感到惊喜。

（3）目的地婚礼：

优势：和个性化需求相契合，正如点评结婚事业部提供的数据显示，用户需求已经从本地扩展至海外，其中本地个性化需求占比38%，有旅拍需求的占比15%。

劣势：处于标准化的阶段，需要从繁复的环节中梳理出可被标准化的部分，保证服务的稳定性。

项目小结

1. 在婚礼庆典仪式中，无论是中式婚礼中的迈火盆、过马鞍、行大礼、揭新娘红盖头、合卺酒，还是西式婚礼中的新人入场、结婚誓言、交换戒指等，这一切都为新人营造了一个欢快、祥和的喜庆场面，婚礼主持人使这个场面成为动态的、立体的、热烈的、让人难以忘怀的场面，就要依靠其语言功力。

2. 婚礼主持语言的特点可以概括为：准确规范，清晰流畅，喜庆明快，亲切朴实，生动给力，分寸得当。

3. 婚礼主持中的对象感。简单而言，婚礼仪式上，主持人把握对象感就是要真诚、主动、热情地关注现场观众（这里是指嘉宾和亲朋好友的统称）的反应，使他们尽快融入婚礼的喜庆气氛。在婚礼主持中，主持人把握好对象感有利于调动婚礼现场的气氛，有利于彰显婚礼的乐趣。

4. 婚礼主持艺术语言的表达技巧。①停连。②重音。③语气。④节奏。在婚礼主持艺术实践中，婚礼主持人要准确、生动、形象地表情达意，要讲究语言表达技巧，养成良好的语言表达习惯。停连、重音、语气、节奏的恰当使用，能有效提高有声语言的表现力、感染力和吸引力。

5. 婚礼主持人的体态语。体态语又称“态势语”，是指以人的面部表情、身体姿势、肢体动作、仪表以及身体位置的变化来传达信息的一种无声的语言。体态语主要包括表情语言、形体语言、动作语言和仪表语言。

核心概念

婚礼主持艺术；婚礼主持语言特点；婚礼主持艺术语言的表达技巧；婚礼主持人的体态语

能力检测

1. 简述婚礼主持语言的特点。

2. 简述如何理解婚礼主持艺术中的对象感。

3. 论述停连、重音、语气、节奏之间的关系。

4. 归纳出自己的体态特点，说明优缺点各是什么，以及应怎样调整和改进。

5. 根据给出的材料，结合自己的创意，录制一段视频。注意体会有声语言、形体动作、内心感觉的协调感，生动地表达内容和情境。

材料：

不如这样，我提个议，大家想不想来分享一下，他们当初甜蜜恋爱的经历，想不想听啊。

这一段讲述，真的很感人，也很幽默。我也看到了现场很多女孩都热泪盈眶了。

眼泪擦干，欢笑过后，我们马上迎来我们今天的结婚典礼的接下来一个又是非常欢乐的环节，这个环节呢，可以说非常得有意义，因为它代表着要传递爱，传递幸福，所以我想请问一下我们今天现场的单身的女孩们，你们在哪儿？

我们有请我们今天光临现场所有单身的女孩们到我们的台前来，有请。

这个环节呢，其实非常有象征意义，接到这束捧花就意味着下一个结婚的就是你。

来，听我的口令啊，来，新娘，转过身，三二一。

——电视剧《咱们结婚吧》

项 目 评 价

序号	考核项目	考核内容	考核方式	考核时间（min）	配分	评分
1	普通话	语音准确、规范	口试	3	20	
2	吐字发声	主持用声科学、自如	口试	3	20	
3	语言表达	语流畅达，交流感强，能恰当使用停连、重音、语气、节奏	口试	3	45	
4	态势语	能结合特定环节合理使用体态语	口试	3	15	

项目 3 接受婚礼主持任务

学习目标

- 掌握婚礼主持前的具体内容。
- 掌握婚礼主持人与执行团队的沟通技巧。
- 充分尊重新人对婚礼庆典仪式的要求。

项目概览

从接受到婚礼庆典主持任务开始，必须了解已经进行沟通的对象，以及新人的基本情况。本项目的核心目标是掌握前期与婚礼庆典中各方的沟通技巧。为了实现目标，需要完成三项任务。第一，了解婚礼主持人与婚礼策划师的沟通技巧；第二，了解婚礼主持人与新人的沟通技巧；第三，了解婚礼主持人与新人及其他婚礼参与人员的沟通技巧。

核心技能

- 婚礼主持人与执行团队的沟通技巧。
- 婚礼主持人与客户之间的沟通技巧。

理论知识

知识点 1　婚礼主持服务的基本内容

婚礼主持人是婚礼庆典仪式中的灵魂人物。在典礼仪式中，婚礼主持人要推进流程，彰显主题，掌控现场，营造气氛。常规婚礼以爱情、亲情、友情作为整场婚礼庆典的中心线，突出烘托新人之间所发生的故事，展现新人爱情的闪光点，运用语言把婚礼各环节串联起来，引导新人、新人父母、亲友及来宾等共同完成婚礼庆典仪式。

1.1　为新人主持婚礼庆典仪式

1.1.1　为新人主持完成完整的婚礼庆典仪式

目前，中国人举办婚礼庆典仪式是民间认可婚姻成立的一种必不可少的仪式。目前流行的结婚仪式，有的是模仿西方礼俗所得，也有的是仿制中国传统婚礼庆典礼俗所成。在我国，还存在着风格迥异的各种地方婚礼风俗和地方习俗，因此，现在的结婚仪式可说是中西合璧、古今通融。

没有一种强制性的婚礼仪式标准和模板，而且其间又因当地风俗习惯或社会环境的不同而互有差异。因此，每个地区的婚礼庆典形式都存在着大大小小形式上的差异。

婚礼主持人应根据地区不同、民族不同、风俗不同去完成当地公众认可的婚礼庆典仪式。其中，仪式形式可多可少、可繁可简、可中可西，但完成的必须是一整套有理、有礼、有利的仪式程序。从某种意义来说，新人以及新人家族商议后认可的婚礼流程就是当地认可的常规婚礼程序。

一般来讲，常规婚礼流程主要包括以下流程：

（1）新人入场：新郎、新娘可以同时入场，也可以分开入场；有的是新娘由父亲挽手入场，也有的是以歌舞的形式入场……

（2）证婚仪式：可以由主持人以问誓的形式进行，也可以由新人相互宣读一段誓言的方式进行，还可以由指定的嘉宾宣读证婚词或者以询问方式进行。

（3）交换信物：可以由现场各种身份的人来进行传递，也可以使用一些相关的道具，目前比较流行的有直升机、遥控飞艇、魔法书、火焰玫瑰、许愿贝、飞火流星、魔术箱……

（4）爱的表达：可以根据新人的意愿，以各种形式来表达两位新人的爱意。可以是拥吻，也可以是拥抱，或者是新人愿意表达的任何形式。

（5）敬茶仪式：这种形式在长江以北比较流行，是指在婚礼庆典仪式中两位新人给双方父母进行中国传统的敬茶仪式。

（6）香槟酒及点烛台仪式：这是一种西式婚礼流行的仪式，一般通过酒店提供的香槟酒以及搭建的香槟塔来完成此项形式；也有以荧光液来替代香槟塔仪式的，一般二者取其一。

（7）新人退场：一般在仪式结束时请两位新人携手退场，作为一场庆典仪式的结束或者一个篇幅的结尾。

1.1.2　为新人的婚礼现场营造喜庆氛围

婚礼主持以说为主，婚礼主持人通过连贯、华丽的辞藻把整个结婚典礼环节串联起来，始终洋溢着喜庆气氛。在仪式进行中，也可以穿插演唱、朗诵、曲艺及口技等表演。

婚礼主持不同于相声和其他艺术的表现形式，它大多是由一个人来完成，缺少其他成员配合的成分，只能自己铺垫，而且铺垫不能过长，其间要安插笑料、悬念。借鉴其他表演形式中的一些表演的跳入（角色化）和跳出（叙述）的手法，适当地赠送对联和祝贺词。总之，主持婚礼要达到喜庆、热烈、隆重、欢乐、健康的目的。

有些有专项技能的婚礼主持人，会在婚礼仪式中充分发挥所学的技能，有用快板为新人题写专门的台词作为开场的，也有在中式婚礼庆典仪式中用唢呐作为迎接新人入场的；有些擅长演唱的主持人在特定的仪式环节上用填词的歌曲为新人祝福，并且在后场与来宾以及新人互动的时候发挥自己所擅长的能力，使整场婚礼始终保持喜庆、祥和的氛围。

1.2 配合婚礼庆典公司完成新人的婚礼庆典

在全国范围内，婚礼形式虽然存在形式上的差异，但婚礼庆典仪式已经由过去最简单的二到三个仪式环节发展到目前婚礼庆典的七八个甚至更多的仪式形式。从原先无道具、无装饰、无音乐的单一表现形式发展到目前各种婚礼道具的使用和丰富多彩的布置装饰。而所有的一切辅助婚礼庆典仪式的形式，都是由接受新人委托的婚礼庆典公司来完成。现代婚礼庆典仪式中还加入了多种灯光效果、电子彩屏效果、大型音响设备、各种拍摄设备和人员，甚至还有很多专业的演绎人员。虽然目前婚礼主持人还是婚礼庆典仪式中不可缺少的重点环节，在一定程度上决定了婚礼庆典仪式的精彩程度，但在一场完整的婚礼庆典仪式中，需要每一个辅助工种的参与才会使婚礼庆典仪式精彩纷呈。

作为一名合格的婚礼主持人，在和婚礼庆典公司合作共同为新人完成婚礼庆典仪式时，要根据婚礼策划师为新人策划的婚礼策划方案，积极配合婚礼庆典公司所有工种的工作人员，其中包括现场婚庆公司的操作灯光的操控员（操控追光灯的操控员，整体动感灯光的操控员），烟雾机、泡泡机、雪花机、干冰机、遥控操控等人员，以及保障婚礼顺利进行的婚礼督导师。

婚礼主持人应尊重现场所有为婚礼庆典提供服务的人员，当然也包括为婚礼庆典提供服务的酒店工作人员和前期搭建场布的工作人员。

婚礼主持人在婚礼庆典开场前，要充分与所有工种的工作人员进行广泛和深入的沟通，与婚礼策划师和婚礼督导师一起将每项工作的要求落实到每一名工作人员，其中包含在每个仪式环节播放音乐的顺序以及音量的大小，何时切换到下一个环节的背景音乐；现场每一种灯光在每个仪式环节上照明的对象、渲染色彩的颜色及时间长短；所有效果器（烟雾机、泡泡机、雪花机、干冰机）使用的环节和时间。

婚礼主持人还应当尽一切能力保证婚礼庆典公司在公众心目中及整个行业内的良好形象，尽一切努力保障婚礼庆典公司在公司经营上合理及合法的收入。在整个服务新人的过程中，不失时机地积极为婚礼庆典公司进行正面的宣传，可以在婚礼开始之前暖场时或者在婚礼庆典仪式结束时宣布婚庆公司的名称或者执行团队的名称，充分扩大婚礼庆典公司在社会上的知名度。

1.3 为新人提供优质完整的礼仪服务

1.3.1 与婚礼策划师和婚礼督导师一起为新人提供婚礼上的礼仪辅导

由于我国在法律上并没有规定结婚必须举办婚礼仪式，法律采取的是登记结婚有效的制度，故目前在中国举行的婚礼庆典仪式，都属于非法律意义上的民间风俗行为的庆典仪式。其中一部分的礼仪规范来自中华民族几千年的传统和风俗。

一部分婚礼庆典的形式是中国传统文化的演变和延续，比如：

（1）目前很多地区在婚礼庆典仪式中新人给父母的敬茶仪式。

（2）两位新人对双方父母的改口仪式。

（3）中国传统形制婚礼庆典仪式中的叩谢父母仪式。

（4）新人交换信物仪式。

（5）新郎挑红盖头仪式。

（6）新人行合卺礼仪式。

（7）双方父母对两位新人进行的传承香火仪式；等等。

另一部分来自于西方婚俗礼仪文化，比如：

（1）目前婚礼庆典仪式中常用的新娘的父亲手挽女儿入场进行的交接仪式。

（2）新郎向新娘做的献花仪式。

（3）新人的婚礼誓言仪式。

（4）新人的相互佩戴婚礼戒指仪式。

（5）倾注香槟塔仪式。

（6）同点欧式烛台仪式。

由于中西文化中婚俗礼仪表达形式不同，在婚礼庆典仪式上很多展示的动作也不一样，婚礼主持人必须与婚礼策划师和婚礼督导师一起以正确的礼仪动作来指导新人在婚礼上完美地表达。

对于新人佩戴戒指的环节，应在前期婚礼彩排时就与婚礼策划师和婚礼督导师一起指导新人将婚礼仪式专用的“对戒”佩戴在彼此左手的无名指上。

婚礼上新郎对来宾行“鞠躬礼”，一般应以45°至60°为佳，而在行“夫妻对拜”礼时应行90°的鞠躬礼。新娘在对来宾和“屈膝礼”时应用手轻提婚纱的下摆，以一腿斜插另一腿后方，略微向下屈膝，同时身体以及头微微向一侧倾斜。

如果举办中国传统婚礼，婚礼应严格遵循中国传统礼制的规定礼仪进行。比如，以面向来宾的方向，新郎应站在新娘的左手位；在叩拜双方父母时行叩拜大礼或中国传统的作揖礼。行礼时，双腿站直，上身直立或微俯，新郎左手在前、右手握拳在后（新娘则正好相反），两手合抱于胸前，至上而下行礼。新人在给双方父母以及现场来宾敬酒时的礼序，一般从女方主宾席开始，而后是男方主宾席。

1.3.2　为婚礼现场来宾提供风俗礼仪解说服务

由于在新人婚礼庆典的现场有来自不同阶层和地域、不同受教育程度、不同民族的祝贺嘉宾，很多现场来宾对于婚礼庆典仪式中一些古老或者最新的婚礼形式不甚了解，对于举行某种仪式的由来完全不懂。这就需要婚礼主持人在进行婚礼主持仪式的同时以通俗易懂的语言诠释这些特定仪式的由来和意义，使每位婚礼现场的参与者了解婚礼仪式各个环节的内涵。这本身也是作为一名婚礼主持人应肩负的文化传播和传承的责任。

目前婚礼仪式中被经常使用的魔法书送戒指、彩砂仪式（一般的有两种颜色和四种颜色）、倾倒圣水仪式、破冰取戒仪式、水晶树仪式、许愿池仪式等形式都应赋予一种能被人接受的诠释。

1.3.3 在婚礼庆典仪式现场倡导文明之风

无论传统婚礼还是现代婚礼，首先倡导的是一种礼仪和传统。中国几千年漫长的文化发展过程中，在婚礼仪式中加入了很多风俗和传统的元素，由于文化在传承中的缺失和理解的错误，婚礼仪式中有一些是中国传统文化中的糟粕。作为一名现代文明婚礼主持人，在倡导和传播礼仪之风、文明之风的同时，要坚决抵制一些不文明的行为和迷信的做法，以现代文明为着手点，大力弘扬现代精神文明，倡导和谐法制社会，发扬中国传统风俗和优良的民族传统，坚决抵制各种恶俗。

（1）目前在有些地区的婚礼庆典仪式中有闹“喜公公、喜婆婆”的一种习俗，不应该是婚礼主持人倡导的仪式内容。

（2）有的地方流行在婚礼庆典仪式上公开戏弄新郎和新娘，将各种污损的物品进行投掷和倾倒的不文明行为，这也是婚礼主持人应当反对的不文明婚礼行为。

（3）有些地区还有专门闹伴郎和伴娘的，在庆典仪式时甚至对伴娘进行非礼和猥亵，这更应当是婚礼主持人坚决抵制的不文明行为。

对于这种地方遗留的恶习，作为婚礼主持人，应该在婚礼庆典之前对于当地的一些不良风俗习惯进行了解，在婚礼庆典时将婚礼庆典仪式的氛围提高到庄严和神圣，在喜庆婚礼风格的同时，提醒所有来宾对新人及双方父母的尊重，以自己的专业技能尽力将婚礼引导到高雅的方向。在主持新人婚礼庆典时，绝对不出现低俗的段子，可以以幽默、诙谐的方式来调节婚礼现场的气氛，真正在婚礼庆典仪式现场弘扬现代文明婚庆礼仪之风。

知识点 2　婚礼主持服务的基本工作程序

接受婚礼主持任务后，为保证婚礼主持能顺利圆满地完成，每一名婚礼主持人都应该有着一套合理完整的接受程序。

2.1 接受婚礼主持任务

2.1.1 接受婚礼庆典公司委托的婚礼主持任务

接受婚礼庆典公司委托的婚礼主持任务，是指新人在婚礼庆典公司接受婚礼服务，并将婚礼庆典的主持任务授权于婚礼庆典公司，由婚礼庆典公司根据新人对婚礼庆典服务的风格要求以及相应的服务价格来推荐的婚礼主持任务。

这一类的主持任务由于新人已经与婚礼庆典公司进行了大量的沟通和交流，对于婚礼庆典公司推荐的婚礼主持人相对很容易接受。

婚礼主持人在接到婚礼庆典公司邀请时应首先核对本身的主持档期，在时间允许的情况下，应主动提请婚礼庆典公司邀约新人进行进一步的沟通和协商，在为新人进行合理的婚礼庆典仪式主持任务时，本着尊重婚礼庆典公司的所有建议，积极主动地为新人提供力所能及的服务。

2.1.2 接受新人直接委托的婚礼主持任务

此种婚礼主持任务往往是新人曾经参与婚礼主持人主持完成的一些婚礼庆典仪式，或者是新人的至亲好友推荐和介绍。新人已经了解主持人的主持风格并给予认可而直接联系婚礼主持人，要求婚礼主持人为其婚礼庆典提供婚礼主持服务。

当收到这样的邀请后，同样婚礼主持人要在第一时间确认本人的婚礼主持档期。在空档期接受婚礼庆典邀请后，应尽快邀约新人见面并进行充分沟通，了解新人委托婚礼主持任务的具体要求。婚礼主持人根据新人及家族提出的具体要求，对本次婚礼主持任务的现场布置（色系、风格）、灯光（必要的照明灯光、渲染气氛的其他灯光）、音响（根据酒店原先固有的音响设备的效果，提醒新人是否需要租用专业的音响设备）、人员配置（婚礼仪式时应有的婚礼督导师、婚礼 DJ 等）等给予合理化的建议，与新人一起制定婚礼流程并确认实施方案（此时，婚礼主持人身兼婚礼策划师的职责）。

在婚礼进行当中，婚礼主持人要灵活处置婚礼当中的突发事件，确保婚礼按制定流程有序进行。

2.1.3 接受临时性的婚礼主持任务

因某种事件或者其他原因造成原定的婚礼主持人不能到场，有些婚礼主持人会接受临时性的婚礼主持任务。这种情况有两种情形。

（1）已制定婚礼庆典仪式流程。这种情况，婚礼主持人首先应与新人或者婚礼庆典公司进行沟通，确认已经制定的婚礼庆典仪式流程，按照原先已经制定好的婚礼流程实施婚礼主持任务。

（2）未制定婚礼庆典仪式流程。需及时与新人或者婚礼庆典公司完成本次婚礼庆典仪式流程。在详细了解婚礼庆典仪式现场各种布置、道具、灯光等使用情况以及婚礼现场相关人员配置后，制定婚礼庆典仪式流程，并与新人或者婚礼庆典公司确认。按照与新人或者婚礼庆典公司确定的婚礼庆典流程实施主持任务。

2.2 实现完整的沟通

只有和新人相互了解，充分信任，才能为新人打造一场完美的婚礼庆典仪式。作为婚礼主持人，需要了解新人姓名、工作单位或者所属行业、籍贯、家庭背景、父母婚姻状况等相关情况，根据新人的实际情况和爱情故事来主持、策划婚礼主题和流程策划，并且要注意回避新人忌讳问题。

婚礼主持人还要了解新人对婚礼现场效果预期值，需要一种什么样的婚礼氛围，如：婚礼现场感觉是温馨浪漫还是喜庆热闹，是大气庄重还是雅俗共赏等；可以根据新人对婚礼仪式整场效果的预期值，为新人提供合理化的婚礼主持词和婚礼音乐等。

如果是由婚礼策划师策划的婚礼，婚礼主持人要充分了解本场婚礼庆典仪式的策划内容和仪式流程，以及直接参与婚礼流程的相关人员的情况。

（1）了解是否有主婚人、证婚人以及主婚人、证婚人的身份、姓名。

（2）了解伴郎、伴娘的人数、姓名、职责及其他相关情况。

（3）了解花童、戒童的姓名、性别和年龄情况。

（4）了解双方父母是否需要登场及发言，如果发言要了解双方父母的姓名、职务或身份。

（5）了解其他至亲是否需要在婚礼中发言，如果要发言需要了解他们的姓名及身份。

了解以上内容之后，婚礼主持人需要合理安排婚礼仪式流程和撰写主持词。

教学项目

任务 1　了解婚礼主持人与婚礼策划师的沟通技巧

一场婚礼少则几十人，多则几百人，婚礼主持人不可能单打独斗，这需要一个婚礼运作团队的团结协作。灯光师、音响师、场地布置人员、督导人员、酒店餐饮人员……一群陌生人因为一场婚礼而成为队友。作为婚礼的主持人，就要把控全场，提前沟通、确认每一个环节，每一步的安排甚至要精确到秒，如此才能保证婚礼顺利进行，这就需要主持人具有优秀的沟通能力。

婚礼策划师是一场婚礼庆典仪式的缔造者，也是婚礼仪式的设计者、组织者，是婚礼服务团队的召集者。婚礼策划师主要是为新人提供婚礼流程创意策划、婚礼场景设计与布置的策划、婚礼细节执行的策划、整合设计与执行概念、进行婚礼现场监督等。简单地说，每一场婚礼都是一次创意与设计的结合，帮助新人完成梦想就是婚礼策划师的工作。

如果整场婚礼庆典仪式新人委托婚礼庆典公司专业的婚礼策划师来完成，作为婚礼主持人在接受婚礼主持任务后，应与婚礼策划师进行完善的沟通，必须完全理解婚礼策划师对整场婚礼策划的思想和理念；详细了解婚礼庆典仪式中每个环节仪式的先后顺序以及相关道具的使用要求；详细了解在每个环节中其他工作人员予以配合的相关情况，以便根据策划方案写作婚礼主持词。婚礼主持人对于本身不了解的婚礼形式的展示和婚礼道具使用应尽可能学习掌握，对于确实未能掌握的展示形式应与婚礼策划师共同探讨和协商，在不改变仪式内涵的基础上酌情修改展示形式，以达到良好的婚礼现场效果，展示婚礼策划的完美性。

通过与婚礼策划师的沟通，充分了解婚礼流程的安排以及在整场婚礼庆典仪式中婚礼庆典公司配置的婚礼道具、婚礼背景音乐的使用和团队配合的情况，以保证完美地主持婚礼。

如果新人选择了策划婚礼，那么婚礼主持人应了解这份策划的主题是什么，方案的背后要表达的是什么意境，这场婚礼深层次的理念是什么，在台词、音乐或其他方面婚礼主持人应该提前做些什么样的准备。婚礼主持人只有与婚礼策划师有了详细的沟通以后，才能保证在婚礼仪式中紧扣这场婚礼的主题，彰显策划书的魅力。

1.1　婚礼主持人与婚礼策划师沟通的主要内容

（1）掌握婚礼庆典仪式的全部流程内容。

（2）理解婚礼策划师设计的婚礼庆典仪式过程中每个环节的体现内涵。

（3）熟记婚礼庆典仪式流程中每个环节的先后顺序。

（4）仔细聆听并熟悉婚礼仪式流程中每个环节的背景音乐旋律和节奏。

（5）认真为每个婚礼仪式环节配上相应的婚礼台词。

（6）反复斟酌每个婚礼仪式环节应有的演绎节奏。

（7）熟悉每个婚礼仪式环节中相关配合人员的工作职责和要求。

（8）掌握每个婚礼仪式环节中现场工作人员应配合的要点。

1.2 婚礼主持人必须了解的婚礼策划中的重点内容

对于一场婚礼庆典仪式来说，整场婚礼庆典的每个仪式对新人和所有参加婚礼庆典仪式的来宾都是一份难忘的、美好的印象和记忆。

但是，对于一名职业的婚礼主持人来说，整个婚礼庆典仪式流程包含着各种展示形式的仪式，每个仪式都被赋予了不同的含义和表现形式。

从目前全国婚礼庆典仪式的形式来看，各地由于地域和风俗的不同，有将婚礼形式以一段式形式来表现的，也有将整场婚礼庆典仪式分成若干段形式来表现的，表现的方法也是丰富多彩、花样百出。

所以，一名合格的婚礼主持人必须在众多环节的仪式中，仔细辨别出整场婚礼庆典最精彩的若干环节，在这若干环节上加以重点渲染，使这些环节成为整场婚礼中靓丽夺目的瞬间，使一场婚礼在流程进程上跌宕起伏，让每一对新人的婚礼庆典真正成为他们一生难忘又是唯一的、只属于他们两个人的一段纪念。

任务 2 了解婚礼主持人与新人的沟通技巧

通过与服务对象的新人进行充分的沟通，了解新人对整场婚礼庆典仪式的需求和新人家族对婚礼的要求。

新人如果是通过婚庆公司找的主持人，见面时间一般在婚礼前 1 ~ 2 个月。如果不是通过婚庆公司聘请的婚礼主持人，见面的时间是在婚礼前 3 ~ 5 个月，因为需要婚礼主持人承担婚礼策划师的职责，全面地策划和统筹新人的婚礼，策划婚礼的时间最好提前 2 个月以上。

2.1 婚礼主持人与新人的沟通内容

2.1.1 必须了解新人最基本的情况

在和新人沟通的初步阶段，婚礼主持人首先应该了解新人一些最基本的内容，例如新郎、新娘的姓名、籍贯，婚礼举办准确的地点和宴会开始的准确时间；婚礼酒宴的规模和规格；参与婚礼庆典的伴郎、伴娘或者男女傧相的人数和基本状况。其中还包含新人和伴郎、伴娘、男女傧相的着装情况，迎接来宾的时长和地点，举办婚礼的酒店给予新人的服务内容，是否提供婚礼蛋糕、庆典香槟酒及是否搭建香槟塔、是否提供专业专用的服务礼仪人员来配合仪式环节。

【参考材料一】

婚礼主持人与新人沟通问卷题目

婚礼主持人与新人的沟通是最重要、最复杂的沟通，这个沟通越仔细婚礼效果就会越好。

以下是婚礼主持人与新人沟通问卷题目建议：

1. 你们的婚礼时间、地点。
2. 你们的姓名、职业、电话。
3. 你们是怎样认识对方的，恋爱多久了。
4. 你们在婚庆公司定订了哪些道具，以及酒店赠送了些什么项目。
5. 你们喜欢分头入场，由新娘父亲与新郎进行交接后入场，还是直接共同入场。
6. 宣誓仪式，你们喜欢自己宣读誓言，还是喜欢西式正式问答，还是喜欢搞笑幽默问答。
7. 你们准备了一枚还是两枚婚戒，是什么品质的戒指。
8. 你们的婚戒由伴娘送，还是由戒童送上台，或者喜欢用其他特别方式送上来。
9. 双方父母是否都到婚礼现场？如不是，请说明大概原因。
10. 双方父母是否都要上台发言，如果不是，由哪位上台发言。
11. 感恩环节你们希望真诚感动流眼泪，还是简单一点，一带而过。
12. 是否有证婚人，如果有，他的姓名、单位、职务。
13. 你们要不要在仪式中喝交杯酒。
14. 你们要不要在仪式礼成时抛花球。
15. 你们的来宾是年轻人居多还是长辈居多。
16. 你们希望主持人的主持风格更趋于哪种（庄重高雅，欢乐搞笑，两者都有）。
17. 仪式当中，你们有没有什么需要主持人避讳的话题或语言。
18. 婚礼当中，你们最希望对方为你做些什么。
19. 你们希望婚礼仪式进行多久比较合适。
20. 婚礼仪式时新郎的衬衣、礼服是什么颜色的。
21. 为了仪式更加圆满美好，你们还想告诉主持人一些什么。

【参考材料二】

<table>
<tr><th colspan="8">婚礼主持人与新人沟通表</th></tr>
<tr><td colspan="2">婚礼时间</td><td colspan="5">年 月 日</td><td>□中午
□晚上</td></tr>
<tr><td rowspan="4">新人</td><td rowspan="2">新郎</td><td>姓名</td><td></td><td>电话</td><td></td><td rowspan="2">备注</td><td rowspan="2"></td></tr>
<tr><td>单位</td><td colspan="3"></td></tr>
<tr><td rowspan="2">新娘</td><td>姓名</td><td></td><td>电话</td><td></td><td rowspan="2">备注</td><td rowspan="2"></td></tr>
<tr><td>单位</td><td colspan="3"></td></tr>
<tr><td colspan="2">宴会情况</td><td>酒店</td><td></td><td>酒席数</td><td></td><td>总人数</td><td></td></tr>
<tr><td colspan="2">父母到场情况</td><td colspan="2">新郎爸爸□</td><td colspan="2">新郎妈妈□</td><td>新娘爸爸□</td><td>新娘妈妈□</td></tr>
<tr><td colspan="2">婚礼负责人</td><td>姓名</td><td></td><td>电话</td><td></td><td>关系</td><td></td></tr>
<tr><td colspan="2" rowspan="3">出席重要来宾</td><td>姓名</td><td></td><td>电话</td><td></td><td>关系</td><td></td></tr>
<tr><td>姓名</td><td></td><td>电话</td><td></td><td>关系</td><td></td></tr>
<tr><td>姓名</td><td></td><td>电话</td><td></td><td>关系</td><td></td></tr>
<tr><td colspan="2">证婚人</td><td>姓名</td><td></td><td>电话</td><td></td><td>关系</td><td></td></tr>
</table>

婚礼主持人与新人沟通表

续表

<table>
<tr><th colspan="9">婚礼主持人与新人沟通表</th></tr>
<tr><td rowspan="2">场地布置</td><td>蛋糕□</td><td>红地毯□</td><td>香槟酒□</td><td>舞台背景□</td><td>蜡烛□</td><td>拱门□</td><td>冷焰火□</td><td>纸炮□</td></tr>
<tr><td>追光□</td><td>花瓣□</td><td>花童□</td><td>投影仪□</td><td>文艺表演□</td><td></td><td></td><td></td></tr>
<tr><td>婚礼主持效果（可多选）</td><td>浪漫□</td><td>难忘□</td><td>热闹□</td><td>感人□</td><td>庄严□</td><td></td><td></td><td></td></tr>
<tr><td rowspan="13">婚礼环节选择</td><td colspan="4">背景故事□（婚礼主持人撰写，用在新人入场之前）</td><td colspan="4">婚礼主持人开场白□（用在新人登台后）</td></tr>
<tr><td colspan="4">新人宣誓□（婚礼主持人引导）</td><td colspan="4">新人致辞□（新郎来说，脱稿）</td></tr>
<tr><td colspan="4">主婚人□（选择家族长辈或领导）</td><td colspan="4">证婚人□（选择家族长辈或领导）</td></tr>
<tr><td colspan="4">新郎拥吻新娘□</td><td colspan="4">交换戒指□（钻戒□、对戒□）</td></tr>
<tr><td colspan="4">喝交杯酒□（红酒□、可乐□）</td><td colspan="4">拜天地□</td></tr>
<tr><td colspan="4">感谢介绍人</td><td colspan="4">向父母敬改口茶（拜父母时）</td></tr>
<tr><td colspan="4">点蜡烛□（确定现场会提供烛台这项道具）</td><td colspan="4">切蛋糕□（事先要准备好蛋糕和切刀）</td></tr>
<tr><td colspan="4">倒香槟酒□（液体香槟□、荧光香槟□）</td><td colspan="4">父母致辞□（新郎爸爸□、新郎妈妈□；新娘爸爸□、新娘妈妈□）</td></tr>
<tr><td colspan="4">抛捧花□（花要扎实，场地要大）</td><td colspan="4">向父母感恩□（三叩首□、敬茶□、拥抱□）</td></tr>
<tr><td rowspan="4">其他</td><td colspan="3"></td><td colspan="4"></td></tr>
<tr><td colspan="3"></td><td colspan="4"></td></tr>
<tr><td colspan="3"></td><td colspan="4"></td></tr>
<tr><td colspan="3"></td><td colspan="4"></td></tr>
<tr><td>特殊要求</td><td colspan="8"></td></tr>
<tr><td>婚礼主持人</td><td>姓名</td><td></td><td>电话</td><td></td><td>日期</td><td colspan="3"></td></tr>
</table>

2.1.2　进一步了解新人的特殊情况

婚礼主持人对新人举办婚礼庆典仪式和酒宴大致的情况有了了解之后，应对新人的一些特殊情况作进一步的了解，以求达到婚礼主持的完美。

（1）新人双方家庭籍贯（以便了解双方家庭籍贯地的风俗和民风）。

（2）新人及其家庭的宗教信仰（避免婚礼庆典仪式在宗教信仰上发生冲突）。

（3）新人当天到场双亲的情况（避免由于各种原因不能到场时的尴尬以及可能会有离异家庭双亲重新组合到达现场的介绍和双亲登场）。

（4）熟知新人婚礼当天邀请的重要嘉宾的人员和人数（其中包括新人双方的领导和家族中的尊辈，是否需要由婚礼主持人来向全体来宾介绍，特别是证婚人和主婚人的身份和目前及曾经担任的职务和职称）。

2.1.3　挖掘新人的内心需求

通过良好充分的交流，在与新人达成彼此信任的基础上，婚礼主持人应尽力挖掘新人内在的思想和内心的需求，例如新人的恋爱经历，在整个恋爱过程中双方给予对方的难忘和感动的事件，曾经给予对方的礼物，曾经一同旅游的合影，等等，以便将这些鲜为人知的爱情故事巧妙地穿插在整个婚礼庆典仪式过程中，给予新人重温那段感情和现场一份最大的感动。

鼓励新人在婚礼庆典仪式上尽情展示他们对爱的理解和矜持，以各种行为去表达彼此间的爱情、对父母养育恩情的报答、对所有来宾友情的珍惜。

2.1.4 挖掘新人的爱情故事

例如：

有一对上海的新人，都是上海市本地人。第一次见面在上海某大酒店的咖啡吧，当时参与见面沟通的还有新娘的表哥和其他的几位亲戚朋友。

婚礼主持人在初步沟通时了解到新郎的职业是某公司的一名主管，新娘是上海市一所重点小学的语文教师（高级教师）。两个人的相貌都非常端正，两个人的收入及家庭条件在上海本地都属于中上的水平，两位新人的年纪是同年，在上海结婚人群中年龄属于偏大，都是第一次婚姻。

当时新人表示由于年龄偏大，在朋友中是最晚结婚的，所以反复强调不要很特别的仪式，只要求庄重大气就可以。

本来是一场非常普通的婚礼，在接下来的时间中婚礼主持人与新人采用闲聊的方式进行沟通，问及了新郎为什么这么晚才想到结婚，得到的回答是没有找到合适和有感觉的人。再问怎么和新娘认识的，得到的回答是和新娘是小学的同学，两个人的父母同是上海支援黑龙江建设的知青，父母同在一个建设兵团，当时两个人在同一学校同一个班级上学，位置是前后桌。后来父母回沪后也少有联系，直到一次回沪同学的聚会上再次相遇，通过沟通后了解到彼此都还没有结婚和意中人，交流中发现彼此的思想有很多的地方几乎相同，于是开始了一年多的恋爱一直到决定结婚。

主持人在为他们策划婚礼时以“缘来是你”为主题，并为了充分体现这个“缘来是你”的主题思想，动员新郎在婚礼庆典仪式上进行爱的表示，效果非常好。

2.2 婚礼主持人与新人的沟通技巧

2.2.1 询问新人的语言技巧

1. 必须使用文明用语

不管婚礼主持人在何种场合和新人进行沟通交流，首先必须使用文明用语，“您好！谢谢！请、再见、不客气”等。对于新人应称呼“某某先生、某某小姐”，对于在场的其他一些中年妇女应称呼“某某女士”，对于新人的父母可以称呼“某叔叔、某阿姨”。

2. 尽可能少用行业内的专业术语

当需要婚礼主持人为新人介绍一些婚礼相关知识和环节内容时，应当使用“我可以为您介绍一下”“我可以为您解释这些问题”“这个形式目前我们的创意思想是这样的”。在介绍一些新人不了解的道具或者仪式形式的时候尽量用简单通俗的语言，尽可能少用行业内的专业术语。

3. 尽量使用温和亲切的声音

在语气和语调上应尽量使用温和亲切的声音，做到细心、耐心聆听新人的想法和感受，使新人感受到一名专业婚礼主持人的职业特点。让新人感受到婚礼主持人与他们思想的同步性。

2.2.2 与新人沟通时的忌讳

有些婚礼主持人在与新人进行沟通时，不懂得如何去避讳一些交流的忌讳，最终无法和新人进行良好的沟通，更有甚者在前期和新人沟通不畅，无法达成共识，这往往会对以后的婚礼主持造成非常不利的影响。

作为一名合格的婚礼主持人，在和新人进行沟通时要注意以下的一些忌讳。

（1）自我介绍时切忌自我吹嘘，特别是针对一些婚礼规模要求不大的新人，不要刻意说明自己在婚礼中的作用，这会让新人极度地反感和不安。

（2）咨询新人时切忌直接询问新人一些比较私密的问题。例如新娘的年龄、新人是第几次婚姻、父母是否都在等敏感性的问题。可以以技巧性的语言去了解，或者以真诚的态度告知新人对这些问题必须了解的重要性。

（3）切忌直接去指责和争辩新人对婚礼的审美和理解，切忌用大声和批评的语调去指责新人和粗暴地打断新人表达意见。尽量不要使用“这个你们不懂的”“你们听我的就可以”“我说了你们也不懂”等带有歧视性的语句和语调。发现新人对婚礼有不正确的理解和偏差时，应以正确的现代文明婚礼理念去引导新人。

（4）作为异性的一方不要刻意地反复夸奖另一方异性的新人，否则容易引起同性新人的反感和不安。

2.3 婚礼主持人与新人相关亲属的沟通技巧

2.3.1 必须进行沟通的有关人员

中国的婚礼形式有着独特的方式和特点，其是以两个新人为主体，综合了两个家族共同情感的一场仪式。所以，在与新人进行婚礼主持和相关问题沟通之后，还需要与参加本次婚礼庆典仪式的相关长辈进行细致的沟通。

在完整的婚礼策划完成之后，首先应该求证于双方父母对于整场婚礼的一些看法，包括布置色彩、道具使用、每个环节的寓意。某些需要现场新人的长辈参与的仪式环节，如新人长辈上场接受新人敬茶、双方父母代表致新婚致辞，在详细介绍仪式环节的情况后要仔细听取双方长辈对于这些仪式的要求和感受，尽可能尊重这些长辈，以其能表达的方式来配合完成此环节的仪式。

还有一些地区在举行婚礼庆典仪式的某些环节上会邀请家族中的一些德高望重的长辈致辞。或者会邀请一些家族中能说会道的长辈（包括一些曾经担任过婚礼筹划的“知客”）来主持某个环节。

在进行这些环节的沟通时，婚礼主持人必须明确了解新人及其家人对具体细节的要求，包括这些人员及环节的衔接问题。

2.3.2 进行一般咨询的相关人员

从新人开始筹备婚礼庆典开始，整个婚礼庆典仪式的时间冗长而烦琐，新人两个家族的成员和朋友也会参与到准备和操作过程中，在这些成员中有为新人掌控全局的长辈和实施具体事宜的婚礼“知客”，他们对于婚礼中习俗的熟知程度非常准确，在某种程度上他们的地位、知识、职能上的博学也会影响新人对婚礼庆典仪式的取向，甚至在某些地区还能决定一场婚礼的成败。对于这些参与新人婚礼庆典的相关人员，婚礼主持人应该采取尊重、礼貌的态度，接受他们所提出的合理要求，仔细分析这些要求与本场婚礼策划的冲突点和共融点，当发现与本场婚礼有冲突点的时候，要及时解释现代婚礼形式与传统风俗表现形式的不同点，以和善的语调协调发生形式冲突的地方，并要强调文化差异和形式不同但内涵一致的思想，以求得与新人聘请的婚礼团队思想上保持一致，共同为新人打造一场完美的婚礼庆典。

任务 3　了解婚礼主持人与婚礼其他人员的沟通技巧

婚礼其他人员主要包括婚礼督导师、婚礼摄像师、婚礼场布道具人员、酒店音响师、酒店灯光师、酒店服务员、伴郎、伴娘、花童、戒童等婚礼服务人员和新人亲友团人员。

1. 与婚礼督导的沟通

婚礼当天婚礼主持人到达现场后，首先应当与婚礼督导取得联系，看看婚礼流程是否发生临时性的变动，最后核对一遍婚礼各个环节，确定婚庆公司各个工种工作人员是否全部到位，场地布置是否完成，预计婚礼开始的时间以及其他事项。

2. 与婚礼摄像师的沟通

为了保证婚礼视频更加完美，婚礼主持人还需要告知婚礼摄像师整个婚礼的大致流程，某些特殊环节及需要摄像师注意的地方，主持人出场的位置和方式，新人入场的位置和方式，婚戒出现的方式以及整场婚礼大致需要多长时间，以便婚礼摄像师提前做好充分的准备。

3. 与婚礼场布道具人员的沟通

了解在婚礼当中有没有什么比较特殊的道具，比如新人点烛台具体点什么位置，戒指以特殊方式出现后新人从哪里取出戒指，冷焰火摆放在什么位置（提醒新人远离），冷焰火在什么环节点燃更加合适，与场布道具人员沟通后，婚礼主持人上才能自如地驾驭舞台。

4. 酒店（自带）音响师的沟通

在婚礼仪式中各个环节都需要婚礼音乐的烘托，婚礼主持人需要告诉音响师婚礼音乐的顺序，音量的大小控制，某些特殊环节婚礼主持人用什么语言提醒音响师切换音乐，遇到特殊情况婚礼主持人在场上和音响师沟通的各种手势动作，把这些细节上的问题对接好了，在婚礼进行中音乐方面才不会出现问题。

5. 与酒店（自带）灯光师的沟通

婚礼主持人要告诉灯光师婚礼的大致流程，某些特殊环节需要灯光师打出什么样的灯光效果等。这样既能保证现场效果，也能保证婚礼视频的质量。

6. 与酒店服务员的沟通

在婚礼仪式上需要几杯交杯酒，由谁上台递上交杯酒，需不需要酒店提供香槟塔及香槟酒，婚礼开始前需不需要酒店关闭大厅灯光，仪式开始后什么时间开始上菜等，都是需要婚礼主持人或婚礼督导师与酒店服务员进行沟通的内容，与酒店服务员做好这些沟通，是婚礼仪式顺利进行的前提。

7. 与伴郎、伴娘和花童、戒童的沟通

婚礼主持人要告诉伴郎、伴娘、花童、戒童，在婚礼仪式当中，伴郎、伴娘、花童、戒童应站在什么位置，在上台送戒指或送交杯酒时，从什么位置上台，上台后站在什么位置，需要注意哪些细节等。婚礼主持人与伴郎、伴娘、花童、戒童做好这些沟通，在婚礼仪式中就会避免出现很多缺陷。

拓展阅读

古装剧礼仪，想较真儿不容易[①]

一部《甄嬛传》，让清朝“小主”的请安礼变成了全民热门；曾在北京卫视热播的《芈月传》，也将战国时代的宫廷礼仪推上了热搜榜。芈月的祭祀舞、楚威王的葬礼以及芈姝大婚，都一一展示了楚秦两国截然不同的古礼细节。

从《甄嬛传》《琅琊榜》，再到《芈月传》，背后的礼仪指导其实均由《甄嬛传》中温太医扮演者张晓龙所带领的礼仪顾问团队负责。全程跟组，事先培训，甚至拍摄时充当“手模”和“群演”，都是礼仪顾问的分内事。

揭秘：使用雀扇遮面，发明女子趋步

“古装礼节指导第一人”张晓龙在中戏读研时读的是古代史专业，曾研究各朝各代礼仪十余年之久，现在专门在中戏教授古代礼仪。李斌作为他的学生，从《甄嬛传》开始参与礼仪顾问团队，到《琅琊榜》《芈月传》独挑大梁任礼仪顾问，古装剧的礼仪规范是张口即来，根本不用翻典籍。《芈月传》第18集里，用了超过8分钟呈现的那场秦宫大婚仪式，让不少观众头一回在电视上看到战国时期的国礼。

李斌介绍，丧葬嫁娶向来是古代礼仪中的重头戏，这段戏码是国产古装剧中第一次完整呈现战国婚礼。其中，“服饰大红”“同牢而食”“合卺而饮”等细节都是按照古礼一一还原的；“食黍”一场剧组原本准备了筷子，但根据古时习惯，李斌让他们改成用手抓了。他说起这个细节时还觉得有些好笑，“那个切乳猪的手，都是我去拍的，也算是当了一回‘手模’。”

至于芈姝拿着掩面的雀扇，则来源于团队对历史上新娘盖头的考据。他们查到使用红盖头的历史可追溯至后晋时期，再早是不用红盖头的。用羽扇、雀扇遮面出自《温峤娶妻》的典故，一般在唐代使用。至于战国时期用什么替代其实没有明确说法，后来是和历史顾问商量后才确定了使用雀扇。

在芈姝大婚的场景里，有细心的观众对她拿着雀扇走进秦宫的步伐印象深刻，李斌称这就是他们发明的“女子趋步”。他解释道，现在成语讲“亦步亦趋”，普遍将“趋”理解为“跟着走”，但在古代礼仪中讲究“行步必趋”，其实是指快步走，但典籍里只记载了男子的趋步走，是作揖向前快走。女子的趋步怎么走并没有明确的说法。后来，他想起了在张晓龙编排的舞蹈《新雅乐》里曾看到的一个动作，就决定把这个动作加入趋步中，这种临场发挥，更多的时候是为

① 李夏至，邹晓菁．古装剧礼仪，想较真儿不容易[N]．北京日报（12版），2015年12月11日．

了符合拍摄需要。

解释：时代背景和人物性格决定礼仪

“既要复古、学古，也要结合故事和人物个性做些调整。”在李斌看来，古装剧的礼仪顾问决不意味着“照搬经典”地僵化学习，而要更讲求活学活用。

他以《芈月传》为例，“故事的年代是在战国后期，这是个礼崩乐坏、礼无定法的时期，不同的人群对礼仪的遵守也有所不同，因此并不追求一致性。”据他介绍，楚国自楚庄王饮马黄河、问鼎洛水后便开始沿袭周礼。作为礼乐先进之国，楚国嫡系王族在公开行事中的礼仪必须最为标准，因此嫡公主芈姝、威后等人也都是较为遵守周礼的代表。在他看来，楚怀王是最后一个被周礼教养的君主，因而他的礼仪是“不行则已，行则周正”。

对于剧中的其他人物，李斌也会遵从人物性格，为每个角色量身设计礼仪规范。例如芈茵，性格骄傲自负，又极会攀迎威后，她行礼的动作便要稍稍俏一点。张仪狂傲不羁，以三寸不烂之舌遍行诸国，对他就没有任何要求，是要“破掉一切的礼仪”。而春申君黄歇是谦谦君子，所行之礼便可见君子之法，显得周正而有气度。

李斌对人物礼仪的设计，甚至有些具体到让人不易察觉。他专门介绍道，芈月的礼仪就有从“男礼”到“女礼”的变化，其中小芈月在未经教化前是跟随黄歇行男礼，受教于屈原后就改成了女礼，“但在成人后，面对黄歇时她还会重新行男礼，表达的就是俩人之间独有的亲密感。礼仪虽小，却展示了人物的情感关系。”

延伸：有的古装剧情礼仪纯是走过场

古装剧拍摄请礼仪顾问跟组，是《甄嬛传》热播后兴起的风潮。从《甄嬛传》到《琅琊榜》，再到《芈月传》，李斌和张晓龙带领的团队，几乎成了业内首屈一指且唯一的礼仪团队。后来李斌又忙着在《九州·海上牧云记》的剧组做跟组礼仪，一整天的拍摄跟下来，几乎没有时间休息。

他回忆起《芈月传》时的跟组生活，更是笑称自己成了全剧组跪得最多的人，“几乎演员们在学习跪坐的礼仪时，我都要先示范一遍，前前后后都跪破了三条裤子。”他经手过的《琅琊榜》和《芈月传》剧组，也是对礼仪方面比较看重的剧组。《琅琊榜》的演员们会专程跑到他的房间里认真请教，《芈月传》这边更是在开拍前组织大多数演员进行了一次礼仪专项培训。

“相对来说，如果剧组和演员整体对礼仪都比较重视，那么最终的呈现效果也会不错。”李斌透露，在《甄嬛传》和《琅琊榜》之后，古装剧请礼仪顾问似乎成了一种“标配”，但到底对礼仪顾问的意见是否采纳、采纳多少，就要看具体情况了。“一般情况下，很多剧作请礼仪顾问进组的时间都比较靠后，也就是拍摄开始前才介入，这时候服化道基本就已做完了。我们看到有些地方不符合规范的，也很难再下手去改。”李斌在后来的工作中难免会遇到一些遗憾，而最尴尬的却是，被请到剧组后本来准备提建议，却被告知“太麻烦，不要较真儿，我们只是走个过场而已”。“那一开始找我们来干什么，难道就是为了做假宣传吗？”这也让李斌觉得，尽管请礼仪顾问进组已成惯例，但能否真的让所有古装剧都变得在礼仪上合乎规范，似乎还是件难事。

项目小结

1. 婚礼主持人的主要工作内容包括：一是为新人主持婚礼庆典仪式；二是为新人的婚礼现

场营造相应的喜庆氛围；三是配合婚礼庆典公司完成新人的婚礼庆典；四是为新人提供优质完整的礼仪服务。

2. 婚礼主持服务的基本程序包括：一是接受婚礼主持任务；二是进行完整的沟通；三是撰写主持词；四是主持婚礼庆典仪式。

3. 婚礼主持人与婚礼策划师沟通的主要内容包括：①掌握婚礼庆典仪式的全部流程。②理解婚礼策划师设计的婚礼庆典仪式过程中每个环节的体现内涵。③熟记婚礼庆典仪式流程中每个环节的先后顺序。④仔细聆听并熟悉婚礼仪式流程中每个环节的背景音乐旋律和节奏。⑤认真为每个婚礼仪式环节配上相应的婚礼台词。⑥反复斟酌每个婚礼仪式环节应有的演绎节奏。⑦熟悉每个婚礼仪式环节中相关配合人员的工作职责和要求。⑧掌握每个婚礼仪式环节中现场工作人员应配合的要点。

4. 婚礼主持人与新人沟通的主要内容：①必须了解新人最基本的情况。②进一步了解新人的特殊情况。③挖掘新人的内心需求。④挖掘新人的爱情故事.

5. 询问新人的语言技巧：①必须使用文明用语。②尽可能少用行业内的专业术语。③尽量使用温和亲切的声音。

6. 与新人沟通时的忌讳：①自我介绍时切忌自我吹嘘。②咨询新人时切忌直接询问新人一些比较私密的问题。③切忌直接去指责和争辩新人对婚礼的审美和理解。④作为异性的一方不要刻意地反复夸奖另一方异性的新人，否则容易引起同性新人的反感和不安。

7. 婚礼主持人与婚礼其他人员的沟通主要包括：①与婚礼督导师沟通。②与婚礼摄像师沟通。③与婚礼场布道具人员沟通。④与酒店音响师沟通。⑤与酒店灯光师沟通。⑥与酒店服务员沟通。⑦与伴郎、伴娘、花童、戒童沟通。

核心概念

礼仪服务；沟通技巧；有效沟通；婚礼策划

能力检测

1. 婚礼主持人在接受任务时应做哪些准备？
2. 在接受婚礼主持任务后需要了解哪些内容？
3. 与婚礼庆典中各方沟通的要素有哪些？
4. 根据给出的材料模拟一次与新人、新人父母的沟通。

材料：

新浪体育讯　北京时间9月23日，农历八月初八。羽球世界冠军林丹和谢杏芳的盛大婚礼在北京工业大学举行。

林丹和谢杏芳是中国体坛的神雕侠侣，二人的爱情故事被传为一段佳话。2010年12月13日，他们在广东登记结婚，不过由于林丹训练比赛太忙，他们一直没有举办婚礼。上个月，林丹在伦敦奥运卫冕男单冠军，他承诺要将一个满意的婚礼送给阿芳。

林丹谢杏芳婚礼的地点选在了2008年他和谢杏芳一同参加北京奥运会的场馆——北京工业大学羽毛球馆，这里也是林丹拿下第一个奥运会男单冠军的地方。今天，体育馆被装点一新，椭圆形的主舞台象征着羽毛球拍，梯形的舞台则象征着羽毛球的拍柄。林丹的婚礼充满了运动元素，请柬也颇有创意地做成了奥运门票，上面的识别条形为“爱你一生一世”的字样。

在上午的接亲环节，林丹与三位伴郎鲍春来、陈金和演员任泉被百般刁难，做俯卧撑、跳四小天鹅舞……一番“折磨”才接亲成功。伴娘则由王仪涵、李雪芮和谢杏芳的一位好友担任。

晚上18时，各路嘉宾开始入场，李永波、汤仙虎、夏煊泽、蔡赟、傅海峰等羽坛精英，李宁、李小鹏、刘璇等奥运冠军，还有鲁豫、赵文卓、郁钧剑等娱乐界大腕全部盛装出席。遗憾的是，陶菲克、李宗伟和盖德因为各种原因不能到场。

婚礼主色调选用了谢杏芳喜爱的淡紫色和乳白色，主题为“分享”。馆内一面贴有1600多张相片的照片墙上，记录了林丹和谢杏芳的成长。

19时，婚礼正式开始，谢杏芳身着雪白的婚纱，在父亲的带领下亮相，惊艳全场，而作为军人的林丹则穿上了军装。

宣誓环节，主持人问：“无论她富有或是贫穷，健康或是疾病，你愿意和她终身相伴永远，不离不弃，爱她珍惜她直到天长地久吗？”林丹坚定地大声说：“我愿意！”随后，谢杏芳用同样的话语表达了对林丹的爱。二人在大家的祝福中交换戒指，林丹送给了谢杏芳一个超长时间的吻。随后李富荣上台为新人送上如意。

接下来，谢杏芳身着中式传统喜服、佩戴闪亮的金饰登场，大家闺秀，可见婚礼非常重视传统文化。双方在给父母敬茶时，行下跪磕头大礼，把两位妈妈感动得热泪盈眶。

在温馨浪漫的氛围下，婚礼礼成，祝福这对新人的爱情天长地久，白头到老。①

项目评价

序号	考核项目	考核内容	考核方式	考核时间（min）	配分	评分
1	语言表述	语言流畅、词句规整，能准确表情达意	口试	3	35	
2	沟通艺术	言简意赅，有效表达，做到言之有物、言之有序、言之有理	口试	3	35	
3	服务礼仪	言谈有礼，符合基本的礼仪规范	口试	3	15	
4	关系沟通	沟通婚礼活动的各方关系	口试	3	15	

① 新浪体育：http://sports.sina.com.cn/o/2012-09-23/21456236799.shtml，2012年9月23日.

项目 4 婚礼主持前的准备工作

学习目标

- 掌握婚礼主持文案的写作。
- 掌握婚礼音乐的选择与制作。
- 熟练掌握婚礼主持中包袱的运用。

项目概览

婚礼主持前应该准备的基本工作、婚礼流程以及婚礼主持文案的写作是婚礼主持人首先必须了解和具备的内容。本项目的核心目标是了解婚礼主持前的准备工作，掌握婚礼主持文案的写作。为了实现目标，需要完成四项任务：第一，了解婚礼主持词的写作策略；第二，了解婚礼主持文案的写作及模板；第三，了解婚礼音乐的创作技巧；第四，婚礼主持文案写作实训。

核心技能

- 婚礼主持文案的写作技巧。
- 婚礼音乐的选择、运用与制作。

理论知识

知识点 1　婚礼主持词的创作

婚礼主持文案中重点在婚礼主持词的创作，婚礼主持人要根据每场婚礼策划的风格、主题的不同写出相应的婚礼主持词，做到每场婚礼主持人的主持词都不一样。但是，在目前婚庆市场中，能按照婚礼策划书撰写婚礼主持词的婚礼主持人很少。原因出在很多婚庆公司不策划婚礼，不提供婚礼策划书，只是策划婚礼流程或道具。作为一名优秀的婚礼主持人，应该根据婚礼策划书的需要，创作专属的婚礼主持词。

1.1 婚礼主持词的创作方式

1.1.1 婚礼主持人与婚礼主持词

主持人在各种活动中既是组织者、主持者，又是指挥者，是统领、引导、推进活动进程的人。随着社交活动的增多，主持人的范围也逐渐外延，成为当前十分走俏的热门行当。一些单位或部门，在举行各种会议、联欢会或竞赛活动时，大都采用节目主持人的形式。

婚礼主持人就像一台性能良好的协调机器，既要把自身的各部分组件组织起来，又要把别人的各部分组件组合起来。婚礼主持是一门综合艺术，要把口语表达的各项基本功紧密联系起来形成一体，使其具有一定的艺术性。一名优秀的婚礼主持人，不仅具有良好的口才、风度和气质，还需要在主持前准备好高质量、高水平的婚礼主持词，写好婚礼主持词是婚礼主持人成功的基础。

主持词是主持人用于说明活动主旨，引导、推动活动展开，串联和衔接前后内容，总结和概括活动情况的文稿。撰写主持词要具有综合能力，要把口语表达的各项基本功紧密联系起来，形成一体，使其具有一定的艺术性，能够比较准确地传情达意。那些具有现场感的主持词，幽默风趣、新鲜明快。在全面公共关系时代，主持词的撰写越来越重要。

婚礼主持词比较特殊，婚庆典礼活动是以家庭为组织形式的活动，规模大小、风格也不尽相同，要由婚礼主人的身份、地位、工作、社会交往情况而定。婚礼主持人负责婚礼的主持、程序的安排、现场的组织协调等。一个好的婚礼主持人，对整个婚礼的现场效果，能起到画龙点睛、锦上添花的作用。因此，婚礼主持词写作起来也就比较灵活，一般来讲，要热情有趣、活泼生动、幽默诙谐，自始至终都要热情洋溢，要烘托出浓浓的喜庆气氛。

1.1.2 撰写婚礼主持词的要求

1. 认真准备、周密策划

如何说开场白、如何前后串联、如何形成高潮、如何结束，都是撰写婚礼主持词要考虑的重要内容。需要潜心研究，精心创作。撰写婚礼主持词，必须提前准备，尽早介入。要了解婚礼的整体情况和全部流程，如婚礼的主题、创意、新人情况、到场嘉宾等。

2. 勇于创新，不拘一格

婚礼主持词的写作没有固定格式，它的最大特点就是富有个性。不同内容、不同新人、不同风格、不同场地的婚礼，婚礼主持词所采用的形式和风格也不相同。庄重、喜庆的婚礼，要选择平稳、厚重的婚礼主持词；欢快、幽默的婚礼，要选择欢快、亲切、生动、活泼的婚礼主持词；大型婚礼或集体婚礼，要选择亲切感人、激越明快、富有鼓动性的主持词。主持词应力求新颖的形式、鲜活的语言，反映新的生活内容，表现新的时代主题。写作者要把自己当作观众的朋友，用心去体会、交流，用谈心、聊天的语气，让听众或观众感到亲切自然，产生感情共鸣。

3. 服从策划，遵循程序

一般来讲，婚礼主持词是在婚礼策划书完成后，婚礼主持人根据婚礼策划书撰写的，故在撰写婚礼主持词时必须与婚礼策划书的创意、主题相衔接。同时，婚礼主持词是推进、导入、衔接婚礼流程的，还必须注意要与婚礼策划书的庆典流程相一致。

婚礼主持词，一方面将众多流程组合、串联，形成一个连贯的整体，使婚礼庆典主题更鲜明；另一方面要为流程之间切换背景、新人和亲友上下场提供过渡时间，故婚礼主持词的写作有着它的独特性。

1.1.3　主持词创作的前期准备

1. 婚礼主持人与婚礼策划师和新人要进行充分沟通

婚礼主持人与婚礼策划师和新人的沟通是非常重要的。婚礼主持人与婚礼策划师的沟通能更加准确地理解婚礼的主题、风格、创意和细节。在与婚礼执行上，婚礼主持人要尽量服从和贯彻婚礼策划师的策划方案的意图，不要擅自更改婚礼策划师的策划方案或主题。但在一定情况下，可以对婚礼策划师的创意亮点进行适当的升华和表达 。

婚礼主持人与新人的沟通主要体现在两个方面，一是掌握新人的基本情况及所需要的主持风格；二是了解婚礼中需要注意的事项以及新人的忌讳等。

2. 婚礼主持人要尽量参与全程策划，充分了解婚礼策划的主题和新人的故事

在条件具备的情况下，婚礼主持人应尽量参与婚礼策划的全程策划。如条件不允许，婚礼主持人要多方面了解婚礼策划的主题、创意，在婚礼仪式中需要突出的重点，新人的基本诉求以及他们的爱情故事等。

3. 婚礼主持人要搜集与婚礼主题相关的文字材料

婚礼主持词要求文通字顺，亲切朴实，主题明确。同时，好的婚礼主持词本身就是一篇美文、诗化的表达、朴实的白描、修辞的渲染等，都能提升整个婚礼庆典的审美意蕴。

如今的婚礼主持词，文学性很强，又有着一定的抒情性，可以把整个婚礼庆典仪式的氛围烘托得相得益彰。在这方面，因为每个婚礼主持人的文学素养、知识储备不同，就需要以关键词为中心，提前搜集相关的诗词、散文和名言警句，使其在创作过程中游刃有余，即兴发挥，充分彰显语言的魅力。

4. 婚礼主持人要掌握一定的舞台常识

婚礼主持人在实现串联引导的功能时，婚礼仪式中的道具、舞台情景的设定等都可以直接作为主持词的内容应用到婚礼流程的起承转合上。婚礼主持人具有一定的舞台常识，有时可以合理、准确地丰富主持词要表达的内容。

1.1.4　婚礼主持词创作中的注意事项

1. 要清晰地阐述婚礼策划的主题

每一对新人都有着他们自己的爱情经历，都有着他们自己的故事，所以每一场婚礼庆典都有着明确的主题，婚礼主持人必须要通过婚礼主持词将婚礼主题直接、清晰地传达给现场来宾。

2. 时间和内容长度得当，不能喧宾夺主

每场婚礼都有自己的节奏和基本时间，如果婚礼主持词太多，会打乱婚礼仪式的节奏，也会使现场观众产生疲劳、倦怠。同时，婚礼主持词所包含的内容信息如果都是主持人展示自己风采的，就主客颠倒了。婚礼主持词是为婚礼庆典和新人服务的，这是婚礼主持人首先需要懂得的要点。

3. 合理适度地增加主持词的互动交流内容

婚礼主持词必须从照本宣读向互动交流发展，互动主持能更加使来宾融入整个婚礼庆典，让来宾充分参与到婚礼流程中，在不同环节祝福新人。同时，婚礼主持要体现良好的互动性，需要主持人具有一定的表演基础和语言功力，婚礼主持人应当掌握表演、相声等语言艺术方面的技能，这样才能很好地掌控好现场互动。

总之，婚礼主持词创作要调动自己的智慧和知识储备，尽量最大化地通过主持词将婚礼庆典仪式有机地融合在一起，并将婚礼的主题诠释清楚，力求将婚礼庆典仪式从一个高潮推向另一个高潮。

1.1.5 婚礼主持词的创作技巧

1. 开场精彩，制造场景效应

好的开端是成功的一半。良好的开场白对于确定主题基调、表明宗旨、营造气氛、沟通情感是十分重要的。

例 1：

今天是公元 2012 年 1 月 30 日，农历正月初八。在这春光明媚、天地之合的喜庆之日，我们欢聚在这鲜花簇拥、喜庆浓郁的 ××× 大酒店隆重庆贺：××× 先生和 ××× 女士的新婚庆典。我十分荣幸地接受新郎新娘家人的重托，担任今天婚礼庆典的主持人。我首先代表两位新人向参加今天婚礼的来宾和亲朋好友表示真诚的欢迎和衷心的谢意。新春伊始，我给大家拜年了！！

祝大家：

做生意——龙腾四海；

身体棒——龙精虎猛；

事业顺——鱼跃龙门；

家和睦——龙凤呈祥！

万事亨通、龙年大吉！

这是一般婚礼的开场主持词。这几句开场主持词写得红红火火，充满了婚礼的喜庆气氛，营造了轻松、和谐的气氛。

开场白的方法很多，常见的有：

（1）开门见山，直接入题。

例 2：

各位亲朋好友、各位尊贵的来宾：

大家好！

期盼已久、激动人心的时刻终于到来了！

今天是 ××× 小姐和 ××× 先生喜结良缘的大喜日子，马上他们就要来到我们面前，让我们以最热烈的掌声迎接这对新人吧。（掌声）

（放《婚礼进行曲》）新人入场。

这个开场白开门见山，直接简单入题，一开始就清楚地告诉大家新人要入场了。

（2）情景交融，以情入题。

例 3：

今天我们欢聚一堂，满载幸福甜蜜的笑容，一起见证 ××× 先生与 ××× 小姐的结婚盛典。

在这里让我们一起分享两位新人的浪漫爱情故事——

相爱是幸福的——

相恋是快乐永恒的——

一次偶然的相见——

一次美丽的聚会——

一次浪漫的约会——

一首深情的千年之恋——

相伴抚仙湖畔的漫步——

爱在晴空里徜徉——

情在白云里埋藏——

爱如潮水汹涌而来——

爱从这里开始蔓延——

情从这里点燃——

在今天这个幸福的日子里，他们的爱情将插上翅膀——

让幸福爱情从这里扬帆起航——

我宣布 ××× 先生、××× 小姐的幸福婚典现在开始——

让我们用最真挚的祝福、最热烈的掌声有请今天的新郎、新娘闪亮登场！

这篇主持词开场白以情入境，把人们蕴含很深厚的情感一下子激发出来，产生强烈的共鸣效应。再加上使用了诗一样的语言，将婚礼的激动心情恰到好处地表达了出来。

（3）委婉曲折，含蓄入题。

例 4：

各位亲友、各位来宾：

夏日韶光，酒店内灯红酒绿；今日好景，喜迎贵客宾朋。

天浩浩，日融融；金翡翠，玉麒麟。男女来宾开口笑，高朋满座客如云；诗情生细浪，花径起香尘。两情鱼水今为伴；一天风月话诗心。雪冷霜严，青松白雪同傲岁；日高风暖，银河酒店喜迎亲。并蒂花下立，同心琥珀浓。满堂喜气人如玉，百年恩爱花常红。新娘靓丽，眉下现一弯新月；新郎气壮，胸中吐万丈长虹。

帝女和欢，水仙含笑；花明柳眉，日朗风清。风风雨雨，暖暖寒寒，处处寻寻觅觅；莺莺燕燕，花花叶叶，卿卿暮暮朝朝。

新郎新娘经历了晓露丹霞，花前月下，九夏芙蓉，三秋杨柳，情深深，意浓浓，喜洋洋，乐陶陶，皓月瞄来双燕影，丹心映出并头梅，有情人终成眷属，他们终于盼来了这美好的、激动人心的时刻！（音乐，新人入场）

这种主持词先不点明主旨，而采用委婉的方式，曲径通幽，逐渐引起人们的注意，最后逐渐显露真谛，一语道破，真相大白。

（4）幽默风趣，以笑入题。

例 5：

尊敬的各位嘉宾、各位亲友、各位领导，女士们先生们，大家上午好！

相信在座的各位都参加过不少或奢华或温馨的婚礼现场，但不知大家是否留意过，无论什么样的婚礼主持人都是清一色的男性朋友。而今天，我们“岁月”婚礼策划公司别出心裁地为大家派出了两位女主持人，我是婧婧，我是小玥。

女主持人，是不是才华横溢？是不是风趣幽默？我相信通过今天的体验大家心里都会有一个公正的评价。

在那某年某月的某一天，在 ×× 财经大学 ×× 学院，发生了一件惊天动地、惊世骇俗的爱情故事。那就是英俊潇洒、才华横溢的鱼香先生与温文尔雅、聪明艳丽的肉丝小姐终于相遇了，他们一见钟情，很快就有了第一次的亲密接触，正所谓久旱逢甘雨。他们发誓：一旦相约，就不见不散；一旦爱上，就没完没了。经过春的播种，夏的浪漫，秋的酝酿，冬的考验，两颗爱心再也抑制不住相思风雨中的苦痛，于是他们决定说好不分手，定于今天举行他们的结婚典礼。

在春回大地之时，在希望的田野上，在这书香弥漫的 ×× 学院，天降吉祥。各位嘉宾欢聚一堂，见证一对新人的完美结合，讴歌纯真爱情，诉说美好姻缘，展示新人风采，留下难忘瞬间。

吉时已到，现在我宣布：鱼香—肉丝结婚典礼正式开始。

下面，让我们以平生最热烈的掌声有请我们今天的两位主角鱼香先生、肉丝小姐步入神圣的婚礼现场！（婚礼进行曲）

幽默被喻为“语言中的盐”。幽默的语言表现出智慧和高雅，它使人发笑，引人深思，令人回味，给人以智慧的启迪。幽默风趣的话语常常能够创设出一种轻松活泼的氛围。在这个主持词中，幽默迭出，妙语风趣。营造了十分轻松欢快的气氛，使婚礼气氛一开始就形成了一个高潮。

2. 灵活推进，前后衔接，融为一体

婚礼主持活动一般都需要在中间搭桥接榫，主持词的连接词语既要关照先前，画龙点睛，又要引导其后，渲染蓄势。总之，恰当的婚礼主持词好比一剂调味品，能将一个一个内容串联得津津有味，活跃气氛，达到承上启下，过渡照应，层层推进，把整个活动连接成一个有机的整体的目的。

比如以下在婚礼的“新人父母入场环节”和“改口奉茶环节”婚礼主持词的语言衔接。

例 6：

新人父母入场环节：

主持人：俗话说得好，吃水不忘打井人，幸福不忘父母恩。现在全场行注目礼，郑重有请本次婚宴的东道主，双方父母入场。来，有请亲家公、亲家母联络一下感情互相拥抱，再请两位家族的首脑人物握手会晤进行新人交接仪式，从现在开始你们就正式成为一个大家庭了，朋友们用掌声祝福他们。接下来请新人父母代表向各位来宾致词（新人父亲致辞）。

（新人父母代表致辞结束后）主持人：好，十分感谢新人家长诚挚的祝福和精彩的致辞，让我们回报以热烈的掌声！双方父母请前排就座，稍作休息。

主持人：我想新郎、新娘永远也不会忘记，在你们童年的时候，爸爸是那么英俊挺拔，妈妈也是那么年轻漂亮，他们随着你们一天天的长大而慢慢地变老，他们为你们付出了一生的心血，无私奉献。多少期盼，多少等待，爸爸妈妈终于盼到儿女长大。昔日襁褓里的婴儿，如今之出落得如花似玉，年轻有为。无论父母多么平凡，你们在儿女的心中永远是那样伟大，那样慈祥而宽厚。这对新人由天作证，由地作证，由现场的来宾作证，由我们的证婚人作证，我想他们的婚后生活一定会是非常得幸福美满。全场掌声祝福！（导入改口奉茶环节）

改口奉茶环节：

主持人：天上四时春作首，人间百行孝为先。此时此刻要说最为激动的应该是新人的父母，看着孩子慢慢长大、上学、工作、恋爱，今天终于结婚了。岁月蹉跎，感慨万千。谁言寸草心，报得三春晖。新郎请拉起你美丽新娘的手来到你们的双亲面前，真切地喊声父母，用你们最高贵的礼节，最虔诚的举动表达你们最深情的谢意吧！（引导新人改口奉茶）

主持人：恭恭敬敬叫声爸，甜甜蜜蜜叫声妈，儿媳今天过门了，从今以后成一家，二老心里甜如蜜，脸上笑成一朵花。（新人向父母奉茶改口）

新娘：爸！妈！

新郎：爸！妈！

主持人：在今天这个特殊日子里，什么内容都可以简化，什么仪式都可以省略，唯独对父母的感恩环节必须执行。

再请二位新人向父母三鞠躬致谢：

一鞠躬，感谢父母把我们带到这个美好的世界；

二鞠躬，感谢父母把我们含辛茹苦养育成人；

三鞠躬，祝福父母健康长寿、幸福快乐。

主持人：春蚕到死丝方尽，蜡炬成灰泪始干。我们都要为人父母，朋友们请为我们自己，为伟大的父爱母爱长时间地鼓掌祝福。

婚礼主持人为了推出下一个环节，婚礼主持词既要起到承前启后的作用，又要为即将推出的环节做好铺垫，使前后融为一体。上述婚礼主持词无疑起到了烘托渲染气氛和抛砖引玉的作用，前后衔接，珠联璧合。

3. 巧用结尾，留下余韵

婚礼进入尾声时，主持词切忌粗疏草率。俗话说：“编筐编篓，最难收口”。主持词的结尾要调动各种技巧和手段，或掀起高潮，给人以鼓舞和欢笑；或波澜不惊，给人留下回味和思考。

例 7：

主持人：让我们为幸福的恋人起舞，为快乐的爱侣歌唱，为火热的爱情举杯，愿他们的人生之路永远洒满爱的阳光。

好，各位来宾，亲爱的朋友们，今天的新婚庆典仪式就暂时告一个段落。那么，接下来咱们要进行的是婚庆喝喜酒大赛，今天咱们的东道主准备了一些薄酒淡菜，不成敬意，那么在开局之前呢，送我们在座的所有来宾一副对联。

上联是：吃，吃尽天下美味不要浪费；

下联是：喝，喝尽人间美酒不要喝醉。

横批是一句“至理名言”：吃好喝好！

那么最后呢，也祝愿我们在场的所有来宾所有的朋友们家庭幸福，生活美满，身体健康，万事如意！！谢谢大家的捧场！（鞠躬退场）

这位主持人以对联和“至理名言”，巧妙地总结，这种表达富有鼓动性和幽默感，将婚礼推向另一个高潮——婚宴。

4. 灵活机智，巧于应变

婚礼主持人应处乱不惊、冷静处理，左右逢源、化解尴尬，巧妙机智地变通婚礼主持词，笑声和掌声表现了来宾对主持人的赞赏和谢意，同时也为婚礼增添了喜庆气氛。

例 8：

一名婚礼主持人主持一场婚礼刚过半，礼堂突然断了电，话筒不响了，会场立刻出现了尴尬的局面。这时，主持人灵机一动，大声说：“请大家休息一下，广告之后马上回来。”台下响起了一阵笑声，气氛缓和了，两位新人的脸上也“多云转晴”了。不一会儿，电闸修好了，可不知怎么的，电闸又闹起了脾气，礼堂里又停电了。看着来宾们都有些厌烦的情绪，主持人机智地说：“今天真的是个好日子，连电闸也高兴地跳个不停。”一句话，全场都笑了，有的人还鼓起掌来。

1.2 流程式婚礼主持文案的写作

所谓流程式（制式）婚礼就是人们所说的没有进行创意策划的婚礼，只是按照常规婚礼流程和常规婚礼道具举行的婚礼。流程式婚礼又可以分为现代婚礼和古典婚礼。下面主要介绍现代流程式（制式）婚礼主持文案的写作。

1.2.1 流程式婚礼主持文案的写作

流程式（制式）婚礼主持的特点可以用年年岁岁“话”相似，岁岁年年“人”不同来形容。

许多婚礼主持人在主持流程式（制式）婚礼的时候，婚礼主持人的主持词基本上没有多大的变化，每一场婚礼的主持词基本上都是一样的，当然每场婚礼的新人却是不一样的。

我们把这种主持词叫“万能主持词”，或者叫“万能台词”。这类台词只要把新郎新娘的名字替换一下，谁的婚礼都可以用。

这类婚礼主持的主持词大部分不是自己写的，只要把握好常规的婚礼流程就可以了，只需根据婚礼流程写出“万能主持词”。

如果有策划，流程式婚礼就是策划婚礼流程。婚礼主持人的文案写作只要按照常规婚礼流程来写就行。目前流程式（制式）婚礼流程因地域不同而有所不同，大体包括以下几个基本程序。

1. 出发仪式

这个仪式是在结婚当天新郎出发迎娶新娘之前举行的。父母要给新郎穿上礼服，带上胸花，把手捧花交给新郎预示着传宗接代，父母要说祝福的话，新郎要给父母鞠躬以表感谢。有的上车前还有扫车、披红等环节。当然有的地方新郎是不去迎新娘的，这种仪式也就没有了。

2. 迎娶仪式

迎娶仪式指的是从新郎到达新娘家下车到接上新娘上车的过程。这个过程包括：敲门、献花、戴腕花、找鞋、拜女方父母、照相等环节。有的地方还有一些地方风俗，比如男方迎亲人员要偷走女方家的筷子和碗、上头、出门饺子进门面等环节。

3. 温馨提示

这个环节是在婚礼仪式开始前，主持人提醒大家注意现场秩序。

4. 主持人开场

主持人把自己引荐到舞台上。

5. 新郎入场

把新郎的心情分享给大家。

6. 新娘入场

由新娘的父亲带领新娘，或者新娘一个人入场。

7. 交接仪式

这个仪式完全借鉴西方结婚的模式，由新娘的父亲把新娘交给新郎。这里需要注意的是，这里绝对不能说向新娘求婚，求爱、求婚、领证、结婚是一个过程，是在不同时间段完成的仪式，在结婚现场绝对不应该出现求婚仪式。

8. 新人共同入场

新人伴随着婚礼进行曲步入结婚礼堂。

9. 与新人互动

介绍新人、伴郎、伴娘。

10. 主婚人、证婚人

证婚人一般由女方领导担任，主婚人一般由男方领导担任。

11. 来宾致辞

婚礼上若来了领导或者是名人，可以安排其致辞，也会让喜主脸上有光。

12. 感恩父母

拜父母这个环节有的是拜双方父母，有的地方的风俗习惯是女方父母不到结婚现场，要三天回门的时候再拜女方父母。在这个环节，个别婚礼主持人会使出浑身解数，不把新人和他们的父母煽哭誓不罢休，其实这是错误的做法，情到深处自然成，情不是煽出来的，而是自然的流露。

13. 婚礼誓言

婚礼誓言的表达方式有问答式、告白式、宣读式和组合式。问答式指的是婚礼主持人发问，新人回答主持人的问题，就是让新人为爱承诺。告白式指的是婚礼誓言环节，新人发自内心的、即兴完成的一种真诚表达，彰显着引人动容的承诺。宣读式指的是由新人自己照本宣科地朗读誓言。组合式指的是根据婚礼创意，问答式、告白式、宣读式以两种方式组合的形式出现。

14. 交换戒指

男人向女人求婚时要买钻戒，象征纯洁无瑕坚贞的爱情，而结婚用的则是对戒，有黄金的、铂金的，也有钻石的，那是彼此以后要永远戴着的。其实，在婚礼仪式上交换戒指更多的是象征意义和仪式感的彰显，所以婚礼上的戒指有时并不需要很名贵，一是防止丢失，二是为了勤俭节约。

15. 拥抱

这个环节因人而定，因为现场有很多长辈，还有的新人脸皮薄，在现场做亲密动作会不好意思，特别是在农村。

16. 点蜡烛（烛火）

中式婚礼点烛火是代表了香火的延续，一般是两根大红色蜡烛，摆放在桌子的两端，婚礼开始前由父母点燃，或者在婚礼环节中由父母点燃。

西式婚礼一般是三根蜡烛，中间那根蜡烛称为“婚姻之烛”或“合一之烛”，这根蜡烛比旁边两根“家庭之烛”大些。这种程序国外一直在沿袭，现在国内也有越来越多的婚礼融入了点燃蜡烛这一程序，毕竟它代表着对将来的幸福生活的向往。

17. 倒香槟

香槟塔是新人在婚礼中搭起来的香槟酒杯塔，寓意婚后的生活甜蜜而节节高。香槟不但拥有柔顺、清新、易于亲近的美好滋味，如珠串般不停冒升涌起的气泡，更随时令欢饮时刻的幸福心情与婚礼气氛一起升华到最高点。

18. 交杯酒

交杯酒是我国婚礼程序中的一个传统仪节，在古代又称“合卺（jǐn）”（卺的意思本来是一个瓠分成两个瓢），古语有“合卺而酳”，孔颖达解释道“以一瓠分为二瓢谓之卺，婿之与妇各执一片以酳”（即以酒漱口），合卺又引申为结婚的意思。目前在婚礼现场会有这个仪式，在农村也叫坐帐，又称坐福，即新郎新娘双双坐在洞房的炕沿上，新郎把自己的左衣襟压在新娘的右衣襟上。这时会有女性长辈端着两个杯子，杯子用红线拴着，新人喝三杯交杯酒。

19. 感谢来宾

向来宾三鞠躬以表示谢意。

20. 礼成，喜宴开始

新人举行完婚礼仪式后，在喜宴上，由长辈或者婚礼主持人带领到各个亲友面前敬喜酒以示感谢。

注意：*以上环节因人而异，同时还有很大的地域性，所以以上环节并非固定环节。*

1.2.2 传统中式婚礼主持文案写作

古典婚礼是指现代人模仿过去旧时的结婚形式而举办的婚礼。古代中国汉族青年的婚姻多由父母包办，父母之命，媒妁之言，结婚规矩也很多。

中式古典婚礼流程包括以下几个环节。

1. 三书

聘书：订亲之书，是男女双方正式缔结婚约；纳吉（过文定）时用。

礼书：过礼之书，是礼物清单，当中详列礼物种类及数量；纳徵（过大礼）时用。

迎亲书：即迎娶新娘之书。结婚当日（亲迎）接新娘过门时用。

2. 六礼

纳采：即男方家请媒人去女方家提亲，女方家答应议婚后，男方家备礼前去求婚。[①]

问名：即男方家请媒人问女方的名字和出生年月日。

纳吉：即男方家卜得吉兆后，备礼通知女方家，决定缔结婚姻。

纳征：亦称纳币、纳徵。即男方家以聘礼送给女方家。

请期：即男家择定婚期，备礼告知女方家，求其同意。

亲迎：即新郎亲至女家迎娶。

3. 铺床仪式

铺床又叫“铺房”“扫床”“撒床”或“撒帐”等，是指婚礼前一日，由专人为洞房进行布置的一个小仪式。此礼起源甚早，宋时十分通行。司马光《温公书议》卷三：“亲迎前一日，女氏使人张陈其婿之室，俗谓之‘铺房’。古虽无之，然今世俗所用，不可废也。”从宋代起就有迎亲前一日邀请“好命婆”为新人进行铺床的仪式。铺床的人一般由女方家邀请。必须是儿女双全、健康长寿、家庭幸福的婆婆进行，以求她们将好运气传给新人。也有地方的风俗邀请德高望重的长辈为新人铺床。

铺床是有禁忌的。在古时，结婚代表的意义更多是传宗接代，延续生命。因此寡妇或未生育过的妇女是不能触碰被褥、床品甚至搀扶新娘的。新郎新娘在未举行婚礼仪式之前，也不可坐在床上。

铺床过程根据各地风俗不同也略有差别，在铺床的过程中要说些吉祥话、顺口溜，以祝福新人平安顺利，幸福如意。主要流程除了扫床，铺鸳鸯枕、龙凤被之外，最被大家熟悉的应该就是“撒帐（撒床）”了。“撒帐”是指将花生、桂圆、莲子、栗子、枣等干果铺撒在婚床上，取义“早立子、莲生子、花生子（儿女双全）”的祈愿。

在现代，婚姻已经不仅是延续生命、传宗接代的意义。更多代表的是爱情的升华，新的家庭成立。所以，传统的铺床仪式中多子多福的寓意，更多代表的是长辈对新人的关爱，对新生活的祝福。

4. 拜祖仪式

在婚礼举行之前拜祖仪式带有比较浓厚的地域特色。现在有的地方还保留着这样的习俗，特别是在农村，早上出发之前由父母长辈带着新郎到自家祠堂（墓地）拜先人。没有祠堂（墓地）的会在当院摆个供桌以完成这个礼节。有的地方顺序会有些变化，有的地方是在结婚后的第二天新郎新娘拜祖。

---

① 《礼记》第四十四篇昏义。

5. 跨马鞍

古代婚俗的一种。流行于汉族地区，尤以唐、宋为盛，后世沿之。即新娘被迎娶至夫家，于入门之时，须在观鞍上象征式地乘坐。“鞍”“安”同声，取其“平安”长久之义。至北宋，又有女婿坐以鞍之俗。近代，趋向一致，于新娘进大门后，先跨马鞍，再登堂行礼。

6. 迈火盆

相传是阻碍“跟尾鬼”盯踪；鬼魅怕火，无法跨过火盆，从此是“一火两断”。结婚跨火盆代表以后生活顺利和谐。

7. 射箭

射礼是古代的礼仪。《礼记·射义》中说：射者，进退周还必中礼。内志正，外体直，然后持弓矢审固。持弓矢审固，然后可以言中，此可以观德行矣。射者，仁之道也。射求正诸己，己正而后发。发而不中，则不怨胜己者，反求诸己而已矣。孔子曰，君子无所争，必也射乎。揖让而升下，而饮，其争也君子。

8. 盥洗

“沃盥之礼”商周时期贵族的礼节，重要仪式、宴会前后要行盥洗之礼，也就是洗手。《礼记》中说：“进盥，少者奉盘，长者奉水，请沃盥，盥卒授巾。”所用器皿为盘、匜。

9. 结发

古礼。结发源于周朝婚礼上的“结发礼”。成婚之夕，男左女右共髻束发，故称。《孔雀东南飞》中说：“结发同枕席”，是说他俩结为夫妻，十分恩爱地生活着。汉朝苏武《诗》之三：“结发为夫妇，恩爱两不疑。”唐朝孟云卿《古别离》诗曰：“结发年已迟，征行去何早。”清朝陈梦雷《青青河畔草》诗云：“结发与君知，相要以终老。”

10. 拜堂

也称“拜天地”，又称拜高堂、拜花堂，古代婚礼仪式之一。旧时举行婚礼时，新郎新娘参拜天地后，复拜祖先及男方父母、尊长的仪式。也有将拜天地、拜祖先及父母和夫妻对拜都统称为拜堂。

11. 同牢

“同牢之礼”是指新婚夫妇共食同一牲畜之肉。《礼记·婚仪》中说：“婿揖妇以入，共牢而食，合卺而酳。”唐孔颖达疏：“共牢而食者，在夫之寝，婿东面，妇西面，共一牲牢而同食，不异牲。”“共牢”或作“同牢”。《汉书》卷九十九下《王莽传下》云：“立杜陵史氏女为皇后，聘黄金三万斤，车马奴婢杂帛珍宝以巨万计。莽亲迎于前殿两阶间，成同牢之礼于上西堂。”

12. 合卺酒

就是喝交杯酒。目前大多数地区结婚还保留着这一传统。

13. 回门

汉族婚姻风俗。即成婚后三、六、七、九、十日或满月，女婿携礼品，随新娘返回娘家，拜谒妻子的父母及亲属。自亲迎始的成婚之礼，至此完成。此俗起于上古，泛称“归宁”，为婚后回家探视父母之意。后世各地名称不一，宋朝称“拜门”，清朝北方称“双回门”，南方称“会亲”，河北某些地区称“唤姑爷”，杭州称“回郎”。近代通常在婚后第三天，又称“三朝回门”。

此为婚事的最后一项仪式，有女儿不忘父母养育之恩赐，女婿感谢岳父母及新婚夫妇恩爱和美等意义。一般，女家皆设宴款待，新女婿入席上座，由女族尊长陪饮。新婚夫妇或当日返回，或留住数日，若留住时，则不同宿一室。

当然，朝代不同，地域不同，民俗也各不相同，还有拜祖、扫床、铺床、压床、扫轿、上头、传毡、设道、拜天地、铺垫子、燎轿、挑盖头、子孙饺等。

总结起来大体是：

易日乾坤定，诗云钟鼓鸣。
证婚读锦绣，琴瑟谱新声。
佳偶祈姻缘，海誓行山盟。
主婚开翠屏，双蝶舞东风。
花堂请长亲，喜气盈门庭。
花开并蒂连，鸾凤礼披红。
合欢念玉成，连理谢高朋。
璧合话初恋，珠联说磐笙。
良缘必夙缔，大礼自天成。

1.3　创意婚礼的主持文案写作

按表达创意的不同，婚礼可以分为时尚主题婚礼和个性定制婚礼，时尚主题婚礼、个性定制婚礼的共同点在于婚礼是指根据新人的成长历程和爱情故事为他们量身打造的。

时尚主题婚礼要将主题自始至终贯穿婚礼仪式其中， 个性定制婚礼一定是为新人量身打造的婚礼，因为新人的成长历程和爱情故事不一样，婚礼主持词也往往别具一格。

不论是时尚主题婚礼，还是个性定制婚礼，其主持文案写作要根据新人的成长历程和爱情故事来写，要强化“讲故事”的能力。讲好新人的故事，首先要与新人多多交谈、沟通；其次要精心挑选婚礼音乐，恰当地渲染现场气氛；再次是主持词要原创，让新人在婚礼上能更加自信地展示对爱人、亲人、友人的真实情感表达。

需要注意的是，创意婚礼的主持文案写作不是给婚礼起个名字就完事大吉，那样的话还是等同于前面讲的流程式（制式）婚礼。

1.4　婚礼主持文案写作的表达方式

在写作婚礼主持文案前，要分析婚礼主持人的表达方式，一个合格的婚礼主持人在主持婚礼的时候到底以什么语气说话，是很关键的。绝对不是简单的配乐朗诵和脱口秀！一个合格的婚礼主持人的表达方式应该是多变的。婚礼主持人在婚礼上的主持表达方式主要有以下几种类型：

1.4.1　议论型

这种类型，在电视台往往出现在以政治、经济、军事等为题材的政论片中。解说或播音时往往是站在一定高度的视角上，整体听来严肃、庄重、大气。声音上以实声为主，力度较强，嗓子圆润集中，节奏多凝重或高亢。在解说中，这种形式不是一成不变的，要根据片子风格以及解说者自身嗓音条件的不同做调整。不能一味地拔高调，政论片也有解说平实、相对客观、较平缓的。比如央视七套军事节目大多采用这样的解说方式，还有央视一套《新闻联播》节目也是采取这种播音方式。

1.4.2 讲解型

这种播音样式多出现在以介绍科技、卫生、文体等领域知识为内容的科教纪录片中。这类纪录片所讲述的内容很多都是观众所不了解或者不熟知的知识，所以，解说主要承担的是讲解说明的任务。解说中，用声适当、语言质朴、节奏平缓，需要耐心、热情、内行，不一定让观众听来觉得解说者是所讲述内容方面的专家，但至少应是懂得其中知识的。《动物世界》《人与自然》《国宝档案》等电视节目就是用这种表达方式。在婚礼上这种主持表达方式适用于出发前的采访、出发仪式时。

1.4.3 抒情型

这种播音或解说样式多出现在以展现某一地域风土人情、名胜古迹为题材的纪录片中。这种纪录片的解说词一般描写的语句较多，也经常伴有抒情的色彩，并且经常引用名言诗句，多使用排比、对偶等修辞方式，所以解说主要起到描绘、说明和抒情的作用。解说中，吐字一般圆润轻柔，节奏舒缓，情感充沛且真挚。特别要注意与朗诵的区别，避免声音凌驾于画面之上，喧宾夺主。比如《地理中国》的广告配音。婚礼上这种主持表达方式适用于婚礼开场、故事的讲解、道具的运用时。

1.4.4 白话型

现在有些传记类纪录片或者导演极度追求真实的纪录片中，经常使用一种更加通俗、生活、口语化的解说，追求日常说话的感觉，我们暂且称之为白话型。这种解说一般吐字、用声适中，没有任何雕琢，表达更接近生活中的白话语言，较为客观、恬淡。很多时候，这种类型的解说工作不是由专业的播音员或者配音员来完成，而是由编导或其他了解片子内容的人员承担。比如央视的《今日说法》《实话实说》栏目。这种主持表达方式适用于拜父母、出发迎娶仪式时。

1.4.5 朗诵型

《孟子》中说到“诵其诗，读其书。”“故说诗者，不以文害辞，不以辞害志。以意逆志，是为得之。”朗诵就是要通过理解、感受、表达等各个环节进行艺术创作，这种创造性的工作是一个复杂的系统性工程。

古代的诗词文赋，皆可吟诵。吟诵是中华民族传统汉诗文的诵读方式，李白说：“吟诵有所得，众神卫我形。”苏轼曰：“七分来是读，三分来是诗，岂不十分也。”

传统中式婚礼中，婚礼主持人往往用朗诵、吟诵的方式进行表达，不仅能够很好地契合婚礼风格，而且能够给整个婚礼增添艺术品格。

知识点 2　婚礼音乐的选择、运用与制作

婚礼音乐是指在婚礼进行当中用来烘托婚礼主题、主持人主持现场气氛的背景音乐，是用来刺激观众视听效果的一种手段。婚礼音乐选择、运用、制作也是考验个人艺术素养的整体体现，直接影响婚礼现场的整体效果。所以婚礼音乐在婚礼现场至关重要。

2.1　婚礼音乐的表现形式

婚礼现场离不开音乐的配合，因为它会把观众带入一种意境。如果说主持人的主持能把观众带入一条道路，那么音乐就是这条道路的标识：乡间的羊肠小道，委婉曲折；城市的柏油马路，嘈杂热闹；笔直的高速公路，畅通无阻；宽阔的飞机跑道，酣畅淋漓。婚礼音乐在现场主要有两种表现形式：

1. 婚礼主歌音乐

在婚礼主持人主持时运用的音乐叫婚礼主歌音乐。目的是配合婚礼主持人主持词内容营造氛围，突出主题。一般选用一首曲子的主歌部分作为婚礼背景音乐。

2. 婚礼副歌音乐

在没有婚礼主持人主持时，烘托某一个环节或动作时运用的音乐叫婚礼副歌音乐，目的是加强这个环节或动作的视听效果。一般选用一首曲子的副歌部分作为婚礼背景音乐。

2.2　婚礼音乐的选择

婚礼音乐的选择仁者见仁、智者见智，没有固定的要求，关键是感觉和婚礼主题，还要根据婚礼策划的风格而定。根据婚礼策划的风格来选择交响乐、轻音乐、民乐、流行歌曲等，再根据达到的效果来选择音乐的旋律、节奏、音色、力度、和声等。

婚礼音乐的选择要注意以下几点：

1. 婚礼音乐要根据婚礼策划的风格来选择

婚礼策划是一场婚礼的灵魂，所以现场的一切行动都要围绕策划而进行，其中也包括婚礼音乐。婚礼策划的风格是根据新人的故事而策划出来的，不同的新人有着不同的爱情故事，不同的爱情故事会策划出不同的婚礼方案，所以选择音乐时要根据新人故事发生的地点、时间、感觉、结果等进行。

2. 婚礼音乐要根据主持人主持形态来选择音乐

婚礼主歌音乐有两种出现形式：一种是主持人跟音乐；一种是音乐跟主持人。主持人跟音乐，是指音乐在前，主持人在音乐前奏响起的时候，开始引导现场观众进入某种特定的意境，主旋律响起的时候主持人开始进行主持，诗朗诵开场一般都是选择这种情况；音乐跟主持人，是指主持人进行主持在先，当感情表达到某种程度的时候，音乐响起，从而与观众产生共鸣。一般在采访类节目或是小品中经常见到，婚礼主持也可以采取这种形式。

3. 婚礼音乐在必要时可以加音效

在选择婚礼音乐的时候，一般是选择一首音乐，用音量的大小来控制氛围。而有很多时候一首简单的音乐意境并不能满足大众的需求。其实还可以在选择好音乐后，用音乐软件加上一些音效，可以起到意想不到的效果。比如，可以把一首背景音乐加一些打雷、下雨、滴水、小孩的笑声、火车、轮船、飞机等音效，以更好地烘托现场氛围。

4. 根据情况选择用音乐的主歌部分还是副歌部分

一首音乐的主歌一般是舒缓的，而副歌则是高潮部分。建议主持人主持的时候婚礼音乐选用交响乐或者轻音乐，不要用带歌词的歌曲，而在婚礼高潮部分可以用带歌词的副歌部分渲染气氛。

2.3 婚礼音乐运用的技巧

选择完音乐后，在运用的时候会出现这样或者那样的问题，婚礼音乐在婚礼现场运用的时候要把控好以下几点：

1. 注意音高

一首音乐到底在哪个声调上非常关键。一般说朗诵是介于唱歌和说话之间的一门艺术。婚礼持人要明白一首歌到底定在哪个声调上，要根据声调来定主持时声音的调值。比如，一首情绪饱满激昂的音乐，它的音高会比普通的轻音乐高出很多，这就要求婚礼主持人要有充足的底气和霸气进行主持来驾驭这首音乐，否则就有可能出现音乐气势压过主持人的主持调值。

2. 注意节奏

节奏和节拍是两个不同的概念，婚礼主持人在婚礼现场主持时要根据音乐的节奏决定主持节奏。婚礼主持人的主持节奏切不可离开音乐的节奏，那样就会是音乐是音乐，主持是主持，给人的感觉是跑调了。比如，一首轻音乐，它的节奏是舒缓的，婚礼主持人在主持时就应当把语速放慢来配合背景音乐，这样的主持才会给观众带来美的享受。

3. 注意让前奏

婚礼主持人在跟音乐的时候要注意让音乐的前奏。当主旋律响起的时候再开始主持，如果是独奏，那就在音乐由低往高处走的时候再开始主持。

4. 音乐要注意留白

“留白”是中国传统绘画技法之一。中国画与西方绘画不同的地方很多，最明显之处就是“留白”。在留白之处，有人以书法、诗词、印章等来补白。音乐中的“留白”的理解就是音响的沉默。在整场婚礼过程中不是每个环节都要用音乐来烘托的，音乐只需要在适合的时候出现，不然，整场婚礼就会和没有音乐的婚礼一样嘈杂而苍白。有时婚礼主持人在主持的时候是不需要音乐的，比如：主持人在和新人、新人父母及来宾沟通过程中，一般要给音乐留白，不要播放音乐。所以，该留白处且留白。

5. 婚礼音乐播放时的强起和弱起

这是婚礼主持人和音响师配合的问题。有的音响师为了保护音响，所有音乐都是弱起，这样的话一些震撼的音效是出不来的。需要强调的是，在主持人跟音乐的时候音乐一定要强起，而在音乐跟主持人的时候一定要弱起。

6. 走音音乐的运用

走音音乐是指提前把音乐进行制作加工，是在音乐的末端加上卡带音效的一种音乐播放方式。在关键时候故意让音乐走音，目的就是故意让现场环节不能顺利完成。比如，在婚礼主持人让新郎拥抱并亲吻他的新娘的时候，拥抱完以后音乐出现卡带音效，这样亲吻的动作要么完不成要么就是搞怪。

7. 尽量少用或者不用外文歌曲

当我们的外语水平有限的时候，尽量不选用听不懂的外文歌曲，以免出现不必要的麻烦。

8. 一定要知道音乐的出处

一首歌唱的内容不合适我们能马上发现，但是有些音乐旋律非常好，但是在出处上有问题。比如一些电影、电视剧的主题曲，没有问题，就是结局不幸，并且大家对这部电影、电视剧耳熟能详，容易让人产生联想，这样的音乐就尽量不能用。比如《梁祝》《我心永恒》《人鬼情未了》，还有印度电视剧《新娘结婚了新郎不是我》主题歌等。

9. 音乐的变换要流畅，不宜过多

两首音乐连在一起播放不宜反差太大，要流畅。比如：前一首音乐是交响乐，后一首音乐却是民乐二胡，这样给人的感觉就不伦不类了。

还要注意，婚礼音乐在使用中不是越多越好，环节不同，音乐就不同，相同的环节尽量做到音乐的统一，尤其是主题婚礼，音乐更讲究风格的统一。比如：开场曲，为了追求华丽，很多人喜欢把几首激昂的音乐拼凑在一起，觉得这样很热烈，但乐曲的节奏、调式等都发生了改变，听起来不舒服。如果真的想拼接，必须精心制作，听起来要顺畅。婚礼中，音乐变换过多，也会觉得混乱，所以，不必过多，合适就好。

10. 键盘乐的运用

所谓的键盘乐指的是现场键盘来烘托气氛。就像有些电视节目的形式一样，会起到画龙点睛的作用。

2.4 婚礼音乐的制作

婚礼音乐的制作是每个婚礼主持人必须要掌握的，大家可以参照《婚礼音乐鉴赏与编辑》教材的相关内容。

婚礼音乐在婚礼过程中是非常关键的，调节着新人及来宾的情绪。所以，在婚礼主持文案写作过程中，主持人选好音乐、制作好音乐、运用好音乐，音响师播放好音乐至关重要。作为一名优秀的婚礼主持人，一定要提高自己对音乐的认识，婚礼主持人是婚礼文化的传播者，也是所有新人幸福的寄托者。婚礼音乐可以让生活丰富起来，让中国的婚礼向着更加规范的方向发展。

知识点 3　婚礼主持人的其他准备工作

作为一名参与型婚礼主持人，在与婚礼策划师、新人沟通之后，撰写好婚礼主持文案，制作好婚礼音乐后，还需要做以下几项工作。

1. 婚礼执行脚本的制作

在婚礼现场，每个执行人员都要按照婚礼策划书执行，包括灯光、音乐、剧务、礼仪、LED、切换等。婚礼主持人要按照策划书的要求制定婚礼执行脚本。

2. 音乐顺序编排

婚礼音乐制作好后，要根据婚礼策划流程编排好播放顺序，以便在婚礼现场播放流畅。

3. 服装及配饰准备

婚礼主持人要根据婚礼策划风格，为自己选择符合本次婚礼风格的服装及配饰。

4. 内部彩排

在婚礼正式彩排之前，婚庆公司要进行内部彩排，出现配合问题及时纠正，不要放在正式彩排的时候再纠正，可能时间来不及。

教学项目

任务 1　了解婚礼主持词的写作策略

婚礼主持人要学会写婚礼主持词，绝对不能年年岁岁话（词）相似，岁岁年年人（新人）不同。长时间用一套主持词，时间久了，可能酒店的服务员都能背下来，导致主持人在台上面说上句，服务员在下面接下句，连酒店服务员都能主持婚礼了。作为一名优秀的婚礼主持人，要做到每场婚礼都根据婚礼策划案写出不一样的婚礼主持词，以便体现婚礼主持人的深厚文化底蕴。

1.1　婚礼主持词的写作策略

从写作婚礼主持词的策略上来看，要学会运用以下句式，写出精彩的婚礼主持词。

1.1.1　祈使句

祈使句是婚礼主持词的基本构成因素，也是必不可少的组成部分，它是以婚礼设定程序为基准的命令语，是引导新人及其他婚礼仪式参与者顺利完成婚礼程序的指令性语言。从某种意义上而言，合理应用“祈使句”，就可以完成一场婚礼主持了。例如：请新人入场、请证婚人致辞、请全体起立、请新人退场……

初学者上台一般会很紧张，怕现场忘记主持词，错误地认为熟练的背诵通篇婚礼主持词就能完成任务，很大程度上讲就是“只记词不记程序”。其实，婚礼仪式是按照之前设定好的程序进行，如果是初学者，只要记住每个程序最简单的“祈使句”就可以完成婚礼主持了。所以，作为初学者一定要记住每个程序的祈使句，这样，如果只是“串场”，也能说出所有程序的祈使句，总比因为忽然忘词而导致“一片空白”好得多！

1.1.2　过渡句

在祈使句的基础上，连接各个环节，承上启下，顺利引入下个环节的句子就是过渡句。过渡句与祈使句的结合使用，使整个程序更加连贯、自然。过渡句也可以称为“连接句”“转折句”“承启句”等。例如：刚才，我们倾听了父母对儿女的谆谆教诲，接下来，也让我们听一听新人对父母的感激之情……（新郎致辞）。以上就是最简单、最具代表性的过渡句和祈使句的结合应用。当然，如果整个婚礼只有这样简单的过渡句，恐怕主持人就会满嘴“接下来、下面、然后……”，又让人觉得婚礼主持人“词汇量”少，语言色彩不丰富，没有文采等，所以，婚礼主持人还要借鉴其他的过渡方法。

1.1.3　抒情句

在婚礼上，爱情、友情、亲情是缺少不了的。婚礼主持人主持婚礼时，在确保婚礼程序顺畅进行的基础上，可以用一些抒发受众情感的、经过润色的语言，以诗歌、散文、故事等类似形式体现的抒情句，用于烘托现场气氛。

1.1.4　说明句

说明句是用于介绍时间、地点、人物等基本情况的，特点是平铺直叙，简单扼要。例如：新人请到的主婚人是来自中国科学院的 ××× 教授。

1.1.5　相声说、学、逗、唱的运用

说、学、逗、唱是相声的四门基本功课，婚礼庆典是展现爱情、友情、亲情的仪式，是新人的家族、亲友、朋友、同事的聚会场合，也是欢乐和喜庆的场合。婚礼主持人在主持婚礼中运用中国民间口头文学，以说为主，通过连贯、华丽的辞藻把整个结婚典礼串联起来，让婚礼始终洋溢着喜庆气氛。可见，婚礼主持人在婚礼上是最能把相声的说、学、逗、唱发挥出来的场合。

相声里面说、学、逗、唱的内容，关键在于“包袱”。所谓“包袱”就是相声里引人发笑的艺术语言。它是相声演员沿用的术语，实际上它和笑料、噱头的意思完全一样。① 著名相声艺术家马季在谈及相声的基本概念时指出：“（相声）就是通过组织一系列特有的‘包袱’来使人发笑的艺术，这里所指的‘包袱’是语言艺术的‘包袱’，这里所指的语言是‘包袱’艺术的语言……语言、‘包袱’、笑声，可说是相声艺术的三大要素，并且缺一不可。”② 在他列举的三要素中，语言、笑声是其他一些喜剧艺术也具有的，只有“包袱”才是相声艺术特有的。“包袱”在相声艺术中处于最重要的地位。

“包袱”是由语言、事件、情节的不协调而产生的，构成“包袱”的手法又是多种多样的。这就要求婚礼主持人熟悉各种类型“包袱”的特点，掌握不同“包袱”的构成规律，从而取得良好的艺术效果。

“包袱”要干净。在婚礼上可以使用“包袱”，但一定要干净，不能有粗俗的内容。不能为了获得现场效果，故意找“噱头”，出洋相，“耍臭丢”，甚至用低级、庸俗的“包袱”去换取观众的笑声，更不能用伦理的“包袱”取悦观众。

---

① 侯宝林 . 我和相声 .

② 马季 . 卅年回首一吐为快 [J]. 曲艺，1987（2）.

“包袱”要寓于故事情节当中，出于意料之外，要合情合理，耐人寻味，这才叫真正的“包袱”。

婚礼主持人运用相声的说、学、逗、唱的艺术手法时可以采用以下方法。

1. 贯口

贯口，又名趟子，是曲艺行当的表演术语，为“说”功的一种。婚礼主持人将篇幅较长的一段排比句一气说出就是贯口。贯口要求语言流畅清晰节奏明快，需要事先背诵，以达到渲染情节、展示技巧、产生笑料的作用。比如，《报菜名》就是典型的贯口。

2. 倒口

普通话变成方言叫倒口。婚礼主持人在主持婚礼过程中适当地运用方言可以起到调节现场气氛的作用。

3. 气口

为了把“包袱”使好，在“包袱”前面故意喘口气，目的是把情绪调动一下再把“包袱”甩出来。比如，主持人说：“喜鹊枝头叫喳喳，一对新人成了家，昨天还是新郎一人过，今天就要变成俩，待到明年你再看，（气口）叁”。

4. 喷口

就是在说话时把带有“P”的音加重，达到“包袱”的效果。比如：“破”了相了，太“漂”亮了。

5. 一高一低

在节奏的运用上，注重对比变化，欲抑先扬，欲扬先抑，其中就包括欲高先低，欲低先高。随着思想感情的运动，声音形式的控制、纵放要自如。

6. 三翻四抖

这是包袱中的“八股文章”，有比较固定的模式，采取的方法是引导观众的听觉惯性，把一个看法或意图反复强调三遍（也有两遍的，少有四遍以上的），到第四遍时反戈一击，以突变的效果改变本来的意图。比如，主持人问新郎：“高兴吗？激动吗？兴奋吗？后悔吗？”问母亲：“儿媳妇叫妈叫得高兴吗？开心吗？叫得甜不甜？（倒口）掏钱！”

7. 破规犯戒

所谓的破规犯戒就是在生活中不存在、违反生活规律的那些“包袱”。比如，主持人说：“新郎给新娘买了一款手机，原价 3 万，打完折 15”。

8. 一语双关

即一句话有两层意思。比如，主持人说：“新郎这枚戒指珍贵吗？珍贵吗？珍贵吗？那就跪下吧！”

9. 柳活

柳活是指相声中学唱类型的段子，具体说属于相声说、学、逗、唱中“学”的范畴。比如，拜来宾的时候唱《北国之春》的调：亲爱的朋友们，谢谢你百忙之中来到了这里，台下的观众都是你家的亲戚，啊哈给点掌声来点鼓励，感谢你们红包相送，感谢你们的大力支持。更不能够忘记你们为建设祖国立下了新功绩。朋友啊朋友，祝愿你们合理合法多赚人民币。

10. 现挂

在婚礼现场可能会出现各种情况，这就要求婚礼主持人根据现场情况即兴发挥，称之为现挂。

现挂是婚礼主持人最难把握的即兴表达。现挂的方法关键在于抓住现场信息点，信息点包括语言、打扮、动作、表情、突发事件等。

1.2　流程式经典婚礼主持词选读

流程式（制式）婚礼主持词称为"万能主持词"，也可以称为"万能台词"。这样的台词记得越多越好，以便常换常新。下面整理了一些经典的婚礼主持词，以供参考。

【主持词一】

我们结婚吧，好不好？那样我们就可以不再对着电话诉说想念，就可以每天清晨起来看见你的睡脸，然后一起吃一顿不太丰盛却很温暖的早餐。

我们结婚吧，好不好？那样我们就可以光明正大地在楼下拥抱，而不用担心被老爸老妈和邻居看到，然后我们十指紧扣，到处逍遥。

我们结婚吧，好不好？那样我们就可以拿着民政局发的红色小本子四处炫耀，我们可以在房间里挂满结婚照，看着看着就会不自觉地微笑。

一生就这么一次，谈一场以结婚为目的的恋爱吧。

不再因为任性而不肯低头，

不再因为固执而轻言分手。

最后地坚信一次，一直走，就可以到白头。

亲爱的，谈一场我们彼此相互依赖的恋爱，好不好？

然后就那样相守，在来往的流年里，岁月安好。

惟愿这一生，执子之手，与子偕老。

你敢天长，我就敢地久！

【主持词二】

相爱是一种缘分，人海茫茫中遇见你，在烟波浩瀚的岁月长河中我们能相遇，这本身就是上帝的恩赐。

相爱是一种默契，大千世界，和最适合自己最体贴最温暖的那个人相守，是一种默契。

相爱是一种感觉，一种用两颗心去体念和感受，才能体会出那跌宕起伏的美丽。

相爱也是一种付出，是无怨无悔、心甘情愿、无所所求地为心爱的人付出的一切。

相爱就是心静如水的平淡，相爱就是寒风刺骨中的温暖，相爱就是持续一生的相互陪伴。

用心承诺，用爱见证。命运指环，锁定永恒。

执子之手，与子偕老。相依相伴，春夏秋冬。

【主持词三】

曾经开创中华灿烂文化艺术先河的大师——弘一法师，尽其一生，使得我们明白了：灿烂之极，必将归于平淡的深刻内涵。

是的，当所有的激情过后，等待一对新人的必将是那未来漫长的、平淡的、普通的，有的时候甚至是琐碎的生活。

然而，平平淡淡、柴米油盐才是生活本来的面目。

风起的日子笑看落花，雪舞的季节举杯望月，这是一种境界，而平凡的日子，我们普通人的生活也包含着这种境界。

三十年、四十年、五十年以后，有一天，我们在大街上，看到两位白发苍苍的老人，他们手拉着手，肩并着肩，平静而又幸福地从大街上走过，老去的是他们的容颜，而不变的是两颗真诚相爱的心，而那两位老人就是我们今天的新娘新郎！

【主持词四】

和着春天的阳光，张开爱情的翅膀。

从黄河岸边的杨柳，到长江流域的田畴。

从大漠戈壁的神圣，到江南稻香的锦绣。

让激动的心游遍大地，让火热的请传遍祖国的大江南北。

古往今来，中华儿女共同畅想着和谐，享受着温馨的美好生活。

男人是船，女人是帆，家庭是港湾。

结婚是爱情长跑的终点，更是牵手同行、漫漫长路的起点。

婚前的爱情，常常充满着浪漫和幻想，更深的感情要靠婚后去培养。

婚姻无戏言，婚姻贵在美满，美满贵在情感，情感贵在长久，这一切，只能在双方的尽责中实现。

一对新人请牢记，大千世界，人海茫茫，既然你们决定携手同行，就一定要珍惜这份旷世情缘，愿你们双脚踏上婚姻之船的时候，要同舟共济，千方百计将它驶向美好生活的彼岸！

【主持词五】

幸福，不是你房子有多大，而是房里的笑声有多甜；

幸福，不是你开多豪华的车，而是你开着车平安到家；

幸福，不是你的爱人多漂亮，而是爱人的笑容多灿烂；

幸福，不是在你成功时的喝彩多热烈，而是失意时有个声音对你说：亲爱的别倒下！

幸福，不是你听过多少甜言蜜语，而是你伤心落泪时有人对你说：没事，有我在。

【主持词六】

安石双喜济苍穹，鞭炮齐鸣舞东风。

红绸绿锦早立子，多少故事在其中！

电视机前的观众朋友们，你将随着我们摄像机镜头……

让我们相约他们的结婚纪念日，相约25年后的银婚，相约50年后的金婚，相约60年后的钻石婚。

在一起永不分离，一起数天上的星星，收集春天的细雨，诉说古老的故事，细数我们的情谊，踏遍千山万水，走遍天涯海角。

让每一个日子都串联成美好的回忆，并肩看天边的落日，聆听林间的鸟语。

【主持词七】

泱泱中华，上下五千年，我们传承的是文明，时间在上古叫传说，时间在秦朝叫疆域，时间在三国叫谋略，时间在唐朝叫富贵，时间在清朝叫忍辱。

泱泱中华，上下五千年，我们传承的是精神，时间在北京叫机会，时间在上海叫流行，时间在深圳叫节奏，时间在大连叫美丽，时间在西安叫古典，时间在成都叫生活，时间在昆明叫春天，时间在西藏叫圣洁，时间在郑州叫爱情。

【主持词八】

茫茫人生是一个悠长的旅程，它如同一辆疾驰而过的列车，载着所有的人要去一个叫做幸福的终点站。

也许是生命力最平静的一天，也许是生命力最平常的一天，你就真实地出现在我的面前。

因为有了你，我便有了生命里新的旅程！

我和你从陌生到熟悉，从熟悉到好感，从好感到喜欢，从喜欢到到真爱，从真爱到一生相伴！

多少次我想悄悄地告诉你，你是我小时候种下，只有等到长大以后才能摘的果；你是我在梦中见到，只有醒过来后才能见到的人；你是我在年轻时许下，只有等到白发苍苍时才能实现的承诺！所有的一切化成一句：我爱你！

【主持词九】

有一把伞撑了许久雨停了也不肯收；

有一束花嗅了很久枯萎了也不肯丢；

有一个怀抱依偎到永久就算青丝变成白发，也怪时间不够。

一路上有你做伴，看云舒云卷，看碧云蓝天。

你是我今生的所求，你是我最终的归宿。

让我们永远的相依相伴，让我们一起走过春夏秋冬。

让心插上渴望的翅膀，用生命追逐那神圣的瞬间。

结婚了就是两个人开始了一辈子的相守。

从此人生路上不再孤单，无论何时何地总有一双眼睛，总有一颗心在关注你。

结婚了就是两个人的约定，

约定要在一个轨迹上运行，

约定要在一起慢慢变老，

约定一起承受痛苦与幸福，

一起让花谢花开，日升日落，成为生命里最美好的回忆。

【主持词十】

执子之手与子偕老，风也罢，霜也罢，雨也罢，雪也罢；

执子之手每一刻都是这样美好；

执子之手每一刻都是一首动人的情诗；

执子之手每一刻都值得用一生的时间去慢慢地回味……

【主持词十一】

在历史的长河中，爱情是一个古老的话题；

在人生的旅途中，爱情是一个不朽的话题，

在爱情的浪漫中，婚礼大典是一个经典的话题。

许多人已经拥有幸福，更多人在努力追求。

古往今来，无论是泪洒斑竹，还是魂断城墙；无论是天河凝望，还是情系西厢，却只是文人墨客书上有，望穿秋水凡尘无的爱情故事，今天呈现在我们面前的是一个真实的故事。故事发生在……

【主持词十二】

爱情是夏日的阳光，热辣奔放；

爱情是诱人的美酒，香醇绵长；

爱情是寂静的湖水，平淡涟漪。

一对新人经过了相识、相知、相恋，有情人终成眷属。

他们的爱情列车，经过了浪漫的四季，终于到达了婚礼的驿站，正所谓：苍茫山水相依，悠远日月相伴。

【主持词十三】

岁月的长河流不尽两颗心灵的眷属，

情感的波涛最终汇聚成爱的汪洋。

那份相识的喜悦，相知的欣慰，相爱的温馨，相思的心碎，最终汇聚成爱的甜蜜。

从此不再孤独无助，

从此不再相思难眠，

从此海枯石烂心不变，

从此天涯海角真爱永远！

【主持词十四】

一直欣赏这样一种爱情：

没有太多的轰轰烈烈惊天动地，有的是像流水一样绵延不断的感觉；

没有太多的海誓山盟花前月下，有的是相对无言眼波如流的默契……

这就是“执子之手，与子偕老”的感觉吧？

在陌生的人群中，在迷失和彷徨间，你却始终安详而从容——因为你知道，冥冥之中，自有一双属于你的双手，它紧紧地握住你，陪你走过所有的阴天和所有的艳阳天，直到一生一世！

【主持词十五】

夏日韶光，店内灯红酒绿；

今日好景，喜迎贵客宾朋。

天浩浩，日融融；金翡翠，玉麒麟。

男女来宾开口笑，高朋满座客如云；诗情生细浪，花径起香尘。

两情鱼水今为伴；一天风月话诗心。

雪冷霜严，青松白雪同傲岁；日高风暖，银河酒店喜迎亲。

并蒂花下立，同心琥珀浓。

满堂喜气人如玉，百年恩爱花常红。

新娘靓丽，眉下现一弯新月；新郎气壮，胸中吐万丈长虹。

【主持词十六】

新郎新娘经历了晓露丹霞，花前月下，九夏芙蓉，三秋杨柳；

情深深，意浓浓，喜洋洋，乐陶陶；

皓月瞄来双燕影，丹心映出并头梅；

有情人终成眷属，他们终于盼来了这美好的、激动人心的时刻！

【主持词十七】

万山红遍层林染，

春华秋实金灿灿，

大雁南飞还故里，

喜鹊还巢谱新篇。

情人成眷属，银河双星旋，金龙求玉凤，佳女配佳男。

好运连连，好梦甜甜，又是一年秋色美，好友共聚万户欢！

【主持词十八】

喜紫燕翔黄道日，鸳鸯佳偶美景时。

红梅吐芳成连理，芝兰永谐结伉俪。

喜听喜炮报喜音，喜迎喜娶喜结亲。

喜糖喜酒摆喜宴，喜事喜办喜天伦。

今天喜、明天喜、年年喜、岁岁喜、花开吉祥时时喜！

月月喜、日日喜、时时喜、刻刻喜、春满人间处处喜！

公公喜、婆婆喜、邻里喜、乡亲喜、男女老少跟着喜！

新郎喜、新娘喜、左邻喜、右邻喜、喜日喜事喜上喜！

真是天喜地喜你喜我喜大家喜，不闹不喜、一闹就喜、再闹再喜、欢天喜地、欢欢喜喜、喜上加喜、喜气洋洋、喜事连连、喜从天降、喜出望外、喜形于色、喜上眉梢、喜笑颜开。

新郎决不能喜新厌旧，新娘更不能喜怒无常。新郎有这事没有？

【主持词十九】

封建皇帝坐汴梁，普天下刀兵滚滚民遭殃，官逼民反真不假，那英雄好汉各占一方。

南有方腊起了义，北有田虎自为王，在那怀庆府起义了大刀小王庆，晁盖为王在梁山上。

梁山上一百单八将，一个更比一个强，头一位，托塔天王叫晁盖，还有一位叫宋江，豹子头林冲枪法好，李逵的工夫更硬棒，美髯公的是朱仝，还有位周通小霸王，浪里白条是张顺，鲁智深就是那个花和尚。

梁山寨还有几个女强将，一个也比一个强。

母大虫，顾大嫂；一丈青，扈三娘；开黑店的都知道吧？母夜叉的孙二娘啊，梁上还有一员小女将，模样长得真叫强，文能提笔安天下，武能上马定乾坤，你要问她是哪一位，她就是，今天的新娘 ×××。

别的英雄且不讲，单表表好汉 ××。那 ××，身高足有一丈二，两膀乍开有力量，脑袋瓜子赛柳斗，眼珠子一瞪赛茶缸，他的巴掌足有簸箕大，手指头卜卜愣愣的棒槌长啊，那个棒槌长啊。他学拳倒过少林寺，功夫练到八年上，什么铁布衫、金钟罩、鹰抓力和铁巴掌，十八般兵刃都学会，软硬的工夫属他强，他打过三次少林寺，把架子拉到了寺门上，这个 ×× 真不瓤！有请 ×× 和 ××× 上场。[①]

【主持词二十】

身体好、工作好、学习好、穿得好、住得好、用得好、吃得好、玩得好、乐得好、睡得好、心情好、老人好、孩子好、一切都好，好上加好，好的不能再好！说了这么多好，来点掌声好不好！

【主持词二十一】

一对金玉好儿郎，两颗真心结成双，三生有缘来相聚，四面吉祥入洞房，五福纷纷来降临，六六大顺喜洋洋，妻贤夫孝家和睦，八方腾达现辉煌，九九幸福长相伴，十全十美共安康，百年恩爱同风雨，千载姻缘留美芳，万事如意福满堂，福满堂。

【主持词二十二】

一头乌发似墨染，两只凤眼忽闪闪，三月桃花似粉面，四季鲜花插鬓间，五官端正真清秀，恰似六月出水莲，七折婚纱拖地面，八方耳朵带玉环，九天仙女下人间，十指如玉赛貂蝉！

【主持词二十三】

站在大家面前的这位小伙，胸配鲜艳的红花，身穿笔挺的西装，彬彬有礼，高雅大方，精神焕发，神采飞扬。长得是为浓眉大眼，仪表堂堂，为人豁达，纯朴善良，身高体健，威武阳刚，玉树临风，气宇轩昂，神采奕奕，满面红光，意气风发，斗志昂扬，刀山敢上，火海敢闯……还不鼓掌？再不鼓掌就没词了。

【主持词二十四】

新郎新娘出双入对，形影不离。

是进酒店，逛超市，转大街，吃小吃。什么巧克力口香糖，凉皮米线麻辣烫，羊肉串、酸辣粉，牛排汉堡矿泉水，健力宝、冰红茶，雪糕可乐娃哈哈。

见啥好来就买啥，兜里有钱使劲花。

这正是：新娘长得不一般，新郎一见就喜欢，新娘好似花牡丹，待到明年你再看，大牡丹抱着小牡丹！

【主持词二十五】

父亲与女儿，手挽手，缓缓前行，这其中包含了伟大父亲对女儿所有的爱，所有的呵护，所有的关怀。他将把自己最心爱的女儿交给他最信赖的男人。一个是父亲，一个是爱人，新娘生命中最重要的两个男人在这个神圣的时刻相遇了。

---

① 高元钧：山东快书《武松赶会》。

现在，伟大的父亲和新郎做了一个爱的传递和交接，父亲将自己的掌上明珠托付给了新郎。新郎接过新娘的那一瞬间，也是对面前这位长者郑重地许下承诺——用心、用生命去爱她，呵护她，让她成为这世上最幸福的女人！

请把掌声送给这位伟大的父亲，请父亲到主宾席落座。

【主持词二十六】

各位领导，各位来宾，各位朋友，各位同事，各位战友，各位亲人，各位兄弟姐妹，各位大妈、大婶、大爷、大舅、大表哥、大表姐、大表嫂，大家好。我宣布 ×× 先生与 ××× 小姐的结婚庆典正式开始。

今天我的心情特别激动，因为在这个世界上又诞生了一个新的家庭，从今天起，一对恩爱的夫妻从此走到了一起，在漫漫的人生长路上，他们将扶老携幼，相互帮助，一起从今天出发，去迎接更加温馨、更加美好的明天。现在，就让我们请一对新人入场。有请 ×× 先生与 ××× 小姐入场。让我们大家用热烈的掌声欢迎一对新人闪亮登场。

【主持词二十七】

我（新郎或新娘全名）娶／嫁你（新娘或新郎全名）作为我的妻子／丈夫，这是我对你的承诺，我将对你忠实、以你为荣，尊敬你、相信你、帮助你、照顾你，与你分享一生的幸福。无论是富有或者贫穷，健康或者疾病，顺境或者逆境，不离不弃，直至终生。

在此许下一生的誓言，愿与你共度此生，无论顺境、逆境，直到地老天荒！

【主持词二十八】

朋友们，璀璨夺目的结婚钻戒闪动着灿烂的光芒，小小的戒指在这地球上任何一个国家，任何一个角落见证了一场又一场忠贞不渝的爱情。

在它的照耀下，许多经典的童话、美丽的爱情故事在人们心中流传，这不仅因为戒指意味着财富和价值，更因为它的永恒，它的美丽象征着人们对爱情天长地久的承诺，更体现着人们对永恒不懈的追求。爱情是两人走过的点滴，每一段的记忆都将变成深情的回忆，为了见证爱情的真谛，自然少不了这举足轻重的信物。

【主持词二十九】

男婚女嫁，薪火不断。

浓浓血脉，代代相传。

点燃传家火种，点亮幸福之光。

点燃生命之火，点亮美好人生。

从今以后不再被狂风侵袭，你们是彼此避风的港湾。

从今以后不再被雨水淋湿，你们是彼此遮蔽的雨伞。

从今以后不再觉得寒冷，你们是彼此依靠的温暖。

从今以后不再觉得孤单，你们是彼此生命的光环。

【主持词三十】

爱情是灯，越拨越亮；

爱情是河，越流越长；

爱情是花，越开越美；

爱情是酒，越纯越香。

晶莹的杯塔象征着爱情的纯洁，甜美的香槟诠释着婚姻的幸福。

这每一杯酒都在倾诉着他们天长地久的爱情故事，这每一杯酒都已蘸满了他们忠贞不渝的爱情誓言。

让酒的清香洋溢爱的芬芳，让酒的甘醇陶醉爱的海洋！

让这甜蜜的一刻永远停留在心头，

让这温馨的时光永远在心海中荡漾。

祝福一对有情人终成眷属，也祝福现场所有的伴侣情深意更长。

【主持词三十一】

一碰杯！祝你们同心同德，情深似海。

二勾手！祝你们琴瑟相伴，鸾凤和鸣。

三喝酒！祝你们笑迎比翼鸟，花开并头梅。

喝了交杯酒，天长地更久；

喝了交杯酒，恩爱小两口；

喝了交杯酒，甜蜜日子天天有；

喝了交杯酒，相亲相爱到白头；

喝了交杯酒，幸福日子到永久；

喝了交杯酒，今生今世长相守；

喝了交杯酒，来生还要一起走。大家掌声有没有?

【主持词三十二】

树木的繁茂归功于土地的培养，儿女的成长归功于父母的辛劳。

俗话说，天上四时春做首，人间百善孝为先。

为了感谢父母的养育之恩，哺育之情，请二位新人向父母深深地鞠躬谢恩。

一鞠躬，感谢父母20多年养育之恩，祝双方父母，风顺、雨顺、财也顺，家和、人和、万事和。

再鞠躬，感谢父母连日来忙前忙后，祝福父母青山不老人长寿，绿水长流花永红。

三鞠躬，几度夕阳霞更红，纵在秋日化春风，一生孝敬父母亲，愿父母欢欢乐乐度此生！

【主持词三十三】

江河之所以长流，靠的是不竭的源泉；

大树之所以长青，靠的坚实的根基；

人生之所以精彩，靠的是亲情的厚重；

人生有涯，岁月如歌；

年轮的轨迹，时光的彩虹；

生命的驿站，漫漫人生路；

留下的是心灵成长的足迹，相携相知的默契；

我们深深地感悟，天之所以浩瀚，是因为有宇宙星辰的内涵。

地之所以博大，是因为有高山大海的磅礴；

人之所以存在天地之间皆因亲情不断的血脉相传。

是父母赐予我们鲜活的生命，是父母造就了这两个人精彩的世界，是他们给了孩子们一个遮风挡雨的家园，使他们给了儿女们一生依靠的港湾，对孩子们来说，他们恩泽盖天，对儿女们来讲，他们大爱无疆！

1.3　古典婚礼主持词选读

与现代婚礼主持词一样，古典婚礼主持词也有固定的一些用语，背会这些主持词，就能在主持古典婚礼时运用自如。

【主持词一】

一步百花开，二步踏金阶，三步跨银台，四步进房来。

走进洞房四面望，一对花烛放光芒，二边站的少年郎，八面飘来阵阵香。

四面八方仔细望，当中一个好儿郎。

儿郎房里好排场，中间一张花凉床。

抽屉台子靠粉墙，玻璃镜前巧梳妆。

台子板凳方对方，金链玉锁放光芒。

牙档本是鲁班做，金丝帐子绣鸳鸯。

鸳鸯同飞又同息，息在荷花枕头上。

莲莲结子荷花香，连子连孙状元郎。

新婚之夜，快乐无疆；白发到老，山高水长。

今宵铺床，事事吉祥，一把栗子一把枣，明年生个大胖小。

双双核桃双双枣，生儿聪明生女巧。

被边压被边，生个孩子做大官。被角压被角，生个孩子心灵又手巧。被角塞一塞，最好生个龙凤胎。

撒把花生花着生，撒把栗子早立子。再撒一把生花生，一男一女插花儿生。撒上一把甜糖果，日子越过越红火。

幸福的人恩爱的床，恩爱的床上落鸳鸯，鸳鸯快秀小宝宝，宝宝带来福满堂！

【主持词二】

花轿到门前，宾主站两边，鼓乐迎淑女，鞭炮庆家宴。鸾凤鸣双喜，蓝田种美玉，聚乐生祥瑞，佳女配佳婿。

一撒麸子，二撒料，三撒新人下了轿。

一撒金，二撒银，三撒新人进了门。

花堂设置多辉煌，五色云彩呈吉祥，青鸾对舞千秋会，鸾凤合鸣进世昌。

【主持词三】

寻得桃园好避秦，桃红又是一年春，桃园仙鱼逐水流，只等渔郎来问津。

一拜天地是月星，二拜东方甲乙火，四拜西方庚辛金，五拜北方壬癸水，六拜中央戊已土，七拜三代老祖宗，八拜父、母、伯、叔、婶、娘众兄弟（依次为高祖父、曾祖父、曾祖母、祖父、祖母、父、母、伯父、伯母、叔父、兄、姐、妹、弟），九拜师长情意重，十拜新友一礼行（依次为师父、师母、师兄、师弟、舅父、舅母、姑父、姑母以及所有亲属、宾客、媒人、村老……）

天上织女会牛郎，才子佳人配成双，今日两家结秦晋，富贵荣华万年长。

【主持词四】

吆车的，抬轿的，点火的，响炮的，接客的，嘹哨的，还有招呼不到的；

梳头的，扶女的，亲朋好友知己的；烧火的，做饭的，挑水担柴捞面的；

看客的，收礼的，四面八方贺喜的；铺席的，夹毡的，还有的人窝胡钻的；

切菜的，揉面的，烧锅揽柴砸炭的；摘葱的，剥蒜的，担水吆驴砚面的；

扫地的，看院的，提茶的倒水抹案的；抱娃的，收蛋的，买烟灌酒上县的；

还有停到门口立站的，扒到窗口偷看的；没有事情发干的，出来进去游转的；……一并行礼。

【主持词五】

一撒天门开，二撒地门开，三撒周公八卦地安排，四撒青龙白虎两边排，五撒关老爷手把大刀站过来，六撒搀新人家的扭扭捏捏走过来，七撒轿门开，八撒请的新人下轿来。

新人下轿喜洋洋，两眼不住地瞅新郎。

新人的心思我知道，初穿红鞋怕人笑。

新人下轿不抬头，怀里抱得保平壶。

保平壶，黄酒壶，五谷粮食在里头，不是豇豆是绿豆，三天头上熬的喝稀粥。

【主持词六】

一拜天地喜神安，喜气洋洋接新娘，乡邻男女两边排，单等新人上前来。

二拜诸神降吉祥，郎才女貌配鸳鸯，遇的黄鹤金宝簪，永保富贵百世昌。

三拜财神来进宝，金童玉女上堂瞧，脚踏红毡不蹬地，美满幸福好夫妻。

四拜夫妇福寿长，龙凤今日配成双，拜罢天地入洞房，扁食不如包子香。

【主持词七】

关关雎鸠，在河之洲。窈窕淑女，君子好逑。

参差荇菜，左右流之。窈窕淑女，寤寐求之。

求之不得，寤寐思服。悠哉悠哉，辗转反侧。

参差荇菜，左右采之。窈窕淑女，琴瑟友之。

参差荇菜，左右芼之。窈窕淑女，钟鼓乐之。

【主持词八】

惟天地以辟，万物滋养于斯。日受其精，月润其华。天理之奥含于其中，人以婚姻定其礼。值此天地际会，因缘和合之时，嘉宾咸至，良朋集会。

奉天承运，皇帝诏曰：

百年琴瑟好，千载凤麟祥。今日良辰美景，佳偶天成。锣鼓喧天。兹尔新婚有宴来宾咸集致贺，恭祝连理，庆衍百世，永结伉俪。

【主持词九】

桃之夭夭，灼灼其华。之子于归，宜其室家。

一支彩笔天花坠，弦外余音尽还明。如千里之阵云，似高山之坠石。窈窕出入，耿介特例。

兰心蕙质、福泽醇厚、有兴夫旺子之相，有恭敬双亲之德，妇有百德，聚尔一身。妇有百善，尔能行之。

夫妇乃人轮之始，振兴家庭之道始于夫妇。

以后二人共同承担祭祀祖先之责，奉养父母之劳。今有仁义之夫，柔顺之妻，天地和合、家业兴旺、远至百代。

相爱相怜便有情，天缘默佑遂三生。赤绳一系联亲眷，金石良缘总玉成。

【主持词十】

大红绸缎定分明。盘上边，结成五彩花球子，八字配，双双和合侍文禽。一团和气千年运，五子登科巧样新。

月老牵红绳，绣球引姻缘。佳人配才子，百年意绵绵。百年连理身，今朝姻缘系。伉俪永情深，新郎迎新人。

月老牵红绳，天地齐神服。新人跪拜天地三叩首。

一叩首：在天化作比翼鸟，双宿双飞。

再叩首：在地结为连理枝，同心同德。

三叩首：如水中并蒂莲花开盛世，赛过丛中蝴蝶舞蹁跹。

蓼蓼者莪，匪莪伊蒿。哀哀父母，生我劬劳。

蓼蓼者莪，匪莪伊蔚。哀哀父母，生我劳瘁。

父兮生我，母兮鞠我。拊我畜我，长我育我。

顾我复我，出入腹我。欲报之德，昊天罔极。

【主持词十一】

士有百行，以孝为先，世有百善，以孝为首，请新人跪拜高堂，答谢父母生育之恩、养育之情。

一叩首：传家礼义千秋壮，一堂佳庆喜无穷。

再叩首：天颜有喜嘉忠孝，合门吉庆乐非凡。

三叩首：自是德门多福禄，承欢膝下乐融融。

天地开辟鸿蒙、夫妇乃人伦之始。父母之恩，无以为报，培育之德，感激涕零。只有谨记父母之教诲，传承三宝：

勤俭，治家之宝；和顺，齐家之宝；忠孝，传家之宝。以宽父母之心，宏父母之志。

夫妻对拜：

一叩首：吹箫能引凤，攀枝喜成龙。

再叩首：锦瑟调鸿业，香词谱凤台。

三叩首：夫妻今生拜，渊源远流长。

【主持词十二】

新贵人挑喜帕。

观新娘：翩若惊鸿，婉若游龙。荣曜秋菊，华茂春松。仿佛兮若轻云之蔽月，飘飘兮若流风之回雪。远而望之，皎若太阳升朝霞；迫而察之，灼若芙蕖出渌波。

观新郎：身长八尺，面如冠玉，头戴纶巾，风姿特秀，飘飘然有神仙之概。“形貌魁伟，雅怀有志，萧萧肃肃，爽朗清举，郁郁如青松之特立。山无陵，江水为竭，冬雷震震，夏雨雪，天地合，乃敢与君绝！

有请新贵人新嫁娘行盥浴大礼。

秉玉英兮结誓，沐浴盥兮今朝。生生兮为伴，世世兮相随。

【主持词十三】

如鼓琴瑟乐旦晚，销金帐里好清谈。

夫夫妇妇从今顺，燕尔新婚兆赐男。

绣花果品多鲜艳，加添一半更丰盈。

共牢而食、合卺而饮之礼。合卺取天地交泰，万物萌生，阴阳相感，品物咸亨之意。

孪生麟凤瑞气祥，积善之家后必昌。

纬武经文忠孝备，幽闲清静庆椒房。定要雄飞与雌伏，长风万里快游翱。

礼娶嗣明德，同牢夙所钦。死生同契阔，恩爱缘义深。同声若鼓瑟，合韵似鸣琴。

【主持词十四】

夙世良缘终会合，久梦花烛今始真。年少英雄美丈夫，良缘今宵共欢娱。聘币佳期六礼全，衣朱佩紫喜欢天。洞房花烛刘公子，准拟今宵会绛仙。

结发同枕席，生生共为友。结发为夫妻，恩爱两不疑。下面有请新郎新娘行结发礼。

共牢而食，合卺共饮，自礼行时，连理成，比翼具虽万难千险而誓与共患。纵病苦荣华而誓不与弃。仰如高山哉，其爱之永恒，浩如苍穹哉。其情之万代，相敬如宾，各尽其礼，家合事兴，不变不易，天长地久，为尔佳缘，特为赞颂。

【主持词十五】

穿花蛱蝶深深见，点水蜻蜓款款飞。天上祥云飞瑞彩，地上鸾凤成双对。

祝一对新人百年好合，愿天下有情人终成眷属，成眷属者意味深长。未成家者今日结交鸾凤友，成家者夫唱妇随，宜尔室家乐尔妻。做子女者，长念天下父母共安乐，最后唯愿所有来宾子孙如螽斯衍庆，蛰蛰呈祥瑞。

任务 2　了解婚礼主持文案的写作及模板

婚礼主持文案是指婚礼在策划编写、庆典仪式过程中所形成的文本，是婚礼庆典的语言文字部分。

婚礼主持文案形式多种多样，可以是婚礼创意的阐述、婚礼内容或形式的策划稿，也可以是婚礼庆典仪式的构思提纲、婚礼主持词等。它是由婚礼主持人经过主题的提炼、材料的选择、结构的安排、语言的组织、表现方法的整合等过程所形成的最后文本。在这里所讲的婚礼主持文案主要是指的婚礼主持人在婚礼庆典仪式中所使用的婚礼主持词。

2.1　婚礼主持文案写作工作的必要性

1. 由婚礼主持人在婚礼庆典中的地位决定

婚礼主持人作为婚礼庆典仪式的组织者、推进者，作为婚礼效果的体现者，必将直接面对新人和来宾对婚礼庆典仪式的最后评判，处于如此重要地位的婚礼主持人，创作婚礼主持文案工作是责无旁贷的。

2. 由婚礼主持人与婚礼庆典仪式的密切关系决定

婚礼主持人要想获得新人和来宾的认可，除了自身的调节以外，也需要主持风格向婚礼主持人的特点靠拢，达到和谐的统一。如果婚礼主持人只将目光投注到自己的声音、形象，背诵几句别人编写的台词，那就可能与主持效果“隔”了一层，永远处于一种被动地位。而婚礼主持人创编主持词，就可以最大限度地发挥自己在婚礼庆典中的主导作用，就有可能通过一定的调节让婚礼庆典的风格向自身靠拢，使自己真正成为婚礼庆典中不可缺少的一部分。

3. 是为了更好地体现婚礼主持人的个性风格

婚礼主持人主持婚礼庆典是人格化传播方式，婚礼主持人的个性风格是体现人格化传播的主要手段。婚礼主持人自己编写婚礼主持词，有助于体现自己的风格，可以找到更适合自己的语言表述方式。特别是对刚刚从事婚礼主持工作的人来说，自己写作婚礼主持词还有助于克服紧张的心理状态，找到成竹于胸的自信。

2.2　婚礼主持文案写作的工种

婚礼主持文案写作指的是与婚礼主持人工作密切相关的文字创作与写作。

婚礼主持人要面对受众，与他们进行感情和信息的交流，并表现出自己的个性。因此，婚礼主持人文案写作的内容，是与其在婚礼庆典服务中承担的角色密切相关的。

有两种情况：

1. 婚礼主持人兼婚礼策划师

这类婚礼主持人往往还兼是婚礼庆典的策划师，直接参与婚礼服务的前期策划，参与策划文案的撰写或设计，包括创意策划文案和婚礼主持文案两部分，其主持词的创作有较多的自主性。

2. 仅为婚礼主持人

这类婚礼主持人必须根据婚礼策划师事先拟定的婚礼策划方案或程序，用婚礼主持词将各部分串联起来，串联词由婚礼主持人自己设计。这种情况，虽然婚礼主持人可以根据婚礼现场情况进行灵活性处理，但一般不对策划内容进行改动。

2.3　婚礼主持文案的创作形式

婚礼主持人文案工作，可分为以下几种形式：

1. 自主独立创作

这种情况是婚礼主持人还兼任婚礼策划师，是婚礼主持人根据自己对婚礼主题的理解和内容材料的把握所进行的文案写作。当婚礼主持人对新人进行了前期采访及材料收集后，使婚礼主持人对婚礼形式和主题有了整体的策划设想，并将这种策划方案转化为具体的主持内容，文字表述就成为婚礼主持人必须具备的能力。

2. 部分创作

这种情况是婚礼主持人仅担任婚礼主持工作，在婚礼策划过程中，前期准备工作十分繁杂，主持人并不参与策划活动，只撰写串场词。

3. 二度创作

主要是指婚礼主持人独立地或参与式地对别人创作的不够成熟的主持文本，进行部分或全面的修改，或者利用别人所提供的内容材料或文本初稿，进行整合、充实或加工。

2.4 婚礼主持文案的写作与模板

2.4.1 婚礼主持文案写作

无论主持何种类型的婚礼，婚礼主持人都要制作婚礼主持文案，包括婚礼的基本信息、婚礼创意说明、婚礼仪式流程、婚礼音乐和婚礼主持词。

婚礼主持词是为了引导、推进婚礼程序，根据婚礼流程制作的婚礼主持人在主持婚礼所用的文案。因此，婚礼主持词的撰写首先必须围绕婚礼仪式流程来写；其次，要在每个仪式流程中写出串场词，来引导推进婚礼程序。

一般来讲，婚礼主持词必须包括以下主要项目。

1. 标题

标题是主持词的眉目，应当写得简明醒目。要反映出新人的姓名和婚礼主题，如《×××与×××的“童话婚礼”主持词》。

2. 称呼

比如：“尊敬的各位亲友、各位乡亲、各位来宾：大家上午好！”

3. 开场白

一般是自我介绍并宣布婚礼典礼开始。比如：“今天是公元××××年××月××日，我们欢聚××××，共同来见证新郎×××和新娘×××的婚礼盛典。我是受新郎、新娘的特别邀请，为他们主持婚礼的主持人，我叫×××。下面，我宣布×××先生、×××小姐幸福婚典现在开始！”

4. 正文

这是主持词的主体和核心部分，应按照婚礼的流程创作主持串场台词，一般来讲，婚礼流程主要有以下13项程序：①请证婚人、主婚人、介绍人入场；②请新郎、新娘入场；③请证婚人宣读结婚证书并发放给新郎新娘；④向证婚人、主婚人、介绍人鞠躬谢礼；⑤夫妻对拜、交换礼物；⑥请证婚人、主婚人、介绍人讲话；⑦向来宾行礼；⑧结束语，宣布婚宴开始；⑨宴会开场曲、开场词，歌手献歌（或小游戏）；⑩新郎新娘给父母敬改口茶；⑪新郎新娘给来宾敬酒；⑫公布婚礼结束后车辆安排；⑬新郎新娘拍外景，娘家人看新房，其余人车送回家。

5. 结束语

是婚礼结束时主持人所做的表达。比如："朋友们，爱情是甜蜜的，感情是绵长的。一对新人踏上爱的列车，驶向这幸福的新时代。满载情的航船鸣笛起锚，奔向那甜蜜的大海。爱在掌声中变得壮丽气派，爱在祝福声中变得神圣豪迈，把情留给今天，把爱写在未来。祝福一对新人的明天更加辉煌！我宣布一对新人的婚礼到此礼成，谢谢大家！"

2.4.2 婚礼主持文案模板

梦幻童话婚礼主持文案

一、婚礼基本信息

新　郎	×××	电话******	新　娘	×××	电话******
婚礼主持人	×××				
婚礼时间	××××年××月××日				
婚礼地点	××××教堂				

二、婚礼创意说明

以梦幻为主题，童话般的婚礼与教堂的神圣相结合，打造一个梦幻而又温馨浪漫的婚礼。新娘以一头白发行礼，寓意着两位新人白头偕老、相爱一生。誓言采用告白式，作为亮点，定义爱情的专属。婚礼仪式彰显神圣感。

三、婚礼流程

时　间	婚 礼 流 程	婚 礼 音 乐
14:30	新娘和母亲坐白色马车抵达教堂	
	典礼仪式正式开始	
	新郎入场	音乐1
	新娘在母亲陪伴下入场，母亲将新娘托付给证婚人，证婚人将新娘交给新郎	婚礼进行曲
	结婚誓言	
	交换戒指	
	拥吻礼	音乐2
	新人面对神坛跪下祈祷，唱诗班唱歌	唱诗班
	新人签署结婚证书	音乐3
	礼成	音乐4
	晚宴	

四、婚礼主持词（详见附件）

附件：

梦幻童话婚礼主持词

【开场】

女士们，先生们：

今天是××××年××月××日，我们欢聚一堂，在××××教堂，共同见证×××先生、××小姐的神圣婚典。“×年爱情长跑今天终于修成正果。”

首先，请允许我代表新人和双方父母对各位来宾的光临表示衷心的感谢和热烈的欢迎！

【新郎入场】

伴随着我们热烈的掌声，有请新郎×××先生幸福入场。

【交接仪式】

朋友们，今天新娘××在母亲的陪伴下乘白色马车抵达教堂，大有童话中公主出嫁的氛围。母亲将××小姐交给证婚人，这是对证婚人的尊敬与信赖。接下来由证婚人将新娘托付给新郎。

【誓言、戒指】

现在，请二位新人面对神坛，庄严地许下爱的誓言。

告白式：

“××（新娘），我给你带上这个戒指，表示我对你的忠贞和爱情。”

“×××（新郎），我给你戴上这戒指，表示我对你的忠贞和爱情。”

【拥吻礼】

请×××先生在全场来宾的见证下拥抱亲吻你的新娘吧。

【祈祷仪式】

主持人宣布二人为合法夫妻。

【礼成】

让我们为幸福的恋人起舞，为火热的爱情歌唱，祝愿他们的人生之路洒满爱的阳光。掌声欢送一对新人踏上他们的锦绣前程！也请来宾抛洒手中的花瓣送上最美好的祝福。

2.5 婚礼的四大程序及新人注意事项

2.5.1 婚礼的四大程序

1．婚礼前需要了解的情况

（1）女方地址、新房地址、酒店地址、酒店是否有音响。

（2）乐队到达男方时间、车队出发时间、到女方家时间、接亲时间、宴席时间、结束时间。

（3）双方父母是否在世、双方婚礼习俗、互赠什么信物。

（4）接亲线路图、坐席牌。

（5）乐队是否有外接电源，胶卷、电池、录像带由谁准备。

（6）应提前到女方家去一趟，了解大致人数和婚事安排情况、有何要求。

（7）新郎家必备之物：离娘肉、大葱、筷子（男方也有不用的）、粉条。手把花、胸花（别针和头卡）、抓福钱（硬币）、压床钱（共分四包，每包两元或二十元）、红腰带（两条）、点灯钱、压车钱（一般可免），酒糖要多备。

（8）新娘家必备之物：四样点心，糖、饮料、茶水，乐队来之前要把线源插座和椅子准备好。同时要准备高脚杯两个（寓意将来孩子长大个）、筷子两双（寓意快生子）。新郎的头车到后，最好安排几个娘家人给开一下车门。待接亲完毕收好线源、椅子，关好水、电、煤气，一同前往宴席地点。

2. 接亲

（1）乐队提前 20 min 派走以后排好车队，糖、红包发给司机，每车一张线路图。

（2）婚俗用品专人拿好上车等候，结婚证交给婚礼主持人。

（3）将新郎领到老人跟前问是否有嘱咐。

（4）领新郎到车前留影并做片头。

（5）检查婚俗用品有无遗漏，所有人员上车出发。（如有不接亲者，需另留车）

（6）到娘家以后，娘家派人给新郎开车门，随行人员一同接亲。

（7）将新娘接下床后给父母改口，同时父母给孩子改口钱，然后合影留念。

（8）随主持人下楼车前留影，然后全体上车赶往酒店。

（9）酒店门口婆婆迎接儿媳妇，儿媳妇给婆婆戴花，改口叫妈，妈妈给改口钱。

（10）新郎新娘、乐队、摄影师、证婚人、主婚人、介绍人做好准备开始典礼。

3. 典礼仪式

（1）开场词。

（2）自我介绍并宣布典礼开始。

（3）请证婚人、主婚人、介绍人入场，并对其夸赞。

（4）请新郎、新娘入场并对其夸赞。

（5）请证婚人宣读结婚证书并发放给新郎新娘。

（6）向证婚人、主婚人、介绍人鞠躬谢礼。

（7）夫妻对拜、交换礼物。

（8）请证婚人、主婚人、介绍人讲话。

（9）向来宾敬礼。

（10）结束语、结束曲。

4. 宴席

（1）开场曲、开场词。

（2）歌手献歌（婚礼小游戏）。

（3）领新郎新娘给父母敬改口茶，给父母送礼物。

（4）领新郎新娘和父母给来宾敬酒。

（5）献酒歌及来宾献歌。

（6）公布婚礼结束后车辆安排。

（7）结束语、结束曲。

（8）新郎新娘拍外景，大合影。

（9）娘家人看新房，其余人车送回家。

2.5.2 新人注意事项

牢记新人当天注意事项，并讲解注意事项。

（1）侧面含蓄了解新人是否头婚。

（2）喜字的作用和位置。

（3）婚礼现场用假戒指。

（4）放炮往右扔，注意行人和车辆安全。

（5）新郎不要忘记带红包。

（6）喝交杯酒防止危险。

（7）敬酒不要挨个敬，新人可以喝水。

（8）司机注意交通规则，不准换车开，记好前面的车号，打开四角灯或贴好号码以免跟错车。

（9）工作人员准时到岗。

（10）酒水喜糖等由专人适时分发到各桌。

（11）会计一定是两个人。

（12）关车门注意安全。

（13）勿忘带结婚证到现场。

（14）扎花车，化妆要有时间观念。

（15）倒酒顺序提前订好。

（16）婚礼现场禁止烟雾，以防酒店喷淋装置启动。

（17）后备箱放喜糖、瓜子、红包，以防门卫拦车。

（18）父母红包需不需要宣布。

（19）周六周日备桌 10%，其余时间备桌 5%。

（20）把握敬酒时间。

（21）新郎抱新娘注意姿势，新娘上下楼挨着墙走，以防走光。

（22）酒店门口做好引导牌，以防一家酒店两家婚宴时吃错桌。

（23）家中备好音响，渲染喜庆气氛。

（24）当天有拉嫁妆风俗时要提前按时装车。

（25）不要让贺喜的人（以此为生）靠近新人。

（26）不走回头路，一天不进两家门，中途不准下车。

（27）现场如果用到泡泡液增加效果，注意地滑不要滑倒。

（28）新人到达酒店后是在房间、花车里、还是在酒店门口等客人。

（29）现场布置需要提前一天做好。

（30）主婚、证婚、来宾致辞不要太长，点到为止。

（31）迎亲车队车够不够坐的问题，如果是租的车，送不送到酒店。

（32）如果上高速，花车一定要采取必要的措施。

（33）提前预知天气情况，以便作出安排。

（34）摄像车的型号、安全、速度。

（35）打礼炮、喷彩带一定要注意安全。

（36）与酒店签订合同。

任务 3　了解婚礼音乐的创作技巧

婚礼音乐的创作技巧是一个大的课题，基本的原则是；首先，根据婚礼策划的主题选择婚礼音乐的类别；其次，根据婚礼主持人的主持风格选择相适应的音乐；再次，根据婚礼主持人创作的主持词加上贴切的音效。

具体技巧请参照《婚礼音乐鉴赏与编辑》教材。

任务 4　婚礼主持文案写作实训

1. 操作内容

结合给出的背景资料，请完成相应的婚礼主持文案。

2. 背景材料

漂洋过海来迎你　陈妍希雁栖湖边出嫁

2016 年 7 月 19 日，陈晓和陈妍希的婚礼在北京雁栖湖边举行。“杨过和小龙女”现实中的婚礼宛若仙境，浪漫甜蜜。陈乔恩、钟欣潼、胡冰卿、郑元畅、林依晨、潘玮柏、宋佳、刘诗诗、佟大为、容祖儿、袁姗姗、杨千嬅等到场见证双陈夫妇的幸福时刻。

迎亲　陈妍希设计关卡难度系数五颗星

上午 10 点举行了抢亲环节，由陈乔恩、钟欣潼等组成的伴娘团对阵身穿黑色长衫的陈翔、郑国霖等伴郎团。迎亲环节中的所有“关卡”都由新娘陈妍希本人参与设计。不过，陈晓的兄弟团每个环节都表现神勇。在最关键的默契答题环节，新娘精心设计的问题让新郎难以招架，导致“兄弟团”不断被罚——用一支沾满芥末的牙刷刷牙。而答题环节也透露出一个小秘密，新郎陈晓每晚都要对新娘陈妍希说：“老婆我爱你一生一世。”甜到没朋友。

陈妍希的妈妈在祝福女儿幸福的同时，也流下了不舍的眼泪。陈晓也十分紧张，向父母敬茶时，短短三步路他却紧张到不知该迈哪条腿，笑称：“我突然不会走路了。”

仪式　妍希乘舟出嫁“柯南曲”伴陈晓出场

主要仪式在傍晚举行，陈晓设计了充满东方韵味的“神雕侠侣”元素：新郎乘游艇从湖中缓缓靠岸，新娘等在岸边特别设计的水台中的小船上，随着音乐声响起，新郎在玫瑰台上站定等待，新娘乘坐的白色小舟自水上缓缓向新郎漂来，颇有“漂洋过海来嫁你”的意境。

现场陈晓深情地对陈妍希说：“在今后的日子里面，我会尽最大的努力好好照顾你，好好爱你，就像每次我上飞机前跟你说的：老婆我爱你一生一世。”陈妍希回应：“我真的没想过我这辈子会那么的幸运，碰到一个我最爱的人，还能够和他结婚。我会尽我一辈子最大的努力守护这份幸运。”

新郎的出场曲选得与众不同，是《名侦探柯南》的主题曲，原来陈晓每天睡觉前都要看这部动画片，所以作为出场曲。

——京华时报

拓展阅读

“婚礼 + 科技”受追捧　90 后偏爱个性化定制婚礼 ①

新华网广州 6 月 25 日电（记者邓瑞璇）　在童话世界结婚、穿越时空隧道的牵手、在外太空漫步……充满新鲜感与科技感的 3D 全息技术，往往让人惊叹不已。如今，这种高科技的场景出现在婚礼上。

近期 VR 和 3D 全息技术的应用在婚礼行业逐渐成为一种时尚，“婚礼 + 科技”成为追求个性的新人们的关注热点。

随着 90 后逐渐成为婚礼服务行业的消费主力，个性化定制婚礼更受市场青睐，婚礼行业也针对这一趋势提供更多的定制产品。在 2018 年广州夏季中国婚博会的现场，记者看到众多展商打出定制化招牌，其中一些婚礼策划公司还将 3D 全息主题婚礼作为招牌进行展示。运用 3D 全息投影技术，宾客在婚礼现场不需要佩戴 3D 眼镜，就能看到立体的虚拟景物。科技感与浪漫感的融合吸引了不少准备结婚的新人上前咨询。

根据婚博会组委会提供的数据，在婚礼服务方面，虽然套餐式婚礼服务仍是主流，但个性化定制婚礼服务增速相比更快，目前在整个婚礼服务行业的产品占比已经超过 20%。

中国婚博会广州分公司总经理杨克平表示，近些年，个性化定制需求在婚礼行业越来越突出。在新人需求不断提升与细化的今天，商家应及时把握新人立体多元的需求，提供更高性价比的产品与服务。

项 目 小 结

1. 婚礼主持文案写作的表达方式有：①议论型；②说明型；③抒情型；④白话型；⑤朗诵型。

2. 婚礼主持词的创作技巧：①开场精彩，制造场景效应；②灵活推进，前后衔接，融为一体；③巧用结尾，留下余韵。

3. 婚礼主持人包袱的四种运用方法：①三翻四抖；②一高一低；③一语双关；④破规犯戒。四种技巧：①贯口；②气口；③喷口；④倒口。

4. 制作婚礼主持文案，包括婚礼的基本信息、婚礼创意说明、婚礼仪式流程、婚礼音乐和婚礼主持词。

① 新华网：http://www.gd.xinhuanet.com/newscenter/2018-06/25/c_1123032960.htm，2018 年 6 月 25 日．

核心概念

婚礼主持文案；婚礼主持词；朗诵；吟诵；包袱

能力检测

1. 简述婚礼主持词写作的基本技巧。
2. 婚礼主持文案写作的表达方式有哪些？
3. 婚礼中如何灵活使用“包袱”应对突发事件?
4. 简述婚礼音乐选择的注意事项。
5. 根据所给材料，制作一份婚礼主持文案。

材料：

据新华社北京 1 月 16 日电 （记者王镜宇）2016 年 1 月 16 日是个喜庆的日子，中国女排主教练郎平和中国社科院教授、博士生导师王育成在京举行婚礼。

婚礼现场，双方至亲好友欢聚一堂。到贺的嘉宾中有众多排坛名宿，包括郎平昔日恩师、她排球生涯的领路人前国家体委主任袁伟民，前国际排联主席魏纪中，前中国男排著名运动员汪嘉伟夫妇，前中国女排主教练陈忠和，老女排队长曹慧英，郎平随中国女排夺得三连冠的老搭档张蓉芳，队友朱玲、李延军，老女排首夺世界杯冠军的无名英雄张洁云、周鹿敏，老随队医生田永福等。

郎平女儿白浪特地从旧金山飞抵北京参加婚礼仪式。郎平曾经在海外执教十余年，有很多朋友是专程从美国、意大利、法国、奥地利、日本赶来参加婚礼的。

身材魁梧、风度儒雅的王育成毕业于北京大学历史系，是学术界知名的宗教学者和文物鉴定专家。据郎平说，最早认识王育成是在一次和朋友聚会时，当时两人交流不多。一年多以后，两人又一次在和这位共同的朋友相聚时见面，了解到对方也是单身，然后慢慢相知、相爱。“这一两年重回国家队执教，压力很大，王老师给了我很多解压的方式，对我帮助很大。每次有压力时和他沟通，他都非常耐心地倾听。”

郎平在独自闯荡 20 多年后终于找到自己的归宿，她对多年来一直对她个人问题给予关心和帮助的“袁头”、宋世雄、张蓉芳等老朋友表示真诚的感谢。

项目评价

序号	考核项目	考核内容	考核方式	考核时间（min）	配分	评分
1	婚礼主持文案	文案符合礼仪活动的特定要求	笔试	40	35	
		文案具有一定的实用性，可操作性强	笔试		30	
		文案具有一定的新颖度，创新技巧精妙	笔试		20	
		文案体现文明向上的婚俗文化	笔试		15	

项目5 婚礼彩排

学习目标

- 有良好的婚礼彩排的协调能力。
- 有良好的婚礼彩排应变处理能力。

项目概览

婚礼彩排就是婚礼前进行的排练。进行婚礼彩排既可以及时检查、调整自己的策划设计及科学、合理统筹工作人员，也可以预防婚礼出现意外，使婚礼表现得更加完美。为了实现目标，需要完成四项任务：第一，新人彩排；第二，婚礼筹备组（伴郎伴娘，花童戒童）彩排；第三，新人家人彩排；第四，婚礼执行团队工作人员彩排。

核心技能

- 现场应变能力。
- 协调能力。
- 沟通能力。

理论知识

知识点1　婚礼彩排的必要性

婚礼彩排就是婚礼前进行的排练。婚礼彩排并非一定要很正式，但通常来说，婚礼策划师和婚礼主持人都希望在婚礼前经由彩排让一对新人、新人父母，以及部分观礼者熟悉婚礼的整个流程，从而彰显婚礼的“仪式性”。

1.1 婚礼彩排的内涵

彩排原为戏曲行话，是指戏剧、舞蹈等在正式演出前的最后总排练。彩，戏剧、舞蹈正式演出前的化妆排演；排，音乐、舞蹈等演出人员全部到位，一切按照正式演出的要求进行。现在彩排泛指在举行盛大晚会、宴会时的提前排练。婚礼彩排就是婚礼前进行的提前排练。

婚礼彩排就是婚礼举办前，在实际婚礼举办地点，主要婚礼参与人进行全程预演婚礼的过程，涉及一整套婚礼流程的排练、所有设备的检查、主持人串场词等。除了婚礼主持人及执行人员外，参与婚礼的大多是第一次亲身参与婚礼，他们对流程、对实际婚礼中可能发生的状况大多不了解，彩排的过程就是一个熟悉流程、明确每一个人工作职责的过程，非常重要，是必不可少的阶段，尤其是比较盛大的婚礼，更是员工职责非常必要的一个环节。

需要进行婚礼彩排的人员主要包括：婚礼主持人、新人、婚礼筹备组、 新人家人、灯光操作人员、音响师等。

1.2 婚礼主彩排的必要性

婚礼中新人对婚礼的熟悉度影响到他们在婚礼上的表现，一生一次的仪式，要完美呈现，婚礼彩排必不可少。让新人熟悉策划书的婚礼进程；让婚礼相关人员对婚礼进程有所了解；让婚礼团队工作人员对婚礼进程了熟于胸，让婚礼主持人对婚礼进程推进进行预演等都是彩排的目的。同时，进行婚礼彩排既可以及时检查、调整婚礼策划师策划设计和婚礼主持人的主持文案，以及科学、合理统筹工作人员，也可以预防婚礼出现意外，使婚礼表现得更加完美。

知识点2 婚礼彩排的基本要求和方法

2.1 婚礼彩排的基本要求

安排和确认婚礼仪式彩排时间和地点，为新人讲解婚礼庆典仪式流程及其要点，确认协助婚礼中人员的工作安排。

2.1.1 彩排的地点

婚礼彩排最好的地点当然是举办婚礼庆典的婚礼现场真实场景，按照婚礼原定计划在现场模拟当天的仪式。假如不能在婚礼现场进行彩排，也一定要找到适合的场地，按照举办婚礼庆典现场平面图的样子模拟会场场景进行彩排。

2.1.2 参加彩排的人员

婚礼当天的出镜人物与工作人员最好同时参加一次彩排，包括：婚礼主持人、新郎、新娘、伴郎、伴娘、花童、戒童、双方父母、签到负责人、物品主管人、督导师、灯光师、DJ、摄影师、摄像师等。不能参加彩排的人员，要请专人帮助记录下他们的工作内容与站位，并及时向他们转达，让他们熟悉自己的职责。

2.1.3 彩排当日

（1）婚礼主持人和婚礼策划师、婚礼督导师及其他工作人员应在确定彩排时间一小时之前到达彩排地点，确认场地安排就绪。

（2）迎接新人家人和婚礼筹备组成员。

（3）婚礼主持人要协助婚礼策划师和婚礼督导师指导婚礼仪式彩排。在此期间，主要由婚礼主持人串场词，回顾所有仪式细节和婚礼当日行程，确保所有参与者清楚他们自己婚礼当天到场时间和职责。

2.1.4 婚礼彩排注意要点

1. 完整彩排

一定要完整地彩排一整套婚礼仪式，这样对于整体流程的时间长短才有一个精准的掌握。

2. 当场解决问题

如果发生了一些小的误差或问题，一定要当场解决，因为婚礼当天一定会比彩排时紧张而慌乱，并且发生过的小问题要安排到人负责，确保不再发生。

3. 新人着第二天服装彩排

新娘最好能穿婚纱、婚鞋彩排一遍，因为婚纱有裙撑，或者是长拖尾，新娘很可能不习惯穿着婚纱走路，提前彩排也能更好地保持配合音乐、与新郎步伐一致等。注意：为了保障婚纱整洁，可以找专人拎起裙摆。

4. 彩排敬改口茶

彩排的时候也不要忘记敬改口茶部分，多练习能减少婚礼当天新人继续错叫“谢谢叔叔阿姨”的概率。

5. 其他相关内容的彩排

比如：主婚人、证婚人发言、新人父母致辞、新人致辞等。

2.2 婚礼彩排的基本方法

2.2.1 彩排的安排

1. 先熟悉婚礼当天的流程安排

婚礼彩排首先要让每个人熟悉婚礼当天的流程安排，了解自己的工作内容、到位时间、需要携带的物品、注意事项等。

2. 模拟婚礼当天情景

在每个人都清楚自己的职责后，开始模拟婚礼当天情景，工作人员就位开始彩排。彩排过程可以使各个工作人员更直观地了解到婚礼当天的情况，同时也会发现一些遗漏的问题，不合理的安排等。

3. 意外情况的备选方案排练

在彩排进行时，不仅要按照正常流程进行排练，也要考虑到每个环节有可能发生的意外情况，并考虑意外发生后的备选方案，确保婚礼当天万无一失。

4. 进行彩排总结

在婚礼彩排结束后，别忘了对彩排进行总结，调整不合理的工作安排，完善每一个环节的对接工作。

2.2.2 婚礼彩排的一般步骤

1. 流程演练

不同婚礼主题，婚礼形式各异，现代仪式大多包含入场、证婚、结婚誓言交换戒指、吻礼、敬改口茶、长辈给新人红包、长辈及嘉宾发言、抛手捧花等也必不可少。彩排的过程需要涵盖所有的流程，因为这样可以做到整体把控或预测时间，以免关键的仪式错过吉时或整体拖延太久。如果婚礼仪式中包含特殊、带有一定难度的环节，比如遥控飞机送戒指等，彩排就显得尤为重要了。

2. 参与人员彩排

在婚礼主持人的主持下，除了必须参加的新郎、新娘，伴郎、伴娘也必须出席，很多诸如入场、退场的仪式，他们需要提前知晓并熟悉；父母最好能出席彩排，在新娘入场、敬改口茶等环节，需要他们的倾情配合，彩排不仅能熟悉流程，考究好每一个细节，还能消除紧张，实际婚礼中做到最好；嘉宾发言部分，考虑到嘉宾时间或精力上的限制，可以不亲自出席，但整个彩排过程要预留出这部分时间，也要单独告知本人；婚礼策划人员也需要到场，他们是整场婚礼的总导演，而相关的摄影摄像师也最好能到婚礼现场，实际设定最佳拍摄角度等。

3. 设备检查

婚礼中会运用到话筒、音响、灯光、投影等设备，婚礼场地不同，相关的电源、投影幕布等辅助设施需要调试，不仅测试设备本身的健全性，还要根据实际宴会空间的大小，调节最佳音量及灯光明暗度。如果没有这个环节的彩排，万一婚礼当中设备罢工，将是一件非常麻烦的事情。

4. 婚礼主持人的串场展示

婚礼主持人是一场婚礼的名片，每一场婚礼的主持包含基本的婚礼主持套词、结合本场婚礼的特色及婚礼现场突发问题的即兴发挥等，而婚礼彩排是主持人提前有效融合前两部分内容的机会，此外，其他人整体的彩排也是在主持人的主导之下，必不可少。

教学项目

任务 1 新 人 彩 排

1.1 向新人介绍、讲解彩排事项

对新人进行各种婚礼事项的讲解，包括提婚纱、转身、坐立行走等方面。

1.2 进行新人彩排

1.2.1 婚礼礼仪辅导——坐姿

新娘坐在椅子上的时候，要浅座一些，和亲属拍照时，上半身的姿态最关键。千万不要产生“好不容易能坐下了”的想法，否则瞬间就会像泄了气的皮球一样不美观。新娘要时刻保持紧张感，尤其是穿着低胸婚纱礼服的新娘。

如果新娘扭着腰坐在椅子的中心处，会显得肩幅宽、体型苗条。如果新娘穿细长礼服，就可以把腿斜斜垂下，可以使腿显得修长。新郎无精打采地坐着时，裤腿会自动向上提，露出袜子很不雅观。所以在坐下去前，先提一下膝盖部的裤子。

1.2.2 婚礼礼仪辅导——站姿

新人无论迎接客人还是拍纪念照，站立姿态都很重要。背部有向上伸展感，头部、臀部和脚后跟成一条直线，上半身有被吊起的感觉。

新娘应站在新郎身边靠后约 15 cm 处，右手挎新郎右胳膊，两人的位置像八字，正面拍照感觉最佳。

新郎轻曲左胳膊，让新娘把手插在肘里，要注意的是新娘不要拉着新郎的衣服，以免有胆怯的感觉。不要死死地抱着新郎的胳膊，好像生怕他会逃跑似的。另外，新郎不应该为了挺直背而过分突出腹部；不要紧挽着新娘，以免踩到裙子，也不要离得太远。

1.2.3 婚礼礼仪辅导——行走

有些新娘由于不习惯穿婚纱和高跟鞋，可能会有踩到裙子的意外情况，所以礼服不宜过长。

正确的走路方式是：用脚尖轻踢着裙边，足底轻擦过地面，徐徐向前，严格地讲，新娘的目光应该是始终直视前方，尽量将视线放于 10 m 前，这样有利于拍照，但为了安全起见，新娘的视线可以稍稍向下，但不可太过，以免影响拍照效果。

1.2.4 婚礼礼仪辅导——亲吻

仪式上的亲吻具有神圣的意义，二人应该表现得自然、大方。婚礼上当进行宣誓亲吻时，莫名其妙地害羞，扭扭捏捏或做作地突出嘴唇接吻，会导致照片和录像都相当不自然。

正确姿势如下：新郎轻轻抓着新娘的胳膊，另一只手搂住她的腰，以此作为暗示，新娘将脸稍稍抬，让旁观者感觉二人是以很自然的姿态靠近，有一种神秘感，显得漂亮。

接吻的时机由二人先说好，这样到时候才不会出差错，新娘应事先用餐巾纸轻轻拭去表面浓艳的口红，免得在新郎脸上留下清晰的唇印。轻轻抱住胳膊，将脸略上抬更自然。

1.2.5 婚礼礼仪辅导——读信

在婚礼上，新郎新娘在朗读给家人、亲戚、朋友的感谢信时一定要非常认真，因为这是婚礼仪式上一个十分严肃的场面。真诚的情感显得重要。在写完信之后，本人一定要亲自事先练习一下，以免在正式朗读时有偏差；内容应当真实，能使来宾产生共鸣，尽量营造出一个充满深情的场面。

1.2.6 婚礼礼仪辅导——转身

礼服和一般衣服不同，想只改变一点方向是做不到的，不拖着裙子以夸张姿态转身的诀窍在于，转身时用与旋转方向相反的手轻轻抓住裙边和裙撑稍微向上提，在穿着长裙、披着长披纱时，把它们挂在自己的手腕上，可以瞬间快速转身。

1.2.7 婚礼礼仪辅导——笑容

应嘴角上翘，柔和地微笑。一对新人脸上的幸福笑容是宾客们喜爱看到的，很多人拍照时的笑脸是刻意堆出来的，拍完了，脸上的笑容也没有，这样的笑很假。

笑脸的练习方法是：嘴里横含一根筷子，嘴角上翘，样子看上去像笑一般，保持嘴形不变，把筷子拿出来，便完成了笑脸，然后反复操练，练到笑不露齿的程度便大功告成。

1.2.8 婚礼礼仪辅导——鞠躬

婚礼上免不了频频鞠躬，鞠躬的要领：第一，背要直，腰部以上的身体向前倾。第二，鞠躬时要满怀感情，弯腰的幅度约 15°，两个人要配合，不要“此起彼伏”。

可以保持 1s 的停顿，在音乐声中向主婚人鞠躬时不要忘记必须整个身体正对着他。注意不要突出下巴，只点头行礼或弯腰过度都会显得不文雅，还要注意鞠躬的时候不要抬眼看人。

1.2.9 婚礼礼仪辅导——戒指

新娘帮新郎戴戒指时，新郎弯曲肘部，把手伸到自然弯曲的高度，新娘用左手托新郎的手，右手的拇指、食指和中指握戒指，戴入新郎的无名指。

通常，在戴不上去时，新娘会不自觉地夸张起来，紧紧抓住他的手，放到自己的眼皮底下仔细将戒指往他无名指上套，其实这种姿势很失态，拍出的照片也不好看。

1.2.10 婚礼礼仪辅导——切蛋糕

在婚宴中拍照次数最多的场面就是一对新人切蛋糕的时候了，如此近距离拍摄，手指尖的细微动作都会令新郎新娘感到紧张。

切蛋糕的正确姿势是新娘右手持刀，新郎将右手盖在新娘的右手上，新郎的左手搂住新娘的腰，新娘的左手辅助右手切蛋糕，这种是最美观的姿势，并在站姿上依旧保持亲密的八字形。

两人的视线保持一致，有利于把照片拍得更完美，新娘右手持刀，新郎将手上盖住新娘的手。新娘也可以用左手来辅助。两人的视线必须一致，回头时不要只转脸，整个身体都要转。

1.2.11 婚礼礼仪辅导——点蜡烛

挺直背脊是基本中的基本，经常有人在这一点上失败。因为新郎新娘拿着点火棒在离蜡烛很远的地方伸手点火，这种姿势会让二人突起下巴，张开嘴巴，样子不美观；且两人手臂长度不同，若新郎把手臂完全伸直，新娘就会身体前倾。

所以新郎要考虑新娘手臂的长度以决定站的位置。这称为“新郎引导式”。新郎的另一只手放于新娘腰上，像跳舞一样，通过手指的暗示来调节距离，将新娘引到离桌子半步之遥处。

新娘则要注意，不要忘了将手中的花束正面朝外。要尽可能靠近桌子，姿势漂亮，收拢下巴，新郎的手放于新娘的腰上，花束面向外侧握着。

1.2.12 婚礼礼仪辅导——揭面纱

新娘应该挺直背，微微蹲身以配合对方。婚礼上原本严肃的气氛，不应该让新郎揭面纱的不规范、不雅观动作给破坏了。

为了使新郎更容易地掀起面纱，有必要降低高度，新娘应以惯用脚为主心支撑点，另一只脚向后跨小半步，直着腰板微曲膝盖，那种曲腰突臀的姿势会很难看的。掀起的面纱不要让它乱糟糟地放在头上，新郎在掀起爱人面纱的同时应该顺手帮忙整理一下，这样无论是从侧面还是后面拍照都会相当整齐。

1.2.13 新人需要注意的其他事项

1. 有衬裙婚纱的走步

行走时两脚分开两拳宽的距离，像小鸭子一样脚尖轻轻往上踢，感觉能将裙摆边轻轻踢起。

2. 无衬裙婚纱的走步

一字步沿一直线行走，两膝互相吸引。落地的脚感觉像在直线上轻轻滑动，以脚尖着地。注意迈步的节奏感。

3. 新娘捧花姿势

捧花应放置在肚脐的位置。握花的手掌弯曲感觉像握一个拳头般大小的物体去握捧花。

注意：具体的礼仪细节请阅读我们的教材《婚庆服务礼仪》。

任务 2　婚礼筹备组（伴郎伴娘，花童戒童）彩排

伴郎伴娘和花童戒童彩排的重点是走婚礼通道，根据人数，安排走的顺序和站立位置。模拟婚礼现场进行彩排。注意跟上音乐的节奏和掌握好走路的快慢。

2.1 向伴郎伴娘、花童戒童介绍、讲解彩排事项

明确讲解婚礼筹备组的站位、走位、工作事项以及婚礼当天的到场时间和注意事项。

2.2 伴郎伴娘、花童戒童进行彩排

1. 伴郎伴娘在彩排时的注意事项

（1）要注意婚礼仪式的走位和站位，以及和婚礼音乐的合拍。

（2）随时注意新人举止，提醒新娘、新郎。

（3）督促和协助新娘补妆和换装。

2. 花童戒童在彩排时的注意事项

（1）小孩一般不太听话，要提前准备好糖果等。

（2）彩排时最好有孩子的父母在场。

（3）明确地给他们讲清楚他们该走的路线和要做的事情。

任务 3 新人家人彩排

3.1 向新人家人介绍、讲解彩排事项

详细解释和介绍婚礼相关流程和设计，讲解清楚彩排注意事项，以及新人家人需要注意的事项。

3.2 新人家人进行彩排

1. 陪新娘走红地毯父亲的彩排

父亲彩排时候的步伐要缓慢，迁就新人的速度。

2. 发言的家人的彩排

让其熟悉发言稿，彩排时候模拟婚礼现场。

3. 感恩环节彩排

针对新人感恩的方式进行彩排。

（1）方式一：敬茶。

彩排时，指导新人敬茶的姿势。

（2）方式二：送礼物。

送完礼物，指导新人如何和父母拥抱。

任务 4 婚礼执行团队工作人员彩排

4.1 协助婚礼策划师向婚礼执行团队工作人员介绍、讲解彩排事项

婚礼主持人要协助婚礼策划师或督导师，针对婚礼上需要参加彩排的人员，例如灯光和音响操作人员，对他们的工作事项先进行明确。

4.2 婚礼执行团队工作人员进行设备检查和彩排

所有工作人员核对婚礼事项和彩排准备情况。如主持人对话筒进行检查，灯光师对灯光调控设备进行检查，音响师对音响设备和计算机进行检查等。

拓展阅读

凯特王妃生下小王子首露面，抵达温莎城堡为哈里王子婚礼做彩排[①]

2018 年 5 月 19 日是哈里王子和梅根的大婚，这天可是英国皇室的一件大喜事，举国上下纷纷都在为这即将到来的婚礼进行庆祝。大商场纷纷兜售王子和王妃的结婚纪念礼物，相信这场

① 搜狐网：http://www.sohu.com/a/232122998_100055621，2018 年 5 月 18 日 .

婚礼是继凯特王妃之后又一场结婚盛宴。

近日凯特王妃，威廉王子，哈里王子和梅根·马克尔抵达温莎城堡，为婚礼彩排做准备，这是凯特王妃生下路易王子并离开医院后的第一次露面。车上没有看到乔治小王子和夏洛特公主，据说是本次婚礼的花童就是由他们两位领衔，号称也是英国皇室高颜值的小花童队伍，真是让人非常期待。梅根和哈里王子坐在车后，手上的钻戒非常抢眼。

整个温莎小镇都在为哈里王子大婚礼彩排做准备。很多老百姓守候在温莎城堡的附近，等会儿仪仗队和巡游马车队就要出来彩排了！感觉整个小镇都在欢喜庆祝这一件喜事，空气中弥漫着幸福的味道。

与此同时，整个温莎小镇的接待工作进入倒计时。通往温莎城堡的路旁，为观众准备的栅栏，为媒体准备的摄像高台，连临时洗手间都准备好了。

根据英国媒体的报导，梅根与哈利王子的婚礼预计花费3200万英镑，而在这近4500万美元的开支中，绝大部分的费用将会用在安保措施上，除了驻守在屋顶上的狙击手及街上的便衣警察外，婚礼上还会采用最新的军事技术，包括成本要近140万美元无人机系统，用以侦测入侵者与狗仔队。

婚礼的仪式、音乐、花饰、宴会均将由英国王室买单。

项目小结

1. 婚礼彩排就是婚礼举办前，在实际婚礼举办地点，主要婚礼参与人全程预演婚礼的过程，涉及一整套婚礼流程的排练、所有设备的检查、主持人串场词等。除了婚礼策划及执行人员外，参与婚礼的大多是第一次亲身参与婚礼，他们对流程、对实际婚礼中可能发生的状况大多不了解，彩排的过程就是一个熟悉流程、明确每一个人工作职责的过程，非常重要，是必不可少的阶段；面对比较盛大的婚礼，更是分配员工非常必要的一个环节。

2. 婚礼彩排的基本要求：①彩排的地点；②参加彩排的人员；③婚礼彩排的注意要点。

3. 婚礼彩排的基本方法：①彩排的安排；②婚礼彩排的一般步骤：流程演练，参与人员彩排，设备检查，婚礼主持人的串场展示。

4. 新人彩排；婚礼筹备组（伴郎伴娘，花童戒童）彩排；新人家人彩排；婚礼执行团队工作人员彩排。

核心概念

婚礼彩排；新人彩排；婚礼筹备组（伴郎伴娘，花童戒童）彩排；新人家人彩排；婚礼执行团队工作人员彩排

能力检测

1. 简述婚礼主持人进行婚礼彩排的具体内容。

2. 根据以下所给出的材料，按照婚礼彩排的一般步骤进行彩排。

材料：

北京时间 2015 年 1 月 17 日晚 9 点半，马上满 36 岁的金曲歌王周杰伦（周董）与交往 4 年、21 岁的混血女星昆凌，在英国约克郡塞尔比（Selby）镇举行结婚仪式。两人在亲友的见证下，互换戒指，交换誓词，双方父母都在场。他说：“非常感谢大家的祝福！”仪式后亲友前往 300 年历史的霍华德古堡举行派对。此行约 50 位亲友观礼。

周爸、周妈一起观礼，昆凌的母亲与澳洲籍父亲也在场，由女方父亲牵着她入场，把她的手交给周董，二人在亲友见证下，交换戒指并念誓词，气氛温馨感人。伴郎由周董的好友演员 Darren 与健身教练浩克担任，伴娘是女方好友演员方志友与孙睿。婚礼仪式在北京晚间 11 点半结束，亲友之后先回饭店用餐，再前往霍华德古堡举行派对。这次婚礼不接受赞助，婚纱、婚戒也都不透露品牌。

小两口的婚纱照早在去年 10 月就已经拍好，10 人团队分别到捷克布拉格的查理大桥、法国巴黎与德国的天鹅堡三国取景，婚纱都由周董造型师去找的，找来艺人徐若瑄的姊夫、摄影师苏益良掌镜，周董把婚纱当电影拍，以电影镜位，跟摄影师讨论，置身历史感的建筑物，流露浪漫气息。

——网易娱乐

3. 根据材料，对宣誓仪式进行彩排。

材料：

邓超和孙俪的婚礼于 2011 年 6 月 7 日傍晚开始在上海的丽斯卡尔顿酒店举行。

根据南方人的习俗，结婚仪式包括婚宴都于晚上进行，孙俪和邓超的婚礼从 17 时开始来宾签到，17 时 30 分至 18 时为冷餐会，而正式婚宴则从 18 时 18 分开始，持续至 21 时 18 分结束。婚礼开始时，孙俪和邓超从电梯走出，亲密亮相，向嘉宾和媒体挥手致意，并派发红包和礼物。

婚礼现场由曹可凡担任婚礼主持人。现场双方交换戒指时，孙俪动情地说：“对我好点哦！现在这儿我已经是两个人了，对我们好点！”而邓超则做出承诺：“我会的！”

——北京青年报

项 目 评 价

序号	考核项目	考核内容	考核方式	考核时间（min）	配分	评分
1	仪式引导	结婚典礼仪式主持词串联	口试	3	25	
2	团队沟通	沟通婚礼活动的各工种关系	口试	3	25	
3	礼仪指导	倡导健康向上、文化多元的婚俗礼仪	口试	3	25	
4	应急预演	以场景化进行应急演练，应对可能发生的各类突发状况	口试	3	25	

项目 6 婚礼仪式的现场主持

学习目标

- 掌握婚礼仪式前的准备工作。
- 婚礼仪式中的注意事项。
- 即兴口语表达的方法。

项目概览

婚礼仪式现场主持工作是婚礼主持人展现主持风采、体现职业能力的最核心工作，也是对婚礼主持人能力的一次综合检验。核心目标是掌握婚礼主持人在婚礼现场的主持要点、了解婚礼主持人婚礼现场的相关注意事项，掌握即兴口语表达的方法。为了实现目标，需要完成三项任务：第一，婚礼主持人的语言与思维训练；第二，婚礼主持人临场应变能力训练；第三，婚礼主持实操。

核心技能

- 即兴口语表达的方法。
- 婚礼现场模拟主持。

理论知识

知识点 1　婚礼主持人现场主持要点

在婚礼前期，婚礼主持人一定要和策划师、督导师、新人、新人的家人、伴郎伴娘、亲友团做好细致的沟通，准备好婚礼主持词、婚礼音乐等。在彩排阶段和现场所有部门的工作人员做好精准的配合。在婚礼正式开始前，婚礼主持人达到婚礼现场以后还需要做一系列的准备工作。

1.1　婚礼庆典仪式前的准备工作

1.1.1　婚礼主持人的服饰换装

根据各地的风俗不同，婚礼主持人有的是从早上就和新郎一起出发接新娘，连同出发仪式、迎娶仪式都由婚礼主持人主持。当婚礼主持人和新人到达酒店以后，要根据婚礼策划的风格而改变服饰。这包括换服装、化妆等。注意，随身携带的手机、钥匙、手包、手链等要交予其他人保管。

1.1.2　试话筒

婚礼主持人在彩排的时候已经试过一次话筒，但是彩排的时候人员少，酒店大厅比较空旷，或者因为其他一些原因，音响师动过原来调音台的按键位置，都有可能造成与彩排时不一样的音效。所以，婚礼主持人到达现场后还要试一下音响效果，确认无线麦的传输距离，确保婚礼仪式中声音能被到场的所有人听到的同时，还要把婚礼主持人特有的主持声音特色体现出来。有的婚礼主持人会用手轻触话筒，这样只能试出话筒是否已开，声音效果是试不出来的。还有的主持人用说“1、2、3、4”这样的方式试音，虽然这种方式这要比轻触话筒试音效果要好一些，但是，仅说这几个音还不能足以试出音响的现场效果的。

最好的方法就是婚礼主持人用一段自己的朗诵作品，简单地说几句，并且最好是大家耳熟能详的作品，是大家经常在电视、广播中能经常接触到的作品，比如经典的广告、片头配音、知名作家的诗句都可以。这样一来即可以试出音响的真实效果，还可以给到场的来宾带来美的感受，让他们感觉婚礼主持人非常专业，让现场的来宾有一种期待感。

1.1.3　与新人及工作人员沟通

婚礼主持人到达现场后首先要和新人再次确认和熟悉婚礼流程环节，然后再和其他部门负责人沟通具体的环节和流程。因为婚礼现场可能会出现人员变化或环节变化，比如主证婚人员变化、环节的删减等。

婚礼主持人需要沟通部门和人员主要有：灯光、音响、舞美、编导、DJ、策划、督导、剧务、酒店负责人等，以确保婚礼顺利进行。在沟通的环节，一般由婚礼策划师或婚礼督导师召集负责人在一个封闭环境开一个简短的沟通会。

注意：切不可让婚礼主持人满场跑，那样会让婚礼主持人的形象提前曝光，导致所有的来宾对婚礼主持人没有了神秘感和期待感。

1.1.4　题字器的准备

对于流程式（制式）常规婚礼，有经验的婚礼主持人可以用“万能主持词”一气呵成，而不需要提词器。但是对于主题婚礼，需要背大段的新的主持词对于婚礼主持人来说确实是个挑战。为了保证婚礼的顺利进行，很多婚礼主持人采用手卡的形式来题字。但是，采用这种方式后出来的视频，会导致婚礼主持人眼神和表情很游离。因此，在条件允许的情况下，采用题字器是个最好的办法。

1.2 婚礼主持人的表达与创作

作为婚礼主持人，要有效把握语言的切入点、创造最佳婚礼效果，应重点从以下几个方面入手①。

1.2.1 借名释义 巧寓深意

一个人的姓名往往存有丰富的文化积淀，或折射凝重的史实，或反映时代的乐章，或寄予父辈的殷切厚望。在婚礼主持中借名释义，不仅会令人赏心悦目，给人带来欢悦，而且会表现出婚礼主持人独到的语言功力。比如：有一个婚礼，新郎名叫王勇，是一位大学教师，新娘名叫周慧，是一名护士。婚礼主持人巧妙地借他们的名字作了一番发挥："王勇，就是勇敢；周慧，就是聪明伶俐。我们不论在工作上还是生活中都不能缺少这两个方面的能力：一要有勇气，不怕任何艰难险阻；二要聪明伶俐。新郎新娘的名字告诉我们：他们正是这两方面的完美结合，因此，我敢肯定，在未来的日子里，他们不但是一对幸福美满的好夫妻，而且也会在'教书育人'的过程中取得非凡的成就。"婚礼主持人把对新郎新娘的美好祝愿融入近似于文字游戏的"析名释义"中，不仅如此，而且还将新郎新娘的职业特点"教书育人"也巧妙地融入其中，自然贴切，令人耳目一新，且寓意深刻。

1.2.2 顺借天时 营造氛围

特定的时间和地点，是婚礼的一个构成因素，这一特定时间和地点必定具有某种特殊意义。婚礼主持人可以将此作为语言切入点，激发参加婚礼的各位宾朋的兴致，营造一种热烈、喜庆的氛围。

例如：借时间作为切入点。婚礼主持人："朋友们，今天是一个特殊的日子，我们的新郎陈 ××、新娘李 ×× 喜结良缘，这本身就是一种难得的幸运和荣耀。我们知道 2014 年是农历马年，新年伊始，我们的新郎新娘就一马当先，给未婚的青年朋友作出了表率，这无不向我们昭示：这对新人在今后的岁月里，一定会发扬龙马精神，快马加鞭到达理想的彼岸。我们一起祝福他们马到成功！"

又如：借地点作为切入点。婚礼主持人："各位来宾，今天我们在福星酒楼为林先生和刘小姐举行新婚大典。福星酒楼是一块风水宝地，这预示着我们的新郎新娘在今后的岁月里，一定会福星高照，幸福吉祥！"

有时候还可以借助特殊的时令，如雨季，来营造喜庆、温馨、祥和的氛围。例如，婚礼主持人："请各位朋友记住 2018 年元月 6 日这个特殊的日子。在源远流长的五千年的华夏文明中，'6'历来是个幸福吉祥的数字，六六大顺嘛！因而今天的天公十分作美，和风吹拂，细雨润心，为新郎新娘洗去爱情征途上的仆仆风尘，好让他们精神焕发、神采奕奕地投入新的旅程。在这风调雨顺的雨季中孕育的爱情、缔结的婚姻何愁不能茁壮成长呢？让我们一起为他们祝福吧！"

婚礼主持人借助特定的时间、地点和时令，营造了一种喜庆、温馨、祥和的婚礼氛围，不仅可以博得来宾的掌声，而且也会令新郎新娘眉开眼笑、喜不胜收。

---

① 杨凯．浅谈婚礼主持的语言技巧 [J]. 高等函授学报（哲学社会科学版），2009，22（6）：36-37.

1.2.3　仿借古诗　亦庄亦谐

中国古典诗歌具有深厚的思想文化底蕴，在主持婚礼的过程中如能仿借古诗，以此作为语言切入点，不仅不会让人觉得是插科打诨、油腔滑调，反而会使人感到生动有趣，给人以美的享受和启迪，既诙谐幽默又不失庄重。例如，婚礼主持人："各位来宾，今天是我国传统的中秋佳节，花好月圆人更美，在这样的良辰吉日，吴先生和陈小姐喜结良缘，真可谓'好事知时节，今天乃发生，洞房花烛夜，润物细无声。'"（仿杜甫的《春夜喜雨》）

在婚礼进行的过程中，新郎新娘往往会互相赠送结婚礼物，如金戒指、金表、金笔等，此时主持人也可以仿借古诗，献上温馨的祝福："金表产南国，结婚买两只，劝君经常戴，此物最可爱。"（仿王维的《相思》）又如："'但愿人长久，千里共婵娟'，仅仅是一种良好的祝愿。但今天这种良好的祝愿将在这对新人身上得到实现：试看人长久，婵娟千里共！"（仿苏轼的《水调歌头》）

此外，像"窈窕淑女，君子好逑""在天愿作比翼鸟，在地愿为连理枝""衣带渐宽终不悔，为伊消得人憔悴""有缘千里来相会""人逢喜事精神爽"等佳句在主持婚礼的过程中无不可以仿用。仿借古诗，不仅能活跃现场气氛，而且也会使新人怦然心动、陶醉其中！

1.2.4　巧借广告　幽默风趣

在主持婚礼的过程中，借用一些大家所熟知的广告用语，往往会收到一种出奇制胜、幽默风趣的效果。例如，婚礼主持人："今天是高先生和李小姐的大喜之日，他们一个打扮得气质高雅、稳重有加；一个打扮得风姿绰约、端庄娴美。真可谓'不一样，就是不一样'"。

在婚礼进行过程中，新郎新娘当众亲吻是不可或缺的一个环节，但由于害羞，新郎新娘往往敷衍了事。这时婚礼主持人可以耐人寻味地告诉新郎新娘："这可不能随随便便！要知道这可是'特别的爱给特别的你'！"当新郎与新娘深情地亲吻之后，主持人可以请新郎和新娘谈感受。新娘可能很害羞，笑而不答，主持人可以说："新娘羞于启齿，我想应该是'味道好极了！'"新郎可能非常爽快地答道："感觉非常好！"此时主持人又可以说："别忙！感觉好不好得问问我们的来宾，要知道'大家好才是真的好'！"这会引起台下来宾的热烈反响。

在通常情况下，婚礼结束时往往是婚宴的开始，此时如果能信手拈来，用上几句广告语一定会妙趣横生，将婚礼推向高潮。例如："各位来宾、女士们、先生们，婚礼就要结束了，让我们再次以热烈的掌声向新郎新娘表示衷心的祝福，祝他们白头偕老！幸福美满！也祝我们的来宾生活愉快！万事如意！为感谢各位来宾的光临与厚爱，新郎新娘聊备薄酒，以表谢意！'今天办喜事要喝酒，喝酒只喝金种子'，饮料，'有喜事，当然是非常可乐'！让我们一起举杯，共同分享新郎新娘的幸福与甜蜜吧！"

1.2.5　借景应变　机智敏捷

在主持婚礼的过程中，由于来宾的"过火"行为，如有的来宾说话直露，将新人置于尴尬的境地；或者是某种突发情况引起新人的难堪，造成现场秩序的混乱。此时，婚礼主持人一定要审时度势，找准语言的切入点，借景应变，灵活处理，这样才能化尴尬为潇洒，切不可弄巧成拙。

比如：在婚礼中有新郎新娘喝交杯酒的程序，有人刚给新娘斟完酒，就听咔嚓一声酒杯碎了，有位来场嘉宾吓了一跳，脱口而出："怎么是个破货？"这句话让所有的来宾都听得真真切切，新郎新娘也被这突如其来的变故给怔住了，气氛变得非常紧张。婚礼主持人见此情景，灵机一动说道："破旧立新，移风易俗，新郎和新娘给我们带了个好头！"此语一出，不仅使新郎新娘和那位说话的嘉宾摆脱了尴尬，而且使全场恢复了喜庆的气氛。

又如，婚礼上，当婚礼主持人刚宣布完"让我们以最热烈的掌声欢迎英俊潇洒的男主角和美丽大方的女主角闪亮登场"时，灯突然熄了，《婚礼进行曲》也戛然停止，席间一片嘈杂，停电了！新郎新娘及其家人朋友都非常焦急。婚礼主持人却不慌不忙地高声对大家说："各位来宾，大家知道为什么停电吗？"此时席间的嘈杂声已安静了许多。婚礼主持人接着说："我们英俊潇洒的男主角和美丽大方的女主角闪亮登场，他们已是光彩照人，使电灯感到黯然失色，所以害羞地熄灭了。我们知道，在我国古代有闭月羞花的传说，而今天我们有了闭电羞灯的现实。婚礼继续进行！"说到这里，四座爆发出了一阵热烈的掌声和喝彩声，新郎新娘及其家人也投来赞许和感激的目光。在这里，婚礼主持人巧妙地利用了婚礼中的突变，成功地化尴尬为从容，制造了一个小高潮，既活跃了气氛，又淋漓尽致地展示了婚礼主持人的语言表达功力和临场应变能力。

总之，主持婚礼的语言切入点是丰富多彩的，只要善于发现，善于捕捉，善于借题发挥，随时抓住与婚礼并无直接关系的某一点，如姓名、职业、时间、地点、时令、古诗、广告以及临场突发事件进行阐发、展开，就会找到最佳的"语言切入点"，避免主持婚礼时容易出现的单调、沉闷，就会创造出最佳的婚礼效果。

1.3 婚礼仪式当中的注意事项

在婚礼仪式开始后，婚礼主持人要按照策划流程当中的主持词主持。婚礼仪式对于每对新人来说都是具有唯一性、不可逆性。所以，婚礼主持人责任重大，不能因为一点的疏忽，造成新人一辈子的遗憾。

在婚礼仪式中，作为婚礼主持人要注意以下事项。

1. 表情的运用

一个婚礼主持人是否有亲和力，除了语言表达形态之外，主要就体现在表情。在婚礼主持现场，婚礼主持人的表情在主持过程中占有重要位置。出场的婚礼主持人直接面对新人、亲友和嘉宾，表情一览无余地呈现在大家面前，成为新人和来宾重要的审美对象。正因为如此，新人和来宾对婚礼主持人的表情十分敏感和挑剔。作为婚礼主持人，如何运用表情，如何将最美的面貌呈现给新人和来宾，有以下具体方法：

（1）以充满"精、气、神"的面貌面对婚礼现场来宾。在大家心目中，婚礼主持人在传播者中最具"平民"特色，最具个性特色；同时，人们又对婚礼主持人有理想化的审美追求。所以作为婚礼主持人要有健康向上的心理状态，在婚礼现场要以充满"精、气、神"的面貌面对婚礼现场新人和来宾，充满热情、真诚。

（2）常用微笑。微笑是人与人沟通的基础，通过它人们可以感受到婚礼主持人的亲切、温馨、信任、友好、礼貌、随和、喜悦和快意。毫无疑问，常用微笑已成为婚礼主持人亲和力的一个重要标志。

（3）表情丰富而不失控。微笑是婚礼主持人面对新人和来宾交流的基调，但是主持人所要传播的信息很多，其中的内涵及主持人的态度，仅报以“微笑”是远远不够的，因此，在微笑的基础上，主持人的表情应该与有声语言的内容相映衬，应能鲜明而又准确地传递各种情感。需要提醒的是，表情应当丰富，但要分寸适度，切忌表情夸张过头。

2. 主持形态和语气的运用

因为婚礼上有很多的环节，每个环节所表达的内容截然不同，所以婚礼主持人要根据环节的创意和语境的需要，选用不同的话语样态，宣读式、朗诵式、讲解式、谈话式、吟诵式，婚礼主持人在同一典礼仪式的主持中往往是多种语态同时存在。在灯光、音乐的配合下，在每个环节、每种情境，婚礼主持人主持语态的合理转换，有利于形成节奏的变化，对于调动典礼现场的气氛起着至关重要的作用，切不可从头到尾主持都是一成不变的，形成固定腔调。如中国传统婚礼“沃盥礼”这个环节主持，“恭请新婿新妇行沃盥礼：秉玉英兮结誓，沐浴盥兮今朝。生生兮为伴，世世兮相随。”婚礼主持人的主持语态可以采用谈话式和朗诵式的有机切换。

3. 音乐的运用

婚礼主持人正确地运用婚礼音乐很重要，婚礼音乐不仅要符合婚礼现场的氛围和主题表达，还要符合婚礼主持人的主持风格。婚礼音乐的播放要准确、贴切，哪个环节是音乐追主持人，哪个环节是主持人追音乐，切不可音乐一响主持人开口就说。

4. 肢体语言的运用

婚礼主持人在婚礼现场有三个大体位置，一个是不出场在幕后，一个是在舞台的右侧，一个是根据要求站到相应的位置。只要婚礼主持人出场，一定要注意肢体语言。肢体语言是副语言，特别是在现场访谈环节，主持人的肢体语言直接影响访谈双方的情绪和访谈效果，甚至影响到现场的气氛。

要避免消极的肢体语言，包括：

（1）避免抓耳挠腮、摸眼、捂嘴等具有说谎嫌疑的肢体动作。

（2）避免双臂交叉在胸前，它表示抵触、抗议、不屑一顾、防范的意思。

（3）腿脚不要不停地抖动，它在告诉别人你内心紧张、不安。

（4）不要做不必要的身体移动，这样会显得紧张、焦虑。

要会运用积极的肢体语言，包括：

（1）身体的接触，传递亲和力。

（2）交流时人与人之间的距离尽可能缩短，以增加情感；但是也不要太近，不要侵犯个人的空间距离。

（3）倾听时，身体前倾，目光全神贯注。

（4）行走时，目光平视、挺胸、抬头。

（5）交谈时，不要忘了点头。

5. 婚礼主持人的站位

婚礼主持人站位要根据婚礼策划的需要决定站位。在主持人的过程中，婚礼主持人的位置不是一成不变的。在现场采访环节、拜父母环节或者出现突发事件时，主持人的站位可根据需要变换主持人位置。但必须牢记，婚礼现场新人是主角，关键要保持婚礼主持人、新人的正面给观众。

6. 男女联合主持的运用

男女联合主持在婚礼主持中也是一种常见形式。男女联合主持时应当注意以下几点。

（1）服饰搭配、身高要和谐。男女主持人服饰搭配主要是指色系、款式、饰物等，色系要统一，款式风格要一致，饰物要搭配合理。身高上不能相差太多。

（2）要有交流。男女主持人在主持婚礼的时候要有交流，这样方能显现出是一个整体，做到你有来言我有去语。切不可你念你的我念我的，这样就会给人感觉和双主持人与单主持人没有什么区别。同时，在关键时刻还可以运用和声，以提升双主持人的效果。

（3）女主持人站在男主持人的左边。因为左为上，为了表示对女主持人的尊重，联合主持的站位是女主持人站在男主持人的左边。

7. 婚礼仪式的拥吻礼

如果策划了在婚礼上的拥吻礼，这是个很庄严的时刻，婚礼主持人要注重体现这一环节的仪式感，发挥好主持人气氛营造的功能。

8. 戒指的戴法

新人的戒指一般戴在左手的无名指上。

9. 新娘的头纱

一般而言，新娘的头纱是由新郎掀开的。在西方的婚礼仪式上，是在男女交换戒指后揭开的。在中国传统婚礼上是在入洞房后揭开的。

10. 感恩环节

有些新人不希望感恩环节过度情绪化，尽量避免感恩环节的过度煽情，要特别注意语气色彩分量的把握。

11. 关于“饱吹饿唱”

婚礼主持人主持典礼仪式之前不要吃东西，以保持口腔清洁。“饱吹饿唱”也有利于主持人保持吐字清晰，气息通畅。

知识点 2　婚礼主持人的即兴口语表达

即兴口语表达是有声语言中一种不可或缺的一种表达形式。它来不及深思熟虑，要在一种高度集中、快捷的思维过程中，即兴而谈，现想现说，对刺激迅速做出反应。它的特点是现想现说；语言稍纵即逝；语言灵活多样；语音和态势语有特殊功效①。

即兴口语表达既区别于书面语，又区别于通常所说的有稿播音，而是主持人即兴完成的口语活动。

婚礼主持人从早上跟随新郎出发，到新娘家或者下榻宾馆接上，有的还要回到出发地，再和新人到酒店主持婚礼仪式，这个过程当中会遇到这样那样的突发事件，会出现让新人和婚礼主持人措手不及的事件，这时就需要婚礼主持人通过即兴口语表达化干戈为玉帛。

① 付程 . 实用播音教程 2：语言表达 [M]. 中国传媒大学出版社，2002：276.

即兴口语表达不是任何一个婚礼主持人就能做到的，这需要一个训练和积累的过程。

首先，要克服心理障碍，作为一名有经验的、优秀的婚礼主持人，在舞台游刃有余，控场能力很强，一般能够针对现场出现的意外做到即兴口语表达。但是对于初学者来说，先要克服紧张心理，在舞台能正常发挥就不错了，就别说即兴口语表达了。唯一的解决办法就是多练习，做到心里有数。达到气场能凌驾整个婚礼现场，只有这样才能做到即兴口语表达。

其次，不断增加自身的知识面，包括文学和社会流行元素。婚礼主持人是文化的使者，一个优秀的婚礼主持人文化面要宽，对社会、历史、文学要有一定的研究。只有知识面达到了一定程度方可在即兴口语表达上有内涵。一个学识浅薄孤陋寡闻的人，在短期的时间里，不可能敏捷地捕捉到有价值的语言信息点，更不可能将这些语言信息点进行有效地分析归纳综合，到时搜肠刮肚，到头来还是白费口舌。所以，在平时要学习，多注意积累这方面的专业知识，用起来才能收放自如。

2.1 即兴口语表达的特点

口语表达的具体运用中与书面语相比，它的表达方式有以下特点。

2.1.1 现想现说

婚礼主持人有些主持词是提前写好或者背好的，写的时候可以从容思考，反复琢磨想好了再写。而口语表达则没有这样的条件，它是根据婚礼现场的变化和与现场新人、来宾的交流中，不断产生新的想法和新的话题。为此要不断调整思路组织语言。比如：1996年云南丽江地震后《综艺大观》在昆明做了一期节目。有一段要向大家介绍地震后出生的第一个孩子，他曾收到南京一位不愿意透漏姓名的好心人一万元捐助。原串联台本的设计是："震生，你是丽江震后最幸福的一个婴儿，你要感谢帮助你的人，感谢有了他们的帮助你才能健康成长"。彩排时，倪萍抱着只有7个月的婴儿看到孩子好奇地张望镜头的样子，她灵机一动有感而发："来，震生，阿姨抱抱，咱们把脸转过来，让坐在电视机前的爷爷奶奶叔叔阿姨看看，瞧……得到你们捐助的小震生长得多好，多健康。"这时，孩子突然大声地"啊"了一声，全场热烈鼓掌。倪萍高兴地搂紧孩子说："来给捐助你的亲人们鞠个躬，告诉他们我会使劲长，将来好报答他们。"孩子似乎又听懂了，又神奇地"啊"了一声。现场许多观众都流下了眼泪。显然倪萍的即兴发挥比原来的设计更自然、更亲切。

2.1.2 语言稍纵即逝

对于写好的或者背好的主持词提前可以斟酌。即兴口语表达张嘴就是一串语词，"一言既出驷马难追"，说出去的话就收不会来了。所以，说之前一定要经过大脑，分析一下合适不合适，水能载舟亦能覆舟。

2.1.3 语言灵活多样

写好的主持词语法规范、逻辑严密、语词庄重。虽然口语表达也应遵循以上原则，但相对而言，即兴口语表达都是针对的具体的事件和人物，交流速度很快，因此多采用短句、自然句，结构比较松散，语词生活化，上口入耳通俗易懂，语气变化多，停顿多。比如：“奥运开幕前夜，鸟巢静悄悄。”2008 年北京奥运会隆重开幕前一天的晚上，央视记者冬日娜在国家育馆鸟巢外做现场连线报道——主持人张宇：“冬日娜，请你说一说现在鸟巢的情况。”体育记者冬日娜：“主持人，您好，我现在就在国家体育馆鸟巢门外，在这里，我已经无法想象王府井车水马龙的繁华，也无法想象天安门广场人头攒动的欢腾热闹，我只感觉到，现在的鸟巢异乎寻常的宁静，我从这个宁静中感觉到，我们的鸟巢好像是一个待嫁的姑娘，她在静静地等待着，等待我们民族等了 100 多年、筹备了 7 年之久的北京奥运会的召开。主持人，那就让我们都静静等待那个神圣时刻的到来吧……”在这段连线中，冬日娜构思这个语段的连词模块是“无法现象……也无法想象……我只感觉到……感觉到……”正是她的思维语言有了这样的连词模块，她的即兴口语表达才显得比较流畅，并且还带着几分文采。

2.1.4 语音和态势语有特殊功效

口语表达运用丰富多彩的语音、语势、语气、节奏、表情、姿态、手势这些口语表达的特有的手段表情达意。[①]

2.2 婚礼主持人现场即兴口语表达的方法

即兴口语表达不是信口雌黄，表达上有一定的技巧和方法可循。当在婚礼现场抓住了信息点以后，运用此类方法快速反应，现场即兴口语表达。

1. 事件陈述

在婚礼现场一种是主动即兴口语表达，婚礼主持人主动发现信息点。在婚礼现场人多，并不是所有的人都能发现信息点。当婚礼主持人发现信息点以后主动告诉大家。要把这个信息点过程陈述给大家，让大家有个接受过程。另一种就是被动即兴口语表达。现场突发事件大家都看到了，这时婚礼主持人就会成为被动即兴口语表达。

2. 观点表达

在即兴口语表达这个信息点的时候要表达出婚礼主持人的观点。表达观点有两种方法：

（1）幽默表达法。这是一种活跃气氛的即兴口语表达。一般是运用幽默语句的表达方法。当抓住信息点以后，运用前面所讲到的三翻四抖、一高一低、破规犯戒、一语双关方法，运用气口、喷口、贯口、倒口等技巧来活跃现场气氛。这种表达会跳出当时的环节气氛。主持人用一个幽默的“包袱”，将这种宁静的气氛引入欢乐的气氛中。撒贝宁在很多人心目当中是当之无愧的才子形象， 他在即兴口语表达中散发出语言艺术的魅力，任何话语只要从他嘴里说出来，就会让人感觉非常舒服，幽默诙谐的主持风格已经融入到他的骨子中。撒贝宁能快速融入到各档节目中，语言转换、才艺展示、段子呈现等，都带来很好的主持效果。

（2）烘托表达法。就是借助当时的主题发挥，一般会用抒情的手法来表达观点。这种表达不会破坏环节设计的意境。

---

① 付程 . 实用播音教程 2：语言表达 [M]. 中国传媒大学出版社，2002：277.

3. 联系社会现象

在即兴口语表达完观点的时候，有时候还需要论据来论证自己的观点，这就需要婚礼主持人博古论今，熟知当下社会流行元素。

4. 把控舆论导向

婚礼主持人主持婚礼，相当于主持一个小型演出，婚礼主持人也要把握舆论导向。现场的即兴发挥不是什么插科打诨的耍贫嘴，更不能即兴人身攻击，要用的是地方、是火候，不可滥用，不应牵强。要能够出语迅捷，出口成趣，要能够巧语解困，妙语服人，让受众群体接受自己的即兴口语表达，婚礼主持人只有运用恰当的应对策略，把积极向上的思想传递给现场观众，才能把婚礼主持艺术的魅力发挥出来。

教学项目

任务 1 婚礼主持人的语言与思维训练

人的思维活动与语言是紧密相连的，二者相互依存，共同发展，一方面，思维是语言的内容，没有思维，语言的存在就失去了意义，另一方面，语言是思维的工具，没有语言，人就无法进行有效的思维。婚礼主持人在婚礼现场要做到即兴口语表达，必须在平时做好语言与思维的训练，训练思维的条理性、敏捷性和灵活性，真正做到“慧于心而秀于口”。

1.1 发散思维的形式

发散思维又称辐射思维、扩散思维、求异思维，是在思维过程中，以某一信息点为中心，沿着不同方向、不同角度，向外扩散的一种思维方法。要突破原有的圈，充分发挥想象力，经不同的途径、方向，以新的视角去探索，重组眼前的和记忆中的信息，产生出多种设想、答案，使问题得到圆满解决的思维方法。

1.1.1 横向思维

顾名思义，横向思维是指一个人的思维有其横向、往宽处发展的特点，举一反三，就像河流一样，遇到宽广处，很自然就会蔓延开来，但欠缺的是深度不够。

比如，在《相声婚礼》里，新郎改口的环节：

主持人：别看新郎个头小，叫起爸妈来这声音真洪亮。

新郎：别看个头小，关键时候能顶炸药包，浓缩的都是精品！关键嘴大，嘴大声音就响！

主持人：子篓子嘴大，他就不会响。

新郎：纸篓子是竹子编的，竹子编的就不响。

主持人：那乐器笙是竹子编的他就会响。

新郎：那上面不是有眼吗？竹子编的，有眼的就响。

主持人：那筛子是竹子编的，有眼，他就不响。

新郎：它不是扁的圆的吗？扁的圆的就不响。

主持人：那敲的锣是扁的圆的，它就“咣、咣”地响。

新郎：那锣它不是中间有个脐儿，有脐的就响。

主持人：我们做饭的锅也有脐儿，它怎么不响？

新郎：它是铁的，铁的不响。

主持人：庙里的钟也是铁的，它怎么响？

新郎：它不是挂着哪，钟悬则鸣。

主持人：我家那秤砣挂那儿八年了，从来就没有响过！

新郎：十年也响不了，那秤砣死固膛怎么响啊？

主持人：手榴弹铁的，死固膛的，怎么响啊？

新郎：炸弹里边不是有药吗？有药才响哪。

主持人：药铺里面都是药，怎么不响？

新郎：药是入口的，往嘴里吃的都不响。

主持人：泡泡糖，入口的，它怎么就能响啊？

新郎：因为它有胶性，有胶性的就能响。

主持人：胶皮鞋，有胶性，它怎么不响？

新郎：它挨着地了啊，有胶性的，挨着地的就响不了。

主持人：三轮车带放炮，“梆”响了。

新郎：那它里边有气呀！有气就响！

主持人：咱俩说这么半天，你有气没有？

新郎：有气。

主持人：你怎么不响？

新郎：结婚改叫爸妈，我容易吗我！

1.1.2 纵向思维

所谓纵向思维，是指在一种结构范围内，按照有顺序的、可预测的、程式化的方向进行的思维形式，这是一种符合事物发展方向和人类认识习惯的思维方式，遵循由低到高、由浅到深、由始到终等线索，因而清晰明了，合乎逻辑。

比如，在采访新郎新娘恋爱故事的环节：

主持人：新郎，当年追新娘容易吗？

新郎：那是相当不容易啊，没有钱还要装。

主持人：没有钱怨谁？

新郎：怨我！

主持人：错！怨潘金莲！想当年如果潘金莲不开窗户，那棍子就砸不到西门庆，砸不到西门庆就不会有武松逼上梁山，不上梁山就不会单臂擒方腊，方腊就能一统江山。就不会有靖康之耻，更不会金兵入关。金兵不入关，就不会有大清朝。没有大清朝，就不会有闭关锁国慈禧太后。没有慈禧太后，就不会有八国联军进中国，更不会有鸦片战争，就没有那些不平等条约，没有那些不平等条约中国早就是超级大国了，我们就不会缺钱！更不会没有钱装有钱去谈恋爱！你说这潘金莲你有事没事开哪门子窗户啊！

1.1.3　逆向思维

从正面去寻找解决问题的方法和途径，这是常规的正向思维方法。如果从问题的反面去思考解决的方法和途径就叫“逆向思维”，也叫做反向思维。逆向思维是一种与事物和人的思维发展一般方向相反的思维方式，它可以跳出思维定势，帮助我们冲破思维单一、模式固化的藩篱。正如老子所言“有无相生，难易相成，长短相形，高下相倾，音声相和，前后相随”，训练时注意这种作用和反作用的有机联系，从而寻求广阔的思维空间和创新角度。

比如，在新郎入场和主持人交流的环节：

主持人：新郎告诉大家，新娘在你心目中是个什么样的女孩子？

新郎：是个温柔大方、端庄漂亮、孝顺善良的女孩。

主持人：我们现场，凡是温柔大方、端庄漂亮、孝顺善良的女孩请举手！

主持人：这么多？你都要？

1.2　发散思维的训练

发散思维具有流畅性、变通性、独特性的特点。训练时要尽量跳出逻辑思维的圈子，追求发散思维的独特性。当然，如果一开始产生不了独特性的思维结果也不要着急。先从流畅性到变通性再到独特性，循序渐进，就可以逐渐进入较高水平的发散思维状态。

根据以下训练材料进行发散性思维训练（横向思维、纵向思维、逆向思维），训练时，从这些句子里领悟发散思维的经典之处，然后再找一些发散思维的题目，在课堂上由老师统一掌握训练进度和时间，每道题以 2 ～ 3 min 为宜。

也可以从网上找一些经典幽默句子，在课后自我训练，时间可以长一些。

【训练材料一】

我来自烟柳画桥，风帘翠幕的杭州。人常说“江南自古多才子”，您一看我那就是“千古风流人物”。第一次见到马东，非常激动，“日日思君不见君”，终于看到活的了。但仔细一看马东那长相，不由想起了一句古语“千山鸟飞绝，万径人踪灭”。那头发“大漠孤烟直”，那鼻子“长河落日圆”，还挺般配。那眼睛放在马东圆圆的脸上，简直就是“大珠小珠落玉盘”。脸上的皮肤坑坑洼洼“远近高低各不同”，完全长了一张“人间正道是沧桑”的脸。要是把五官放在一起，那简直就是《钗头凤》：“一杯愁绪，几年离索，错、错、错。”这样的人都能成为主持人，真是“不拘一格降人才”，希望今天的评委看到我，能慧眼识英雄，让我“更上一层楼”。

问：这是什么发散性思维方式？这段主持为什么会受到赞赏？

【训练材料二】

一个寒冷的冬天，纽约一繁华大街上，有一个双目失明的乞丐。那乞丐的脖子上挂着一块牌子，上面写着：“自幼失明”。从他身边经过的人都装着没看见似的走开了。有一天，一个诗人走近他身旁，他便向诗人乞讨。诗人说：“我也很穷，不过我给你点别的吧。”说完，他便随手在乞丐的牌子上写了一句话。那一天，乞丐得到很多人的同情和施舍。后来，他又碰到那诗人，很奇怪地问：“你给我写了什么？”那诗人笑笑，念了那牌子上他所写的句子。你们猜诗人给乞丐写了一句什么样的话？

答案　诗人写的是：“春天就要来了，可我不能看到她。”当时正是“寒冷的冬天”，人们盼望严冬早日消逝，春天早日到来，诗人写的“春天就要来了”就如同报晓金鸡的第一声高啼，唤起了人们对春天的憧憬和遐想，给人们带来了生机和希望，紧接着写的“可我不能看到她”真切地表达了乞丐痛苦、不幸、无比失望的情感，也表达了乞丐热爱生活、珍惜生命的思想，于是就唤起了人们的同情、怜悯和关爱。

问：这是什么发散性思维方式？还可以用哪些发散性思维方式？

1.3 逻辑思维及其训练

逻辑思维是人类认知的一种高级形式，对人的素质能力有着重大影响。钱学森说过，创新的思想往往开始于形象思维，从大跨度的联想中得到启迪，然后再用严密的逻辑加以论证。可见，创新始于形象思维、终于逻辑思维。

逻辑思维是人的分辨能力、表达能力、学习能力和创新能力产生、发展的前提和基础，它能够改善人的表达能力，因此，对于婚礼主持人而言，改善和提升语言表达能力，需要注重逻辑思维的训练。

逻辑思维是语言富有逻辑性的前提，即使是日常生活中个人之间的交流沟通，也需要基本的逻辑能力。作为一名婚礼主持人，在典礼仪式现场，是否能逻辑分明、条理清晰的进行表达，是否能做到言之有物、言之有序、言之有理，是否能通过语言魅力吸引婚礼现场的嘉宾和亲友，这些能力往往都离不开逻辑思维的培养。

逻辑思维的训练方式：

（1）三个词语组合练习。

用三个词语讲一个故事，不仅仅是在绘声绘色地讲一个故事，而且要表达出观点、展示出情感，最为重要的是要取得听众或观众的共鸣。

阳光	北极熊	摩托车
银行	南极	报纸
警察	鲜花	风车

（2）图片评述练习。

根据提供的三幅不同的画面，即兴组织语言，针对画面内容进行评述，并让每幅画面提供的信息产生一定的联系。

图 6-1 图片评述练习

任务 2 婚礼主持人临场应变能力训练

婚礼主持人临场应变能力的培养不是短时间内就可以见效的，它是一个漫长的积累过程。包括很多的学科和阅历。总之一句话，婚礼主持人临场应变能力最重要的就是文化底蕴和阅历。只有积累了深厚的文化底蕴和阅历，加上思维训练和语言表达，才能厚积薄发，遇到应急情况方能发挥得体，处置有礼、有度。

学生根据老师的指导，进行婚礼主持人临场应变能力训练。

方式：根据下述在婚礼现场容易出现的问题，采取头脑风暴法，思考如何进行现场应变。

【训练材料】

（1）在主持婚礼过程中突然停电。

（2）仪式上新郎手机突然响起。

（3）新娘踩到婚纱摔倒。

（4）主证婚人忘词。

（5）戒指掉地上。

（6）香槟酒杯塔倒了。

（7）烛台点不着。

（8）交杯酒碎了一只。

（9）父母忘记带红包。

（10）新郎裤子前门没有拉。

（11）话筒失音。

……

【训练材料】

婚礼主持人需要掌握的临场应变技巧①

婚礼现场不仅有浪漫幸福与喜庆，更是趣事多多，意外更多……一名优秀的婚礼主持人要懂得怎样“逢凶化吉”、巧妙圆场……

1. 上场前，新娘裙子意外刮破，拒绝上场

新娘在上场前裙子边在凳子上挂破了，新娘很生气，说不能穿着破裙子上场，于是拒绝上场！这时候，怎么办？

婚礼主持人圆场词：“今天可能很多朋友和来宾已经注意到了，在入场的时候，发生一点小小的意外，我们新娘的裙子被凳子撕破了一点儿边。这是个好事啊，你看新衣服撕没边了，新衣服没了边代表着幸福无边啊！让我们共同祝贺我们的新人，祝他们新婚幸福，幸福无边。”

2．婚礼主持人忘了新人的姓名

某次婚礼上，介绍新人时婚礼主持人突然卡壳，想不起来新人的姓名。情急之下主持人说道：“咱们的新郎潇洒大方，娶了这位美丽的新娘，看他高兴得合不拢嘴了，是否连姓啥叫啥也忘了，请问新郎您贵姓？叫什么名字？请告诉大家……”接下来顺理成章地报了两个人的名字，尽管此时婚礼主持人心惊肉跳，但台下的人全然不知。

3．介绍新人时发生错误

婚礼上，婚礼主持人稍不留神，把所介绍的一位女同胞称之为先生了，场下哑然失笑。于是婚礼主持人干脆错到底，连叫这女同胞三次先生后，正色道：“把这位女同胞称之为先生自有其道理，在中国的历史上把女性称之为先生者实乃凤毛麟角，如宋庆龄、何香凝等，由此看出称先生者必为女性之大家，我见眼前这位女同胞气度不凡，想必也有成为中华女杰之希望，

① 佚名. 婚礼主持人需要掌握的临场应变技巧 [EB/OL]. 豆豆婚庆人才培训沙龙，dudou.net，www.dudou.net/article/view/... 2013-7-22.

那就祝您努力成为中华女性之豪杰。”台下掌声顿起，事后甚至有人误以为婚礼主持人故意所为。

4．婚礼出现冷场怎么办

按常理，婚礼主持人问新娘爱不爱新郎，新娘一般都会正面回答：“爱”。然而一次一位新娘却只笑不答。为不冷场，婚礼主持人顺势说道：“真是爱你在心口难开，也正应了此时无声胜有声的诗句，沉默是金嘛，这种不做答的方式更表达出他们之间爱的深沉，爱的厚重，我们祝福他们心心相印、心想事成。”

5．婚礼进行中突降暴风雨

婚礼仪式正在进行，窗外雷声大作，大雨滂沱，风雨闪电吸引了人们的注意力，此时婚礼主持人只好话锋一转道：“今天的美满姻缘也感动了上苍，听，雷公为他们喝彩，电母为他们欢呼，雨滴为他们洗尘。我们与天公一道祝新人幸福美满。也祝我们国家风调雨顺，国泰民安。”

6．喜字突然掉落

在一位军人的婚礼上，新人背后的喜字落了下来，好不尴尬。婚礼主持人马上说道：“我们的军人就是有战斗力，脚下生风，虎虎有生气，走到哪里都会给我们带来惊喜。”见工作人员还在手忙脚乱挂喜字，婚礼主持人接着发挥道：“惊喜惊喜，惊的喜从天降，这也是军人和我们军队的鲜明个性，有这样的军队保卫我们，国家怎能不安宁，人民怎能不幸福？我们感谢他们，并想倾听他们此时的心声！”在掌声中，喜字挂好了。

7．新娘子上台阶因为婚纱太烦琐绊倒了

婚礼主持人圆场的台词是：“给爱一个台阶，有时候幸福只需要一个台阶，无论是他下来，还是你上去，只要伸出手，那就是幸福……”新郎很聪明，伸手拉了一把。效果不错。

8．在婚礼时行中，由于意外话筒断频，话筒时时断时续（话筒本身没有问题，功放或者电压或者其他原因，反正换设备来不及）

话筒掉频是经常出现的问题，对于这种事件，婚礼主持人必须提前有所准备：①在开场之前需要反复调试；②多备用几个话筒；③话筒的音量不要开太大；④话筒出现问题是不要用手拍话筒，这样是不专业的，可以望着 DJ 老师，轻轻摇下话筒，示意他调试或者更换；⑤在换话筒的同时，可以暂时用嗓子告知来宾。可以这样说：“今天看来所有的来宾热情十分高涨，你们的热情所散发的能量都把话筒的频率干扰了，你们太有才了，谢谢你们，那为了感谢你们，我先干嚎几句配合下大家。我们一起感受下我们的热情能量吧。”

断频的原因，多数都是因为过载造成的。解决的方式很简单，把自己的声音放低。这种情况经常碰到。婚礼主持人最好带两只话筒，其中一支有线的备用。出现这种情况，一般是人多导致信号干扰，防不胜防。没办法的情况下，只好换有线话筒。这也算是一个备用的好办法。

9．新郎抱着新娘刚出娘家大门踩住了新娘的裙子，两个人同时都摔倒了……

这种情况，婚礼主持人应该说什么能让大家不再尴尬呢？

方案 1　婚礼主持人可以开玩笑似的说句：“原本以为只有新郎被新娘的美貌所倾倒；没想到小两口还真默契，赶快起来，希望以后的日子你们要相扶到老，互相珍惜。”

方案 2　婚礼主持人：“新郎新娘，如果在以后再遇到这样的情况，你们会怎么办？朋友们，这就是相濡以沫，这就是同甘共苦，以后再也没有任何艰难困苦能够将你们分开，好请你们相互搀扶继续走，坚定地走向你们美好的新生活。”

方案 3　婚礼主持人：“生活中难免有磕磕绊绊，不经历风雨怎能见彩虹，衷心祝愿我们的二位新人在以后的生活中不会被生活中的困难所吓倒，勇敢坚强地面对。”

10. 新郎在婚礼仪式上突然晕倒，被架扶下去后，再重新上来

婚礼主持人：“新人经历了爱情四季，等了好久终于等到今天，他梦了好久今天终于把梦实现，所以激动万分，好的，新郎现在你准备好了吗？”新郎大声高呼：“YES 准备好了。”

11. 新人互换信物，如果送了手表（认为有不好的寓意）婚礼主持人如何圆场

其实，物品是实的，不同的人都可以从不同的角度赋予它不同的寓意，只要不是大家一致公认的已成定势的寓意，完全可以通过自己的创意，赋予它更美好的寓意，让它去承载更多的祝福和心愿！

方案 1　婚礼主持人：“新郎：爱你生生世世，分分秒秒，从今以后你是我生命里的时针，我愿意做你的分针，一生一世围着你。”

方案 2　婚礼主持人：“寓意着新郎：每一秒欢天喜地；每一分充满活力；每一天得心应手；每一月事事顺利；岁岁年年一本万利；身体健康、万事如意。2018 年多赚人民币（外币也同意）；美好的生活夫妻共同努力；同意的朋友掌声鼓励！”

方案 3　婚礼主持人：“朋友们，手表的寓意非常特别，那是新娘希望新郎珍惜自己人生中的分分秒秒，并时时刻刻爱着自己的新娘！主持人祝你们‘分秒同步、时刻同心！’朋友们掌声祝福……”

方案 4　婚礼主持人：“新娘送这块表有三层含义：（1）新娘想在此刻向大家说，她找到了一个一表人才的男人，通过了长时间的接触，她发现这个男人心地善良，表里如一；（2）我们中国人都是讲究吉利、吉祥的，而表是走字的，那在这里呢，新娘也希望他的心上人走鸿运，走好运，事业更上一层楼，财源广进；（3）新娘还想对她的新郎说，戴上这块表，就要时时刻刻、分分秒秒想着她爱着她，心里只能装着她一个人。”

任务 3　婚礼主持实操

按照婚礼创意或婚礼流程，现场模拟婚礼主持。

3.1　要　　求

10 个人组成一个小组，按照给出的婚礼创意，拟定婚礼流程，撰写主持词，进行婚礼主持实操训练。

3.2　实操参考素材

【参考素材一】

时　　间：2017 年 6 月 25 日

地　　点：西安豪享来温特姆至尊酒店

婚礼规模：560 人

新　　人：奥运跳水冠军情侣——秦凯和何姿

婚礼创意：

婚礼围绕“涟漪”这一主题，整体呈现“流动的水”这一概念，巨型的舞台布景由水流型的框架和渐变的花材组成，跳跃的光晕结合镜面效果，让整个舞台给人以灵动的美感，T 台别出心裁地设计成两条流水的叠加，象征新人相伴扶持的一生。

伴郎团：王峰、罗玉通、火亮、林跃，堪称跳水梦之队伴郎团；伴娘团：刘甜、陈若琳、汪皓、魏嘉宝，集齐了跳水队最美的冠军姑娘。秦凯现场献歌，一起“点水成永”环节成为婚礼上的一大亮点，交换戒指，互述誓言，一颦一笑，一字一句，都是幸福与感动。跳水队领队周继红担任证婚人。

（以上材料根据凤凰网、搜狐网等媒体报道整理）

【参考素材二】

时间：2018 年 8 月 8 日

地点：北京金茂威斯汀酒店大宴会厅

婚礼规模：120 人

婚礼流程：

10：58 主持人上场致开场白

11：00 4 对伴郎伴娘入场（T 台入场）

11：02 主持人有请新郎入场

11：04 主持人采访新郎，现场互动

11：06 新娘出场（挽着父亲的手臂缓缓入场）

11：10 交接仪式

主持人请新郎走向仪式交接区，从父亲的手中接过新娘的手

新郎向新娘单膝下跪献花

11：13 新郎新娘一起步入婚礼殿堂

11：16 婚礼誓言（告白式）

11：18 交换戒指

11：20 拥吻礼

11：22 证婚人致辞

11：26 敬茶改口仪式

11：30 双方父亲发言

11：35 新娘抛手捧花（抽丝带形式）

11：38 主持人宣布婚礼圆满礼成

（向新人抛洒花瓣）

拓展阅读

七成受访者称婚礼仪式必不可少 留下美好记忆最重要①

对于很多人来说，婚礼是结婚时必不可少的仪式。现在，办宴席、穿婚纱、念誓词等举办婚礼的传统方式越来越难以满足人们的需要，一些年轻人开始追求更新鲜、更浪漫的婚礼仪式。

① 王品芝 .70.6% 受访者觉得婚礼仪式必不可少 [N]. 中国青年报（05 版），2018 年 6 月 12 日 .

上周，中国青年报社社会调查中心联合问卷网，对 2004 名受访者进行的一项调查显示，70.6% 的受访者觉得婚礼仪式必不可少。对于传统的婚礼仪式，34.5% 的受访者认为有文化内涵，各种流程不可缺少，31.5% 的受访者认为流程过于繁复，花费较大。72.0% 的受访者认为婚礼最重要的是给当事人留下美好的记忆，59.2% 的受访者认为是家人朋友的祝福。50.0% 的受访者喜欢温馨有爱的婚礼仪式，42.9% 的受访者喜欢简洁的婚礼仪式。

70.6% 受访者觉得婚礼仪式必不可少

在北京工作的于洋（化名）在朋友圈看到一个好朋友的婚礼照片，非常喜欢。“她叫了五六个朋友一起去了一个海岛，在那边举行了简单的仪式，场地非常浪漫温馨，而且去海岛的花费跟在家里办一场婚宴是一样的。她结婚时，身边都是自己关系最好的朋友，这就是我想象中婚礼的样子。”

“我有一个好朋友结婚没有办仪式，领证之后带着双方父母一起去旅游，回来就简单请大家吃了顿饭。这样真的很省事，但我觉得传统的婚礼仪式还是很有意义的。”在北京某高校读研的谢安琪（化名）说，自己每次去参加别人的婚礼都很向往。

调查显示，70.6% 的受访者觉得婚礼仪式必不可少，14.2% 的受访者觉得不是这样，15.2% 的受访者表示不好说。进一步调查显示，49.1% 的受访者的婚礼仪式是自己决定的，其他依次是：伴侣决定（19.6%）、双方父母决定（15.4%）、婚庆公司决定（4.4%）等。

“我觉得我的婚礼跟我没有太大关系，全程都是两边家长帮忙操办。”于洋说，由于传统的仪式比较讲究，她的父母提前两个月就开始准备，“中间很多亲戚出谋划策，什么步骤都不能省，导致最终的仪式特别复杂。整个婚礼办下来把长辈们累得够呛，我跟老公只能听从安排，完全没有体现我们自己的想法。”

调查显示，对于传统的婚礼仪式，34.5% 的受访者认为有文化内涵，各种流程不可缺少，31.5% 的受访者认为流程过于繁复，花费较大，30.8% 的受访者认为可以根据自身情况调整流程。

于洋直言不能忍受传统婚礼中的一些陋俗。“我在新闻报道中看到，有些地方闹伴娘闹得很过分，我结婚时，当地也有一些类似的婚俗，我和老公都认为没有必要，在我们的坚持之下才省略了。”

72.0% 受访者认为婚礼最重要的是两人特别的记忆

婚礼最重要的是什么？调查显示，72.0% 的受访者认为最重要的是给当事人留下美好的记忆，59.2% 的受访者认为家人和朋友的祝福最重要，38.7% 的受访者看重场景的布置，32.7% 的受访者觉得有婚纱和戒指很重要，17.5% 的受访者看重妆面和摄像等。

“现在的婚庆公司很有创意，各种主题的婚礼都可以设计，我去参加过一个朋友的草坪婚礼，很文艺、很清新。大家拍照留念，一起留下美好的回忆。”谢安琪告诉记者，她还看到过有人在自己的婚礼上设计特别的环节，比如用沙画还原两人相识相爱的过程，或者伴郎伴娘一起跳舞表演节目等。

调查显示，50.0% 的受访者喜欢温馨有爱的婚礼仪式，42.9% 的受访者喜欢简洁的婚礼仪式，35.6% 的受访者喜欢庄严的婚礼仪式，34.5% 的受访者喜欢隆重的婚礼仪式，受访者喜欢的婚礼仪式的特点还有：有创意（28.9%）、活泼（25.5%）等。

“跟自己的家人或好朋友一起选婚纱、买礼服、装扮新房、设计婚礼的环节，都是一个女孩子最美好的经历，累但是开心。”谢安琪对记者说，她最喜欢婚礼中接亲的环节，男生会用自己最大的诚意把女孩从娘家接走，“这个过程很有趣也很浪漫，这也是伴郎伴娘最能够发挥的环节。到我的婚礼当天，我跟闺蜜们一定会设计很多桥段，让大家玩得尽兴。”

参与调查的受访者中，53.3% 举办过婚礼，42.5% 参加过婚礼。72.7% 的人已婚，27.3% 的人未婚。男性受访者占 45.9%，女性受访者占 54.1%。受访者年龄分布方面，00 后占 1.6%，90 后占 35.2%，80 后占 47.2%，70 后占 12.5%，60 后占 2.9%。

项目小结

1. 婚礼主持人仪式前的准备工作分别是：服饰、试音频、沟通、题字器。

2. 在主持婚礼仪式过程中主要注意：①表情；②主持语态转化；③音乐的运用；④肢体语言。

3. 婚礼主持人的即兴口语表达，它是指来不及深思熟虑，在一种高度集中、快捷的思维过程中，即兴而谈，现想现说，对刺激迅速做出反应。它的特点是现想现说；语言稍纵即逝；语言灵活多样；语音和事态语有特殊功效。

4. 即兴口语表达有以下特点：①现想现说；②有去无回；③语言灵活多样；④口语表达多效性。

5. 婚礼主持人现场即兴口语表达的方法主要有：①事件陈述；②观点表达，包括幽默表达法，烘托表达法；③联系社会现象；④把控舆论导向。

核心概念

即兴口语表达；发散思维；横向思维；纵向思维；逆向思维

能力检测

1. 婚礼主持人主持婚礼之前应该做哪些准备？
2. 如何理解婚礼主持人即兴口语表达的特点？
3. 即兴口语表达的方法有哪些？
4. 模拟一场婚礼主持。

项目评价

序号	考核项目	考核内容	考核方式	考核时间（min）	配分	评分
1	串联引导	婚礼主持的基本串联语	口试	3	35	
2	程序推进	推进礼仪活动各环节	口试	3	25	
3	气氛营造	营造礼仪活动的整体气氛	口试	3	25	
4	临场应变	处理婚礼现场的突发事件	口试	3	15	

项目7 婚礼主持的评估与总结

学习目标

- 掌握婚礼主持后期评估项目内容及评估方法。
- 掌握婚礼主持建档、归档方法。

项目概览

对婚礼主持进行评估与总结是婚礼环节的重要一环。本项目核心目标是在婚礼结束后对婚礼主持工作进行总结和评估；对婚礼主持情况进行整理，建档、归档。为了实现目标，需要完成四项任务。第一，进行婚礼主持的评估；第二，进行问卷测评；第三，婚礼主持的总结及报告；第四，婚礼主持的建档、归档实训。

核心技能

- 评估调查能力。
- 档案管理能力。
- 总结报告能力。

理论知识

知识点1　婚礼主持的评估项目

婚礼主持的后期评估是指在婚礼结束后，婚庆公司对婚礼主持人的具体工作给予总结、分析、评估的过程。婚礼主持的后期评估是婚礼主持的最后一步，也是婚庆公司对婚庆服务产品售后的总结活动。此环节对于婚庆公司提高婚庆主持水平，研究婚庆产品中所存在的不足，以及打造婚礼主持团队和业务能力具有重要的作用。评估一般由婚庆公司成立评估小组进行，或由婚礼主持人、婚礼策划师、婚礼督导师自主评估。

1.1.1 语言评估

1. 环节语评估

主要评估婚礼开场语言、衔接语言、问询语言、点评语言、交流语言、评述语言、终结语言的运用是否准确、合理、符合婚礼整体氛围。

（1）开场语言。开场语言是否符合婚礼主题氛围、是否能够控制场面、是否能够引导婚礼参加者的注意力，都是评估开场语言的重要标准。

（2）衔接语言。评估衔接语言主要是看语言是否自然流畅，具有内在逻辑的过渡到下一个婚礼环节，不能刻板生硬。

（3）问询语言。问询语言的评估主要是评估问询语言是否问题符合婚礼主题和现场气氛，是否使询问者感到不悦，是否触及某些禁忌。询问态度是否亲切，被询问者是否有较好的互动，询问的问题是否使现场情况变得热烈有趣。

（4）点评语言。评估点评语言主要看点评语言是否准确到位，是否新鲜富有趣味，不能盲目评价个人的长相、穿着等，需掌握好评价的分寸。

（5）交流语言。合理运用交流语言，不要无目的地进行交流，注意语言时间，交流要为一定环节、氛围而使用。

（6）评述语言。婚礼中评述语言的运用主要是表述爱情、亲情、友情，因此对评述语言做评估的时候，要注重评述语言的文辞美以及对感情的烘托和渲染。

（7）终结语言。终结语言是婚礼仪式中最后的表达，要热烈有力，通过语言将美好、祝福赋予新人，并使婚礼参与者共同融入婚礼礼成、喜宴开始的喜悦中。

2. 即兴语言评估

婚礼中即兴语言的运用是十分困难的，对于婚礼主持人而言这也是体现婚礼主持是否成熟的重要表现。好的即兴语言表达准确、机敏，能够较快地挑动气氛、化解尴尬。不是所有婚礼主持人都可以良好运用婚礼即兴语言，所以这也是考验婚礼主持人水平的重要参考标准。

3. 语音、修辞评估

语音的评估主要是评估字、词、句、篇的语音是否准确，符合普通话的要求，当然一些地方婚礼如果能够合理运用地方方言，也是可以的。但是，一些相对要求严格的婚礼必然还是需要较为严格的普通话读音。同时，因为婚礼是较为特殊的氛围，对于语气等方面的要求也比较高，因而也是评估的重点之一。

婚礼主持语言的修辞评估重点是文辞优美，富有韵律，情感丰富，能够较好地衬托婚礼的氛围，不能是干瘪乏味、装腔作势的语言修辞。

1.1.2 副语言评估

1. 体态语评估

主要评估婚礼主持人的眼神、表情、肢体是否到位，重点在婚礼主持眼神的观察距离、情感表达，面部表情的情绪表达，肢体的力度和幅度都需要进行规范评估。

2. 形象评估

（1）服装评估。要保证服装干净、整洁，同时评估是否根据婚礼主题和形式着装。选择中式或西式礼服，要注重：中式服装的帽子等是否完整，西式礼服的领带（领结）、袖扣等是否搭配完整。虽然说婚礼现场类似于现场真人秀，但是在服装准备上不能过于花俏，要注重婚礼本身的神圣性和严肃性。

（2）妆容评估。主要评估是否使用浓妆或怪异妆容，一般根据录像拍摄需要，无论男女婚礼主持都需要化点妆，适合上镜的淡妆就可以。

（3）发型评估。评估发型是否存在不干净或过于夸张（发型、发色）等，光头可以不成为发型评估的问题，但多色彩染发对于婚礼主持人来讲并不妥当。

（4）饰品评估。评估是否过分显露或者渲染饰品，佩戴多种饰品也是不合适的行为。

1.1.3　流程评估

主要评估婚礼主持人是否严格按照商定好的婚礼流程来进行婚礼，有无遗漏的婚礼仪式，或者环节错误的流程。

1.1.4　效果评估

婚礼主持评估的主要内容就是婚礼现场的具体效果，无论主持人的言谈举止如何表达，婚礼现场氛围和参与人的具体感受是评估一场婚礼主持好坏的最终指标。如果婚礼现场始终是热烈温馨的或者互动性强的，那么就是成功的婚礼主持。

1.1.5　细节评估

婚礼主持的细节评估包括评估服务态度、服务时间等，评估婚礼主持人是否能够对客户热情接待和礼貌服务，对彩排是否能够较好地配合，对新人要求是否能够积极互动等。同时，准时出席婚礼、服务时间是否合理等也是评估重点之一。

知识点 2　婚礼主持的评估方法

对婚礼主持人在婚礼主持结束后，主要有以下评估方法。

2.1　调查问卷法

通过设计问卷，实施调查来评估项目进行评估。调查问卷能够较多地收集评估所需的信息，但问卷设计是调查问卷能否成立的最主要因素，所以在调查问卷中要将问题设计好。另外，调查问卷法需要有一定工作量来发放问卷，收集问卷，然后对问卷进行分析。

2.2　客户访问法

客户访问法主要对参加婚礼或受到婚礼服务的客户进行对面交流，来了解客户对各项服务项目的意见来进行分析评估。客户访问法是面对面的交流，能够更直接地了解婚礼服务情况，但由于时间有限，可能不够系统。

2.3 集中会商法

通过婚庆公司组织相关人员（婚礼策划师等执行人员）对婚礼主持的整个体系工作进行评估工作，负责评估的成员主要有婚礼策划师、婚礼督导师以及婚庆公司的业务指导。

2.4 影像评估法

通过婚礼 MV 了解婚礼整个筹备情况、运作情况以及效果等，婚礼 MV 作为婚庆服务的有形商品和最终商品，是婚礼主持重要的考量标准。

2.5 自我评估法

婚礼主持人对婚礼整体进行自我评估，能够展现一些细节认识，但有时太过主观，需要多方面共同考察。

按照 2009 年民政部颁布的《婚姻庆典服务》国家标准中第五部分制度建设中的“管理评审，评审信息”中规定：婚姻庆典服务机构应在服务质量管理体系中规定评审的时间。管理评审应包括以下方面的信息：

（1）顾客的反馈意见。

（2）婚姻庆典场所是否满足不同顾客的需求。

（3）服务过程中出现的问题。

（4）改进服务方法的建议。

（5）预防和纠正措施的效果。

（6）参考以往管理评审的记录等。

管理评审的结果应包括以下方面的改进措施：

（1）服务质量管理体系的改进。

（2）与顾客需求有关的服务和产品的改进。

（3）人力、设备、设施等资源的补充等。

知识点 3 婚礼主持的建档、归档方法

3.1 婚礼主持档案的内容

婚礼主持档案是婚庆公司重要的商业资料，也是具有经济价值的商业秘密，需要认真安排，严谨设置。

婚礼主持档案主要包括以下六个方面。

（1）新人接待表（新人信息）。

（2）新人跟踪表（沟通情况）。

（3）婚礼主持策划书。

（4）婚礼服务合同书。

（5）婚礼影视资料（婚礼照片、婚礼MV）。

（6）婚礼主持评估档案。

3.2　婚礼主持档案的建档、归档方法

3.2.1　婚礼主持文案档案的建档

（1）收集。由专门人员将婚礼主持的相关文字、图像资料向各部门、人员进行收集汇总，并定时予以备案。

（2）整理。将收集起来的婚礼主持资料建立文件档，在文件档封面中标注婚礼主持档案内容、名称、建档时间等。在封面或扉页中可标注目录以及档案建立情况。

（3）分类。婚礼主持建档分类可依据婚礼主持人姓名、婚礼主题、婚礼风格、婚礼消费价位以及婚礼客户等。

3.2.2　婚礼主持文案档案的归档

（1）归档范围。归档要按一定分类类型进行归档，划分好归档的范围。

（2）归档时间。婚礼主持档案要按照归档时间进行划分。

（3）归档密级。对婚礼主持档案划分一定密级层级，做好保密工作。

（4）销毁时间。对类型一般、不合时宜的、已经超过五年以上婚礼主持档案进行销毁。

3.2.3　婚礼主持档案的查询

（1）时间查询。按照归档时间进行查询。

（2）主题查询。按照婚礼主题进行查询。

（3）风格查询。按照婚礼柔美、热烈、轻松、浪漫等风格进行查询。

（4）价位查询。根据婚礼消费情况进行查询。

（5）要素查询。根据婚礼主持人或某一特殊要素进行查询。

教学项目

任务1　进行婚礼主持的评估

活动1　制作评估调查表

（1）掌握评估内容。

（2）设计评估标准。

（3）进行表格设计。

（4）模拟使用表格。

（5）完善表格内容。

顾客满意度调查表

客户签名：______工作人员签名：______

日 期	主持人姓 名	满 意 度				留 言
		及 格	不 及 格	满 意	非常满意	
业务水平	语言表达					
	流程完成					
	互动交流					
	情感表达					
	衣着配饰					
	服务态度					
	总体效果					

活动 2　进行问卷测评

（1）熟悉问卷内容。

（2）明确问卷目标。

（3）设计问卷问题。

（4）进行问卷测评。

（5）完善问卷整体。

【参考实例】　　婚礼主持调查问卷

1. 您听说过 ××× 婚礼策划公司吗？

• 有

• 没有

2. 您是否会请婚礼主持人来主持您的婚礼？

• 是

• 否 请选择您是否会请婚礼策划公司承办您的婚礼

3. 您愿意选择婚礼主持人为您服务的原因是？

• 婚庆公司较为专业，能提供一条龙服务

• 节省自己的时间

• 了解婚礼习俗

• 没有这方面资源

4. 您会选择什么风格的婚礼主持人?

• 中式喜庆
• 多才多艺
• 儒雅气质
• 深情唯美

5. 您会选择的婚礼主持人的性别、年龄?

• 男（30 岁以上）
• 男（30 岁以下）
• 女（30 岁以上）
• 女（30 岁以下）

任务 2　婚礼主持的总结及报告

活动 1　召开婚礼执行团队会议对婚礼主持进行总结

（1）确定会议主题及目标，主持人、发言人等。

（2）确定时间、地点、参与人员、要求以及会议议程等。

（3）下发通知。

（4）主持人进行掌控会议方向，参与者进行发言。

（5）做好会议记录，对经验等予以总结，及时归档。

活动 2　撰写婚礼主持的总结报告

婚礼主持人在婚礼结束后，要撰写婚礼主持总结报告，总结应当发扬的长处、检查应当避免的不足。婚礼主持人总结报告主要包括以下基本内容：

（1）背景介绍（引言）。

（2）婚礼主持情况介绍（包括策划项目、策划目标）。

（3）婚礼主持反馈介绍。

（4）婚礼主持效果评估。

（5）婚礼主持中存在的问题。

（6）经验总结和建议。

任务3　婚礼主持的建档、归档实训

活动1　归档材料

按照2009年民政部颁布的《婚姻庆典服务》国家标准中第五部分制度建设中的“档案管理”中规定：婚姻庆典服务机构应建立档案管理制度。其内容包括：

（1）服务机构经营档案的管理。

（2）员工档案资料的管理。

（3）顾客档案资料的管理。

（4）服务过程详细记录的资料管理。

（5）顾客建议或投诉的资料管理等。

（6）作为婚礼督导师应当保存的档案主要是婚礼主持的文案、图片、影像等资料。

活动2　档案装订、归档

婚礼主持档案应当参考档案管理办法进行建档、归档、装订。

拓展阅读

“私人定制”时代婚礼主持人需要更有才①

ZL正在主持婚礼，入行十几年的他如今已经建立了自己的工作团队，在台州婚庆市场小有名气。

一家人其乐融融、儿女孝敬、相亲相爱，伴随着优雅的《婚礼进行曲》，新郎从岳父的手中接过新娘的双手，人生最重要的一天感动无数人。在婚礼主持人眼里，这是爱的传承，也是他们工作的意义。

“十一”长假历来是结婚旺季。记者先后走访台州多家婚庆公司发现，十一期间，台州婚礼主持人忙得不亦乐乎，不少优秀婚礼主持人被高价请走，一些刚出师的从业者也紧急“上阵”。

业内人士告诉记者，台州市每年约4万多对新人结婚，其中40%左右的新人会聘请婚礼主持人。同时，随着台州经济的不断发展，消费观念的改变，这个数字将不断扩大。

在这些婚礼中，主持人到底扮演了什么角色？是否“耍嘴皮”就能赚钱？他们又要面对怎样的新挑战？

“私人定制”时代，对主持人提出了更高的要求

今年28岁的RJ选择在今年“十一”完成自己的终身大事，针对婚礼，他对婚庆主持人提出的要求是：婚礼仪式不要有太多程序，不要太烦琐，时间上要尽量控制得短一点，舞台上不

① 富强．“私人定制”时代婚礼主持人需要更有才[N]. 台州商报（06版），2016年10月13日．

需要摆很多道具，简单大气就可以了。

“我也经常参加别人的婚礼，感觉模式都一样，都成套路了，对于那种烦琐的仪式程序，我也不太喜欢，所以还是简单一点，最重要的是大家开开心心就好了。”RJ说。

像RJ这样，自己“定制”婚礼的人不在少数。ZL主持婚礼多年，在台州婚庆市场也算小有名气，在今年7月，他更是组建了自己的团队。他告诉记者，专业的婚礼主持人出现在20世纪90年代，在2000年之后，婚礼主持人这一行才迎来了快速发展期。

“以前只是负责主持，现在都参与婚礼策划，前期与新人之间的沟通，需要花费大量的精力。”据ZL介绍，在2010年之前，婚礼主持人只需要按固定的程序主持即可，随着90后陆陆续续地结婚，年轻人对于婚礼的品质要求越来越高。新人都需要一场不一样的婚礼，因此婚礼进入了“私人定制”时代，这也对婚礼主持人提出了更高的要求。

“从接触新人开始，就要融入他们的生活中去，关注他们生活中的点点滴滴，了解更多他们的爱情故事，为每一对新人都制定出不同的策划。”ZL告诉记者，这一行除了主持功力，沟通和随机应变能力也非常重要，婚礼现场会出现各种意外，如新人摔倒、重要宾客名单出错、现场突然停电等。

门槛较低，婚礼主持竞争越来越激烈

在台州，主持一场婚礼的报酬一般在1000～2500元，一些“圈内”较有名的婚礼主持人，报酬则为数千元。一个普通的婚礼主持人，一个月接上10场婚礼，每月收入都在万元以上，这一看似“动嘴皮”就能获得高收入的行业吸引越来越多的从业者。

“婚礼主持人的门槛要求比较低，只要自己觉得会说话能上台的，都可以来当婚礼主持人。”一家婚庆公司的负责人告诉记者，因为婚庆行业淡旺季明显，不少婚礼主持人是兼职的，这种散落、不集中、缺乏管理的行业状况，也导致了市场竞争非常激烈，但真正在这个行业中留下良好口碑的婚礼主持人并不多，除了有些名气的专职婚礼主持人，“十一”期间，不少播音主持的大学生、酒店服务生也都在兼职从事这一行业。

但ZL告诉记者，婚礼主持人并不像看上去那么简单，一个专业的主持人应该配备“四大金刚”，包括主持人、摄影、摄像及跟妆，这样整体的人员服务才能进行更好的创作。在淡季的时候，他们的团队会组团去杭州、上海等地向更专业的婚礼主持人学习，平时他们通过阅读来提高人文修养，积累舞台经验。

“更多的时候是与新人成为朋友，融入他们的生活之中。”ZL介绍，近年来，台州开始流行“私人定制”的主题婚礼，从那之后，对于西方的文化与中国古典的文化多多少少都要懂得一些。

不过，虽然台州婚礼主持人市场在全省位于前列，但不少业内人士认为，目前市场上高端人才并不多，能主持不同风格婚礼的主持人非常少。随着新人不断地进军此行业，未来的竞争压力势必会越来越大。

项目小结

1. 本章节内容是婚礼主持的最后一步，也是完成婚礼主持，进行业务总结、经验积累、锻炼队伍的实践基础。婚礼团队需认识到此项步骤的重要意义，认真进行学习、实操。婚礼主持评估及档案管理在婚礼业务的作用会在婚礼服务细化中逐步突出。

2. 婚礼主持的评估项目包括语言评估、副语言评估、流程评估、效果评估、细节评估。语言评估包括：①环节语评估；②即兴语言评估；③语音、修辞评估。副语言评估包括：①体态语评估；②形象评估。

3. 婚礼主持的评估方法主要有：①调查问卷法；②客户访问法；③集中会商法；④影像评估法；⑤自我评估法。

4. 婚礼主持档案是婚庆公司重要的商业资料，也是具有经济价值的商业秘密，需要认真安排，严谨设置。婚礼策划档案主要包括以下六个方面：①新人接待表（新人信息）；②新人跟踪表（沟通情况）；③婚礼主持策划书；④婚礼服务合同书；⑤婚礼影视资料（婚礼照片、婚礼 MV）；⑥婚礼主持评估档案。

核心概念

语言评估；副语言评估；流程评估；效果评估；细节评估

能力检测

1. 设计一份评估考量表。
2. 婚礼主持档案建档、归档的具体要领是什么？
3. 模拟一次婚礼主持评估总结会。

项目评价

<table>
<tr><th>序号</th><th>项目名称</th><th>考核内容</th><th>考核方式</th><th>考核时间（min）</th><th>配分</th><th>评分</th></tr>
<tr><td rowspan="5">1</td><td rowspan="5">婚礼主持的评估方法</td><td>调查问卷法：拟定问卷</td><td>笔试</td><td rowspan="5">20</td><td>20</td><td></td></tr>
<tr><td>客户访问法：制作访谈提纲</td><td>笔试</td><td>20</td><td></td></tr>
<tr><td>集中会商法：制定会商方案</td><td>笔试</td><td>20</td><td></td></tr>
<tr><td>影像评估法：对标主持人服务标准，撰写改进意见</td><td>笔试</td><td>20</td><td></td></tr>
<tr><td>自我评估法：撰写主持创作与服务的提升方案</td><td>笔试</td><td>20</td><td></td></tr>
</table>

项目8 婚礼主持作品赏析及专项训练

学习目标

- 掌握婚礼和婚礼主持作品的分类。
- 提高婚礼主持作品的鉴赏能力。

项目概览

当前，婚礼的形式新颖多样，可有不同内容、不同形态、不同创意、不同元素的分类。明确婚礼的分类，有助于做好婚庆行业的研究工作。婚礼主持是婚礼构成中的一项工作，是婚礼中的亮点之一，这个亮点最突出、最耀眼、最为新人重视。当然，婚礼主持作品的研究也离不开婚礼本体的研究，所以婚礼主持作品的分类将延续婚礼的分类，这样既容易理解，又便于操作。婚礼主持人通过语言这一载体，让婚礼仪式更加生动，更加完美，起承转合，调节气氛，掌控节奏，为婚礼仪式锦上添花，从而呈现出一部极具艺术表现力、感染力和吸引力的作品。依据婚礼主持作品的评价标准去分析、辨别婚礼主持的各类作品，去粗取精、去伪存真，指导学生的婚礼主持艺术创作。

核心技能

- 婚礼主持作品的鉴赏力。

理论知识

知识点1　婚礼的分类

随着时代发展和社会进步，婚庆行业迅速崛起，婚礼的形式新颖多样，传统的中式婚礼、简约的西式婚礼、温馨的酒店婚礼、神圣的教堂婚礼、时尚的草坪婚礼，浪漫的烛光婚礼……婚礼庆典呈现个性与多样、怀旧与时尚、注重情感与追求浪漫并存的多元化格局。婚礼从传统的只注重仪式性开始向重视婚礼文化、注重婚礼策划、提升婚礼品位方向转变。

但婚庆行业在快速发展的同时，行业规范的缺失、行业标准的空缺、追求利益的最大化大大限制了婚庆行业向更高层次、更高水平迈进。婚庆行业一线的专业研究基本停留在经验分享阶段，婚礼的分类尚不明确，一些描述概念模糊。

时下，依托婚庆行业发展的实际，进一步明确婚礼的分类，努力提升专业研究水平，有助于引领这个行业科学有序发展。

“类型是具有共同特征的事物所形成的种类。”[①] 当前，婚礼的形式新颖多样，可有不同内容、不同形态、不同创意、不同元素的分类。明确婚礼的分类，有助于做好对婚庆行业的学术研究工作。

对婚礼可以从不同角度进行分类，一般来讲，可以做如下分类。

（1）按表达内容的不同，婚礼可以分为中式婚礼、西式婚礼、中西合璧式婚礼。

（2）按表现形态的不同，婚礼可以分为酒店婚礼、教堂婚礼、草坪婚礼、烛光婚礼、水上婚礼、太空婚礼等。

（3）按表达创意的不同，婚礼可以分为时尚主题婚礼、个性定制婚礼。

（4）按表现元素的不同，婚礼可以分为古典主义婚礼、唯美主义婚礼、浪漫主义婚礼、印象主义婚礼、现代主义婚礼、后现代主义婚礼。

在这里说明的是，婚礼的表现元素有其鲜明的个性特点，古典主义婚礼元素可以很强烈地感受到浓厚的文化底蕴，色彩上采用金色为主的华丽颜色，表现出华贵典雅的特点。有哥特式、巴洛克式、洛可可式的造型规律。浪漫主义婚礼元素 ，强调自然与想象的完美结合，注重点线面的巧妙搭配和组织，而颜色上以浅色调为主。印象主义婚礼元素，以色彩鲜艳和斑斓为其特点，注重对比的、跳动的色彩搭配，整个色彩感觉就如同记录下了大自然里朝晖夕阳的万千气象一样缤纷美丽。现代主义婚礼元素，注重材质的表现，特别是运用光滑表面的材质，如光滑的金属、光滑的大理石、玻璃等，注重光的照射、折射和反光的处理，颜色上则运用冷色调为主。后现代主义婚礼元素，注重人和人的亲切感、和谐感的处理，所以在材质上要选用棉质和丝绒质感的装饰。

知识点 2　婚礼主持作品的分类

婚礼上，新郎新娘是绝对的主角，但是要想上演一场完美的婚礼，除了男女主角之外，有一个重要角色是不可或缺的，那就是婚礼主持人。婚礼主持是婚礼构成中的一项工作，是婚礼中的亮点之一，这个亮点最突出、最耀眼、最为新人重视。当然，婚礼主持作品的研究也离不开婚礼本体的研究，所以婚礼主持作品的分类将延续婚礼的分类，这样既容易理解，又便于操作。

（1）按表达内容的不同，婚礼主持作品可以分为中式婚礼主持作品、西式婚礼主持作品、中西合璧式婚礼主持作品。

---

① 中国社会科学院语言研究所词典编辑室．现代汉语词典 [M]. 7 版．北京：商务印书馆，2016：791.

（2）按表现形态的不同，婚礼主持作品可以分为酒店婚礼主持作品、教堂婚礼主持作品、草坪婚礼主持作品、烛光婚礼主持作品、水上婚礼主持作品、太空婚礼主持作品等等。

（3）按表达创意的不同，婚礼主持作品可以分为时尚主题婚礼主持作品、个性定制婚礼主持作品。

在这里说明的是，笔者认为，婚礼主持作品如果从婚礼的表现元素去划分，有些“形而上”，而且可操作性减弱，故不再从这一角度进行分类。

知识点 3　婚礼主持作品评价标准

所有的评价都必须遵循认识论的原则，即目的性和规律性的统一。对婚礼主持作品的评价也应该遵循这一原则，在整个评价中要充分认识和把握婚礼主持人的功能和属性，对婚礼主持作品从文化品格、专业品质、艺术品味三个维度进行科学鉴赏，避免婚礼主持人“快餐式”培养带来的诸多问题以及婚庆公司盲目追求利益最大化造成的诸多局限，为婚庆行业一线不断涌现出无愧于时代的婚礼主持精品佳作提供源动力。

3.1.1　婚礼主持作品评价的总标准

1. 文化品格

文化是民族生存发展的重要力量。习近平指出：“传承中华文化，绝不是简单复古，也不是盲目排外，而是古为今用、洋为中用。”婚礼主持作品要坚持正确导向，体现工匠精神，弘扬中华婚礼文化，体现时代感，有效发挥引领作用，实现中华文化的创造性转化和创新性发展。

2. 专业品质

婚礼主持作品的专业品质体现在：

第一，婚礼主持人具有扎实的语言基本功，语言规范、语流畅达，吐字清晰，用声自如。

第二，婚礼主持人的语言表达与婚礼仪式融为一体，整场主持状态松弛，基调准确，语态贴切，能捕捉现场信息，感受现场氛围，进行恰当的情感交流，提升婚礼文化的传播效果。

第三，整部作品呈现出了很好的服务性、仪式感和温度感。

3. 艺术品味

婚礼主持肩负着强大的审美功能，从吐字归音、用气发声、表达技巧、艺术处理等方面进行审美观照，语言准确、优美、丰富、精妙，在喜庆热闹的气氛中彰显艺术的感染力。

3.1.2　婚礼主持作品评价的量化标准

序　号	评 价 要 点	评价的量化标准	权　重
1	普通话语音	语言准确、规范	10%
2	吐字发声	吐字清晰，用声科学，状态自如	10%
3	语言表达	表达准确、生动、形象，语流畅达、语体相合、能很好地体现出文案创意	30%
4	主持功力	主持思路清晰、逻辑严谨、状态积极、交流感强、有亲和力、分寸适度	30%

续表

序 号	评 价 要 点	评价的量化标准	权 重
5	态势语	主持人形象大方，举止得体，能结合特定情境合理使用体态语，有声语言与态势语和谐统一	10%
6	个性特点	体现出正确的文化传承、内涵丰厚、结构合理、表达完整、形式新颖、风格独特	10%
7	综合评价		

教学项目

任务 1　婚礼主持作品分析

婚礼主持人对婚礼创意、婚礼风格、婚礼主题、婚礼音乐及婚礼所涉及的大量专业资料预先进行准备和消化，通过语言这一载体，实现串联引导、程序推进、气氛营造、临场应变的功能，体现出语言特有的艺术魅力，让婚礼仪式更加生动，更加完美，为婚礼仪式锦上添花，从而呈现出一部极具艺术表现力、感染力和吸引力的作品。

【主持案例一】

主持人：“朋友们，在现场，有一双特别的目光一直注视着我们这对新人，那是父母对子女关爱的目光。从呱呱坠地的那一刻开始，父母就把全部的心血倾注到了孩子的身上，含辛茹苦，无私奉献，他们只懂得付出，不求索取。今天孩子长大了，就要成家了，可是我们看到伟岸、潇洒的父亲已经变得两鬓斑白，漂亮、贤淑的母亲眼角也露出了辛勤操劳的皱纹，但他们却打心眼里高兴。这就是血浓于水的亲情，这就是天下最无私的爱。让我们把热情的掌声送给双方的父母，表达我们崇高的敬意。”①

——节选自“中西合璧式”婚礼主持作品。

评点：

这段主持体现的从容自如，而且用语质朴，做到以情感人，使得观众获得很大的情感趋同和心理满足。

【主持案例二】

张杰和谢娜婚礼上收到一份特别的祝福，主持人何炅说：

“我们一起感受这美好的祝福，我念给大家听，上联是：看谢张雄起，娜嫁香格里拉，邀三江主媒，拥雪峰披沙，仙境喜缘快乐梦。下联是：赞张谢情深，结婚人间天堂，铺七彩迎亲，借佛光护法，金曲绕唱幸福家。横批是：天赐良缘。”

——节选自“中西合璧式”婚礼主持作品

评点：

这段婚礼主持切合新人和来宾的特点，紧扣主旨，扣人心弦，要注意梳理逻辑和情感脉络的层次，注重情感的抒发，强化语言的表现力。

【主持案例三】

主持人：（广东新郎和四川新娘）今天这一对新人，可以说是：外地媳妇，本地新郎，优

① 万俊杰 . 对象感在婚礼主持艺术中应用的新思考 [J]. 新闻传播，2015（9）：83.

势互补，各有所长。一个生在四川，一个长在五羊，一个是火锅麻辣清香，一个是正宗老火靓汤。从今以后，川菜粤菜，辛辣同品，甘甜共尝。东来西往，情比路长。这叫天生一对，地造一双。[①]

——节选自“中西合璧式”婚礼主持作品

评点：

短短的几句开场语，博得现场一片喝彩。在这里修辞格的成功运用，功不可没。第一，辛辣同品，甘甜共尝，系双关语，既指粤菜、川菜本味，又指夫妻同甘共苦。第二，情比路长，则采用了大胆的夸张，寄寓了对新人美好的祝福。第三，几句话对偶，押韵，既富有文化气息，又不乏幽默。

【主持案例四】

燃得天上火，彩溢映玉阁。

新人携手迈，今生永卅合。

有请新郎新娘迈火盆。

紫木雕马鞍，金玉缔良缘。

夫妻鞍上过，义结连理牵。

有请新郎新娘跨马鞍。

——节选自传统中式婚礼主持作品

评点：

婚礼主持人采用“吟诵式”的话语样式，要表现出诗节，语速不宜太快，但要有相应的节奏变化，凸显重音。

【主持案例五】

“威廉，你愿意娶这位小姐成为你的合法妻子吗？一起生活，走入神圣的婚姻殿堂，守护婚姻，一直爱她，关心她，尊重她，不论疾病或健康，不论发生任何事情都去忠诚守护她一个人一生一世吗？

凯瑟琳，你愿意让这位男子成为你的合法丈夫吗？一起生活，走入神圣的婚姻殿堂，一直爱他，关心她，守护他，不论疾病健康，不论发生任何事情只忠诚守护他一个人一生一世吗？”[②]

——节选自西式婚礼主持作品

评点：

这段是教堂婚礼中誓言环节的问答，体现的是对新人的一种尊重。婚礼主持人要通过语言的表现力让新人感受到宗教婚礼的神圣感和仪式感。

任务 2　婚礼主持作品专项训练

2.1　训练提示

（1）婚礼主持语言准确、规范、流畅、生动。

---

① 中华司仪网：http://www.zh41.com/forum.php?mod=viewthread&tid=10872.

② 英国威廉王子婚礼特别报道 . 东方卫视， http://v.news.163.com/video/2011/4/D/3/V71T7JED3.html，2011 年 4 月 29 日 .

（2）婚礼主持中，注意非语言手段的灵活应用。

（3）婚礼音乐的恰切使用，婚礼主持与婚礼音乐、婚礼创意、婚礼主题等相得益彰。

（4）强化与现场亲友的互动，交流感强。

（5）体现出主持人良好的心理素质和敏捷的应变能力。

2.2 训练材料

2.2.1 训练材料之一[①]

婚礼督导师：尊敬的各位来宾，欢迎大家光临二位新人的结婚盛典。中国婚礼文化源远流长，古典婚礼的程序寓意深刻，有很强的可观赏和教育意义，下面就让我们屏住呼吸，在欣赏古典婚礼文化的同时去祝福两位新人吧！

【主持人登场】

主持人唱礼：

花轿到门前，宾主站两边，

鼓乐迎淑女，鞭炮庆家宴。

奏乐，迎新人——

（唢呐——三箭定乾坤）

新郎在典礼台侧面走到典礼台中央持弓箭站好。

（三箭定乾坤）

【新郎登场】

面掬微笑向诸位作揖致谢。

主持人唱礼：

鸾凤鸣双喜，蓝田称美玉，

聚乐生祥瑞，佳女配佳婿。

三箭定乾坤！

一敬天，天生一对，无与伦比；

（新郎朝天上虚射一箭）

二敬地，地配一双，彼此中意；

（新郎朝地上虚射一箭）

三敬神，魑魅魍魉，休来福地。

（新郎沿红地毯朝新娘来的方向虚射一箭）

新郎掷弓于地上，阔步走向新娘入口，于门前站定。

（新郎下台走的过程中照明灯依次打开，追光灯追随新郎到入场口，此后一直追随主体活动。）

（牵带）

---

① 节选自：中式婚礼策划案例 [J]. 中国婚庆，2012（3）：74.

唱礼词：

新郎官拜轿啊！

素仰名门一淑媛，凭媒遵礼配成婚。

新郎向门口深施一礼后毡童分别向两侧打开厅门（意味下轿），此后毡童退到倒毡子的位置准备。

彩舆迎入礼堂内，拜请新娘出轿门。

新娘出门口，喜婆就将手中的红绸一端递给新娘，另一端递给新郎。口中可以念叨些吉利话，如：不是一家人不入一家门，今儿大喜，两家合成一家亲，等等。

（此后新郎牵新娘漫步微笑走到第一道拱门处等候解说语）

2.2.2　训练材料之二

尊敬的各位来宾、各位亲朋好友，大家上午好。

今天是公元 2017 年 9 月 9 日，现在是北京时间 12 点 09 分。9 在中国的数字当中拥有着不平凡的地位，所谓天长地久，九九归一，所以呢，顺理成章，今天啊也是一个充满着吉祥和喜庆的美好一天，那在今天这样一个大喜的日子里面，我们所有的亲朋好友欢聚一堂，共同来庆贺一对天作之合，一对有情人 ××× 先生和 ××× 小姐的结婚庆典。我是来自 ×× 婚礼的婚礼主持人 ×××。首先请允许我代表新人及他们的家人对各位的到来表示最热烈的欢迎和最衷心的感谢，谢谢大家！

说了这么多，大家一定都着急了，现在有请音响师奏响神圣的婚礼进行曲，那现在就让我们共同用祝福和期待请出今天世界上最幸福的人，我们的 ××× 先生和 ××× 小姐闪亮登场。

（婚礼进行曲）

主持人：一对新人正带着幸福、带着浪漫、带着明天的美好向我们款步走来，走向他们神圣的婚姻殿堂，走向他们一生的相濡以沫，掌声祝福他们！

（轻音乐）两个人呢现在就站在我身边，我看新郎这脸上笑得就像一朵花一样，两个人站在这呢就是一个成语：天造地设，般配得不得了。三年前，我们的美丽大方的 ××× 小姐在哥哥的网吧帮忙，××× 先生经常去那个网吧上网。开朗、活泼的 ××× 小姐给 ××× 先生留下了深刻的印象。在随后的日子里，××× 先生的稳重、真诚和执着，也深深地吸引了 ××× 小姐。

（主持人突然很认真地问）××× 小姐，我要问你一个问题，你要诚实的回答我，好吗？那会儿 ××× 先生老是跑过来上网，你心里想的是："生意又来了，发财啦！"还是心里面很激动："他来了！在心里面盼着他来！"

（新娘回答）

好，××× 先生，你也诚实的回答一个问题，街上网吧那么多，你怎么老往 ××× 小姐那网吧跑？

（新郎回答）

主持人：如果说缘分是柴，那爱情就是火，是爱情点燃了他们之间的缘分，散发着炽热的光芒和感人的力量。接下来就让我们共同感受这份炽热，共同请新人点燃他们的爱情圣火。

（点燃圣火、音乐、新人动作）

主持人：我们看到爱情的圣火熊熊燃起，代表着他们今后的爱情不断升温，更加执著，代表着他们婚后的生活一定会红红火火。

在圣火燃起的那一刻呢，我们见证到了他们之间炽热的爱情光芒，我想这份感情一定会天长地久，可是天长地久不是随便说说，要用行动来表明，要用信物来证明。主持过无数场的婚礼，新人总要交换信物，信物各不相同，情意一样真诚，意义一样重大。有戒指，有吉祥物，有小工艺品，等等等等。而今天这对新人互送的信物却的确与众不同，我相信一定会让各位为之震撼，为之感动。是什么呢？我们都在期待，有请他们的爱情天使，送上他们的爱情信物。

（“天使”上，交换信物，特效音乐）

主持人展示一下身份证，我们看到，两个人交换的是身份证，我们知道，身份证呢是我们所有资料的根本，代表的是一个人的过去、现在和将来，现在两个人互相交换了身份证，就交换了生命的全部，就是走进了你中有我、我中有你的甜蜜境界。让我们再一次真心地祝福他们。在这样一个时刻呢我想新人一定有话要说，那接下来，我们静静地倾听一下新郎的爱情誓言。

（新郎誓言：亲爱的，在今天这样一个时刻，在我们婚姻的殿堂之上，在所有来宾的见证之下，我把我的身份证正式地交给你，我会用我的全部来爱你、疼你、陪伴你，我也将会珍藏好你的身份证，因为那也是你的全部，我会珍惜你的爱、你的照顾和我们共同拥有的每一天，我爱你。）（拥吻、冷焰火）

主持人：今天，××× 先生亲手将他的身份证交给了 ××× 小姐，明天，你可不可以把你兜里的钱也交给 ××× 小姐呢？（宾客笑）从婚礼开始到现在，我们就一直被两个人之间的甜蜜和幸福包围着，爱情的甜蜜，我们共同分享，幸福就会变为双倍，分享的过程是新人爱酝酿的过程，更是我们祝福新人的过程，那接下来让我们共同请出这对新人的证婚人 ××× 先生，请他为新人证婚并且送上祝福。（证婚人讲话）

好的，有了证婚人的证婚词，有了各位亲朋好友的祝福，有了互换全部的勇气和决心，我宣布，××× 先生，您现在可以正式地、光明正大地称呼你身边的 ××× 小姐为妻子、老婆了。同样，××× 小姐也可以大方地、郑重地称呼你身边的 ××× 先生为丈夫、老公了。接下来就请新郎当着所有人的面洪亮地喊一声，新娘甜甜地应一句。

（音乐转，深情地）

主持人：爱情是永恒，亲情是温馨，父母之爱是感动，当儿女呱呱坠地，父母的爱就将孩子紧紧围绕，伴着孩子成长，孩子成长的过程中，父母的额头又添了不少的皱纹，我们要感谢上天给了我们最好的父母，感谢父母给了我们一生的幸福，就让儿女们手捧一杯清茶，为父母献上一片感恩的心。

（敬茶后拥抱父母）。

主持人：今生，愿这美好的瞬间永远回放。请摄影师将镜头对准这幸福的一家，为他们留下这美好的瞬间！（一家人合影留念）（音乐）

下面，有请两位新人面向各位来宾，感谢各位来宾的到来，送上的祝福，向各位来宾深鞠一躬，感谢你们的光临。

那最后呢，请礼仪送上美酒，我们每人一杯，也请各位来宾倒满美酒，举起酒杯，请新人喝下交杯酒，让我们共同祝福，祝福幸福的新人，祝福这个新的大家庭！

主持人（声音提高）：下面我宣布：公元 2016 年 7 月 7 日，××× 先生和 ××× 小姐在网吧约会，2017 年 8 月 8 日，××× 先生和 ××× 小姐在民政局正式领取结婚证，2017 年 9 月 9 日，××× 先生和 ××× 小姐结婚庆典圆满礼成，让我们祝福他们俩在 2018 年 10 月 10 日前生下他们的龙凤胎。好，朋友们让我们一起举起杯为他们祝福，干杯！

（礼成，退场音乐）

主持人：好的，下面请新人携起手来，踏上红地毯，走向你们幸福美好的明天！最后，我也再次代表新人和双方父母以及 ×× 婚庆公司恭祝各位身体健康、合家幸福、工作顺利、一帆风顺！

谢谢大家！

2.2.3 训练材料之三①

【开场】

主持人：尊敬的各位领导、各位来宾，女士们，先生们以及现场的所有亲朋们大家好！

您现在正在收看和收听到中国中央电视台、中央人民广播电台为您现场直播的两位新人永浴爱河的新婚庆典时刻。两位新人从相识到相知，从相知到相恋，经历了爱与艰辛，经过了几多爱恋，几度期盼，几多缠绵，几度思念；终于盼来了迎来了想来了等来了这魂牵梦绕、梦绕魂牵的一天。

共同感受人间真情，追逐都市动感节拍，打造时尚婚礼，彰显新人迷人风采。欢迎大家收看和收听 2018 星光大道 ××× 王子和 ××× 公主结婚大典的现场直播。这里是缘分的天空，这里是真爱的海洋，这里是欢乐的天地，这里是王子和公主收获爱情的绝对现场！

【播放爱情 MV】

主持人：现在我宣布 2018 年星光大道 ××× 王子和 ××× 公主结婚大典现在开始！

【新人入场】

把目光投向那幸福之门，让我把目光定格在太阳升起的地方。屏住您的呼吸，用你最真诚、最持久、最热烈，空前绝后、史无前例的掌声有请两位新人走向这星光大道。

看，天地生辉、江河添彩、一对新人、飘然走来。这是爱与爱的相逢，这是爱与爱的相融，这是爱与爱的结合。两位新人，请你勇敢地向前走，前面是星光大道，前面是爱情的浪漫之旅，前面是一生挚爱的幸福殿堂！

爱，相遇的一瞬间，漫漫溢出；情，相望的一微笑，轻轻渗透。爱情是浪漫的，爱情是唯美的，爱情最终需要一个信物来印证。

【拥吻礼】

新郎，今天 ××× 就是妻子了，能否从她眼神里读懂她从一个女人到成为你妻子的一份责

① 百度文库：http://wenku.baidu.com/view/2c6be6084a7302768e9939a4.html.

任？希望用你全部的爱来呵护她，使她一生永远幸福、快乐！新娘，此刻站在面前的就是与你相识、相恋多年的男友，今后的生活起居需要你细心的照顾，事业的发展更需要你鼎力支持。还记得你们细雨下共同漫步的时候吗？还记得你们山盟海誓深情相拥吗？以前所走过的每一天都充满了快乐，你们相互选择了对方，这将是一生不悔的选择！新郎请张开你男人的臂膀去拥抱并且亲吻你心中的太阳吧。

朋友们掌声祝福！

【感恩】

父爱，像宽阔的大海，容纳了你所有的缺点和不足；母爱，像涓涓小河，无时无刻不滋润着你的心田。岁月可以冲淡很多往事，但父母之爱，却会让我们没齿难忘。丝丝银发镌刻着岁月的沧桑，在儿女的心中，那是爱的最华丽的乐章！不再挺拔的腰板，在儿女的心中，永远是世界上最坚实的脊梁！父母之爱，伟大而无私，儿女的感恩之情真切而隽永。这份爱，也许平日里我们难以言表，那么就让今天这个历史性时刻用你们自己的方式去表达对父母无限的爱！

【点烛台】

为了这一天，牵手走过多少风风雨雨；珍惜这一天，珍惜一份纯真的情感；记住这一天，两颗心从此紧紧相连。展望这一天，一个新的生活从今天开始。一份温馨、一份浪漫、一份喜悦、一份平安。祝愿两位新人的爱情像火一样炽热，如日月般永恒！

【蛋糕塔】

朋友们，今天的礼台上放着象征甜蜜爱情的蛋糕。蛋糕中间是空白的，下面有请两位新人和双方父母在蛋糕上一起谱写“家”字。人生中，总在追寻，追寻一个可以停靠的港湾；人生中，总在期盼，期盼一个盛满温情暖意的怀抱，那就是为之感动一生的家！你们永远是相亲相爱的一家人！

【香槟塔】

下面有请两位新人共同为水晶杯注满香槟酒。

朋友们，这晶莹剔透的香槟塔象征着一对新人纯洁无瑕的爱情，那层层塔尖象征着一对新人的爱情阶梯，今天他们终于携手走到爱的最高境界上，爱的最高境界上洒下了香甜的美酒，这是旺盛的生命的流动，这是合二为一的爱的温柔。朋友们，让我们衷心地祝愿他们在今后的生活中，风雨同舟、相濡以沫、真爱一生、幸福到永远！

【抛手捧花】

各位朋友，各位来宾。今天我们相聚在这里，共同见证两位新人的爱情，为了让大家共享他们的幸福，新人将带上幸福的手捧花，沿着红毯走到幸福门旁，将手捧花抛给大家，有请！

新郎新娘将要把小爱化成大爱，要把手中的鲜花献给各位。有一个传说，传说谁在婚礼上得到新娘的手捧花，那么便是下一个结婚的幸福甜蜜之人。

请新娘转过身去，让我们倒数 5、4、3、2、1，新娘请抛出手中的鲜花！

【礼成】

爱情是地球上最美丽的花朵，生命中最奇迹的力量，也是生活中最动人的故事。今天，阳光绚烂，天上人间共同舞起了美丽的霓裳。一对新人共同经历了一场圣洁的婚礼，朋友们共同印证了两人神圣的婚礼。从今天开始，你们将步入生活的旅途，共度一生。请允许我代表亲朋好友，祝愿你们人生的旅途上共享爱情、共擎风雨、白头偕老；祝愿你们青春美丽、人生精彩、生命无憾！两位新人，幸福就在前面，请你踏着这条星光大道，向幸福的终点站动身！

2018 年星光大道 ××× 王子和 ××× 公主结婚大典到此圆满礼成，朋友们掌声响起！

2.2.4　训练材料之四[1]

【开场】

亲爱的朋友们，在我们漫长的人生旅途中，都希望拥有一个同甘共苦的伴侣，有一个温暖幸福的家庭。什么是幸福呢？幸福就是，两个彼此相爱的人，能够相互牵手，一起走过漫长岁月之中每一个平凡的日子。而这也正是两个人一生挚爱的收获。今天，我想邀请大家和我一起来见证的，正是这样一段漫长人生旅途的浪漫起航。

我们今天故事中的两位主人公 ××× 先生和 ××× 小姐因为彼此发自内心的爱情呼唤，使得两个人，在茫茫人海中，在大千世界里走到一起。也正是因为那份相守一生的爱情约定，使得他们终于将在这个美丽的日子，共同步入神圣的婚礼殿堂，一起相伴一生。

今天，我们大家相聚在这里，共同来见证和祝福这对新人人生旅途中最最重要的时刻。我是今天婚礼仪式的主持人 ×××，在这里，也请允许我代表 ××× 先生和 ××× 小姐，以及一对新人的长辈父母，向今天各位来宾的光临，表示衷心的感谢和热烈的欢迎。

激动人心的时刻即将到来，温暖幸福的画面即将呈现在我们面前，各位来宾，各位朋友，我荣幸地宣布，公元 ×× 年 ×× 月 ×× 日，中国、北京，××× 先生、××× 小姐，神圣婚礼仪式，正式开始。

【新人入场】

伴随着我们的掌声，让我们首先有请今天的男主人公，有请新郎 ××× 先生隆重登场。

新郎已经来到我们面前，×××，走上这方幸福的舞台，面对这么多你熟悉的领导同事以及亲朋好友，此时此刻心情如何？美丽的新娘即将出现在你的面前，你也即将和你心爱的人开启幸福的婚姻生活，请问 ××× 先生，你准备好了吗？那就让我们把祝福的目光顺着我手指的方向聚焦，让我们掌声有请美丽的新娘幸福入场。

护送新娘入场的，是她的父亲，今天这位伟大的父亲将完成生命中最重要的一次护送，那就让我们把掌声送给这位伟大的父亲吧。

××× 先生，你的新娘就在你的前方，那就有请你用你的真心、真爱和真诚，走上前，去迎接你心中的太阳。

××× 先生，首先有请你面向伟大的父亲，深深地行感恩礼，感谢父亲将美丽的新娘送到你的面前。接下来 ××× 先生，请你面向你心中的天使，用你最真诚的方式将手中这束鲜花送给她，并且向他诉说你的心声。

作为新娘的父亲，刚刚一路护送女儿入场，此时此刻，您可以放心地将女儿的手交到新郎手中了，相信在今后，××× 先生会用他的一生一世来呵护您美丽的女儿。朋友们，也让我们用掌声有请伟大的父亲首先回到主宾席落座。

---

① 根据易叡主持的婚礼资料整理。

爱情的花朵即将绽放，婚礼的乐章即将奏响，各位来宾各位朋友，那就让我们响起掌声，有请一对新人踏上幸福圣洁的爱情通道，共同步入神圣的婚礼殿堂。

【新人宣誓】

请问新郎 ××× 先生，你是否愿意娶 ××× 小姐，让她作为你的妻子？从今以后，不论贫穷、富有、健康、疾病、顺境还是逆境，都永远地爱她、保护她，与她携手共伴一生，你愿意吗？

请问新娘 ××× 小姐，你是否愿意嫁给 ××× 先生，让她作为你的丈夫？从今以后，不论贫穷、富有、健康、疾病、顺境还是逆境，都与他同甘共苦，直到永远，你愿意吗？

【交换信物】

每一个人都希望自己有一个同甘共苦的伴侣、美好幸福的家庭，多少次梦中的婚礼，多少个对美好爱情日日夜夜的期盼。一对新人在茫茫大海、在大千世界终于找到了他们的最爱。今天，一对新人为了表达彼此的一份真情、一份真爱，他们还为对方准备了珍贵的信物。我们有请漂亮的伴娘为新人呈上爱情的见证。

【拥吻】

伴着这份幸福、伴着这份快乐，我们也有请新郎张开你的臂膀，用你火热的真情、挚诚的真心，为你美丽的新娘送上一个温馨、甜蜜、浪漫的爱情之吻。

【证婚环节】

接下来就让我们用最热烈的掌声有请本次婚礼的证婚人 ××× 为一对新人作证良缘。

【感恩鞠躬】

中国有一句老话，山再高高不过太阳，儿再大大不过爹娘。曾几何时，你们面前的两位父亲，也曾经像我们今天幸福的新郎那样，英俊潇洒，那样风度翩翩。而你们面前的两位母亲，也曾经像我们今天幸福的新娘那样，美丽漂亮，有过美好的青春年华。然而，你们不知道的是，为了你们能够健康、快乐、幸福的成长，爸爸妈妈把最伟大的爱、最无私的关怀、最宝贵的青春全都奉献给了你们。而如今，已经是青丝染白发、满脸尽蹉跎的父亲母亲，依然在用全部的爱爱着你们，依然在用全部的心关心着你们。所以，让我们永远记住，水有源树有根，做人永远莫忘父母恩。请二位新人面向爸爸妈妈，深深地行感恩礼。

【敬茶改口】

在给爸爸妈妈行过感恩礼后，一对新人还要为对方的父母敬上一杯浓浓的香茶。这杯茶有个讲究，叫做改口茶，一会儿在敬茶的时候，二位新人一定要大大方方，热热乎乎地喊上一声爸、叫上一声妈，因为父母等这个称谓已经等了很久了。首先请新娘端起一杯茶敬新郎的父亲，再端起一杯茶敬新郎的母亲。接下来请新郎端起一杯茶敬新娘的父亲，再端起一杯茶敬新娘的母亲。

【父母致辞】

相信此时此刻，作为新郎新娘的爸爸妈妈，内心之中也有许多的话要对新人嘱托，那就让我们掌声有请 ××× 的父亲（母亲）为婚礼致贺词。

【婚礼礼成】

亲爱的朋友们，人生是美好的，爱情是神圣的，也希望一对新人能够在今后的爱情之路上，相互携手一起打造属于你们的美好未来。朋友们，那就让我们再次响起掌声，陪伴一对新人踏上圣洁的爱情通道，共同走上靓丽的人生。

2.2.5 训练材料之五[①]

1. 视频开场：MV 配音

主持人：爱情没有国界，缘分没有距离，两颗心的靠近也许就在 8800 公里外的幼小的童年。童年的我们都是倔强的，不同的是，我会倔强地离开教室，只因想弹奏自己喜爱的乐器；你会倔强地骑着单车到很远的集市，只因想购买自己喜欢的衣服。童年的我们都是快乐的，不同的是，我是在板球比赛的假期，你是在天真烂漫的沙地。青年的我们都是渴望自由的，不同的是，我只想早早工作；你讨厌封闭的校园，只想追逐自己的梦想。成年的我们更是相同的，我们同样的优秀，同样的骄傲，同样的坚强，也许我们都在期待这偶然的相遇。

2. 主持人旁白

有这样的一个国度，她有着五千年的文化底蕴，有着波澜壮阔的山河画卷，有着勤劳勇敢的纯朴人民，有着丰富多彩的民俗民风；中华武术更是博大精深。太极拳就是其中之一。太极文化风靡全球，在欧洲更是盛行，有大批的青年爱好者学习太极。英国的 ××× 先生就是其中之一。

3. 新郎升降舞台打太极

主持人旁白：太极拳是我国著名的内家功夫名拳，其以柔克刚，以静制动，两仪分三才，三才显四象，四象变八卦，此阴阳之理，变幻莫测。凡事顺其自然，遇事处之泰然，得意之时淡然，失意之时坦然，艰辛曲折必然，历尽沧桑悟然。

哎，这爷们儿，长得帅气，透着灵气，带着霸气，绝对有好手气，搓牌，码牌，看牌，糊了，Adrian 先生，我的话你的明白？你这是弄啥类？（倒口）

新郎：Today I get married, my bride for performing a Tai chi.

主持人：新郎说的啥大家都知道吧？新郎说：早上没有吃饭，打麻将没劲！是吧翻译？

翻译：新郎说今天我结婚，我为新娘表演一段太极！

主持人：不是打麻将啊！知道什么是太极吗？太极太极，太太急了，别演了，赶紧换衣服吧。

4. 证婚

主持人旁白：近年来，中国有很多太极教练入住国外，弘扬太极文化。苟 ×× 先生就是其中之一。也就是新郎的师父。苟先生与新娘的大伯是世交，才使得新郎和新娘有缘相识。如果这一切都是偶然，那么两人的结合就是必然。偶然相遇是偶然，难道偶然又偶然？世间多少偶然事，要道偶然不偶然。

下面有请证婚人新娘的大伯范 ×× 先生为一对新人证婚。

有请 ××× 先生的师娘：周 ×× 女士致主婚词。

5. 第一次相约云台山

主持人旁白：每对恋人都不会忘记那第一次见面的情形，彼此的笑容，彼此的眼神，彼此的一举一动都会让人心驰神往。让我们共同感受他们约会的心情，他们第一次相约在陈氏太极拳的发源地河南焦作云台山。

---

① 王书恒老师提供。

（播放视频）

那年夏天
你穿着牛仔裤，带着墨镜
站在阳光明媚的山谷
在我朦胧的记忆里
山谷没有行人，没有声音，只有树和溪水的宁静
我们为什么会相聚到这里
这是一个偶然
像音乐一样飘渺
像山谷一样沉静
你我从山间走过
感受到你身上的一寸阳光
同时感受到你双眸中的一丝忧愁
然而我没有停下脚步，就像风过，就像溪流
风过和溪流
给我们留下这难忘的记忆
而我总是频频回首
一次次地怀想，那静静的山岗和风中站立的身影
你不知道我的过去，而我也不知道你的往事
多少天以后
我突然想到
那里正是我梦的开始

6. 新娘在父母的陪伴之下入场

主持人旁白：那一天，闭目在云台香雾中，蓦然听见你无意的真言。那一月，我晃动QQ的视频话筒，不为聊天，只为表达对你的依恋。那一年，你我相思在云端的旅途，不为相见，只为贴着你的温暖。那一世，转山转水转国度，不为修来生，只为我们今天的姻缘。

（鞠躬、献花、交接）

7. 主持人：英国剑桥，中国郑州，一首婚礼进行曲缩小了地图的比例

（婚礼进行曲）

Adrian听说你会说中文，请问能用中文给大家打个招呼吗？河南话会说吗？都会哪几句啊？中、可得劲。这代表不了河南爷们儿！必须懂一句话：谷堆在那儿！（新郎说：谷堆在那儿！）看来做河南女婿够格。

8. 新郎中文念情书

主持人：并不是每段恋人都能体会到隔海思念的苦，他们因为时差、距离的因素只能选择在周末，通过QQ视频聊天，每天给新娘发一份中文电子邮件。我们从中选择了一封。

9. 真情告白

2012年8月18日，××× 小姐远赴英国。但为了办理签证，××× 小姐用了整整一个月的时间，办理签证的困难和风险，让 ××× 小姐体会到 ××× 先生的不易。两人有了那种相互体贴、相互包容、相互理解的情感。你若不离不弃，我必生死相依！

新郎：To have and to hold; For better or for worse; For rich, for poorer; In sickness and in health; To love，to cherish. As long as we both shall live. Will you marry me?

新娘：yes, I do.

新娘：To have and to hold; For better or for worse; For rich, for poorer; In sickness and in health; To love，to cherish. As long as we both shall live Will you accompany me?

新郎：yes, I do.

（拥抱）

主持人旁白：不同的国家，不同的语言，不同的风俗，不同的信仰，相同的是他们幸福的未来，隔海相望的相思之苦将变作彼此相守的欢乐时光，偶然的相遇成为今天必然的结局。就让爱情钻戒来见证他们爱的结合（新郎外甥女上场）。

请向全世界的人宣布你们爱的结合。

（督导：送交杯酒）

偶然是缘分的船票，必然就是缘分的港湾。海阔任鱼跃，天高任鸟飞。他们将远赴英国将中国太极文化发扬光大。朋友们，我邀请大家全体起立，品味他们的多彩人生，品味他们的爱情见证，共同举杯为他们祝福。

10. 结束语

主持人：偶然的相遇，必然的结局。行至云台处，坐看云起时。偶然值真言，今生永相依。《偶然，必然》国际主题婚礼到此圆满礼成！①

拓展阅读

承中原古礼　成广府婚俗②

广州人的婚嫁民风，既受中原传统婚俗的影响，又自有粤式滋味。广州人旧时婚俗，既沿袭《周礼》之六礼而来，又融合了广州的本地特征。随着时代的进步，古代婚俗的繁文缛节逐渐被剔除，并被新婚俗精简更替，但许多带着浓浓广味的婚嫁民风依然传承下来，继而发扬光大。

新式婚俗始于清末民初

一九四九年以前，男女婚姻多依“父母之命，媒妁之言”，许多人婚后感情不融洽，家庭生活缺少幸福，成为封建婚姻制度的受害者。同时，这种婚姻制度有一套极为烦琐的礼法，要经“六礼”，送“三书”，即使贫寒人家，哪怕限于经济条件形式上只能因陋就简，但在风俗观念上也受害甚深。

---

① 根据王书恒主持的主题婚礼《偶然，必然》的资料整理。

② 刘幸、苏赞．承中原古礼　成广府婚俗 [N]. 广州日报，2022-2-9（14）.

到了清末民初，新式婚礼开始成为年轻人追逐的时尚，拍结婚照、集体婚礼、旅游结婚等形式在广州落地扎根、蔚然成风。新旧交织也拼出了一副生气勃勃的老广州风情画。

晚清年间，在西关等商贸繁荣的地方，新式婚礼开始成为年轻人追逐的时尚。拍结婚照仪式便是由外国“进口”的。当时，很多年轻人采用集体婚礼、旅游结婚等形式，或仅请亲朋好友吃喜糖，大家欢聚一堂，婚礼就算“大功告成”，既节省了开支，又不拖泥带水，干净利落。

根据当时流传甚广的一首竹枝词，新式婚礼应该是这样的：“碧藤轿子簇新花，婚礼文明半世家，吉服却嫌红锦俗，新人头罩白轻纱”。

如果有人既留恋中式的排场，又羡慕西式婚礼的时髦，他们也完全可以举行一个“中礼为体，西礼为用”的婚礼。在这样的婚礼上，你可以看到一身红衣的新娘坐着大红花轿，吹吹打打而来，可花轿上满满当当缠着鲜花和绿叶；你也可以看到穿着长衫，身上还拖着根红带子的新郎官与头戴白色婚纱的新娘相对而立，新娘深鞠一躬，新郎屈膝打千。现场呈现的情景是新俗旧礼，中西合璧，共冶一炉，相映成趣。

1912 年 11 月某天，西关石榴巷黄家举行了一场“文明婚礼”。旧式婚礼的仪仗，黄家一样没用，全用鲜花绿叶装点，屋里屋外、门楣之上只用绿叶与鲜花装饰。结婚仪式上，新娘头罩白纱，手捧花束，与新郎交换指环，随后与新郎肩并肩，缓缓而行。这场新式婚礼引来大量市民围观，一时成为轰动坊间的新闻。

“六礼”沿袭周礼　百年前简化为“三礼”

“三书六礼”是旧时汉族婚姻习俗礼仪，可以追溯至西周的“婚姻六礼”，中国古籍《礼记》和《仪礼》都对此有所论述。“三书”是指在“六礼”过程中所用的文书，包括聘书、礼书和迎书。“六礼”是指由求婚至完婚的整个结婚过程，包括纳采、问名、纳吉、纳征、请期和亲迎六个环节。广州的传统婚礼约略相同，整体来讲可以分为三个“总纲”——婚前礼、正婚礼、婚后礼，也就是广州人常说的订婚、纳聘、成婚。

广州学者徐霞辉在《论清末民初广州地区婚俗的变化》一文中介绍，广州传统婚礼极其繁缛，六礼中，“亲迎”是最热闹隆重的仪式。下九路光雅里一带集中众多专门经营婚事仪式的店铺，以“万福、丁财贵、多多福、颂多福、永全福”等比较著名。

清末民初尤其是辛亥革命后，广州婚礼删繁就简，将“六礼”简化为“三礼”“四礼”的现象越来越普遍。一般从议婚到成婚大致经过如下三个阶段：订婚、纳聘即交换聘礼、成婚。1929 年 10 月 15 日，广州社会局对市民采用新婚礼仪进行规定：结婚前后，旧俗中的送饼果、过礼、送妆、送烧猪等例，一概废除；结婚时喜酌，改为茶会，如必须餐会时，须以节俭为主。

随着风气渐开，传统婚俗中，“父母之命、媒妁之言”下的“纳采”“问名”“纳吉”“纳征”等礼仪逐渐被自由恋爱中的订婚、纳聘两个环节取代。由此，在近代社会革新多元的冲击下，广州人在婚姻观念和行为上出现了一些变化：媒家馆、相睇等媒介形式出现；“阻头”“验贞”“开叹情”等陋俗渐渐势微；婚礼服饰出现西化现象等。虽然新式婚俗尚未成为当时婚姻生活的主流，但中西混杂、新旧并存恰恰喻示着广州婚俗正历经革新而逐步开启近代化的历程。

婚礼中新娘新郎服饰和用品的变化是婚俗变迁最鲜活最具体的表现。清末民初，追求新时尚的人们开始仿效西俗，改良服饰，使得婚礼呈现出令人耳目一新的局面。很多时尚人士喜欢将新式婚礼的照片公布于媒体，渐成风尚。1914年，香港华侨严淑姬与夫君黎明伟新婚并在广州度蜜月，后将婚礼及蜜月中的一些照片发表于1914年4月1日的上海《妇女时报》。照片中的新郎戴礼帽、着西服、打领结，新娘一袭白裙，头披婚纱手执鲜花，“新意盎然”。1914年12月16日《南越报》登载的“新闺中十二曲”更形象生动地描绘了新式婚礼的情况：“相见礼，起立不胜情，夫婿人前烦介绍，鞠躬启口唤先生，态度最文明。”词中鞠躬致意和口呼先生的细节相对传统婚俗中的跪拜礼等确实凸显文明特点，难怪新式婚礼被时人称之为“文明婚礼”。

广州人迎亲　一定要走“好意头”路

然而，旧礼俗在漫长岁月里刻下的烙印，在清末民初广州人的结婚礼仪中还是显而易见的：礼饼不再请媒人担，但还是要雇出租车送过去；新娘不必打大灯笼，但光天化日之下还要打着手电筒；汽车代替了花轿，但要专门兜到有着吉祥喜庆意味名字的马路转转，走“好意头”路成了广州人迎亲的一大特征。

广州的道路名称不像纽约、芝加哥那样是“坐标式”的，也不像北京、上海那样，在一座城市里能找到各个城市的名称。广州的路名有着特殊意义，蕴含着人们对生活的美好期望。路名里“吉”多“福”多“如意”多。为了取得好兆头，讨口彩，迎亲队伍往往要兜到“吉祥路”“如意坊”“逢源路”等有着吉祥喜庆意味名字的马路转转。

迎亲队伍在吉时接上新娘后，接着就会绕道那些“好意头”路。比如，早上9时出门接新娘，下午1时前要到男家，那就要用好4个小时的时光：从男家出门到女家，接到新娘后开车绕路，再回到男家。若时间充裕及新郎新娘不介意，可以多绕一些路，吉祥路、连新路（与“连心”谐音）是必须要走的，这两条路比较开阔，且处于市中心，走起来比较方便。此外，迎亲队伍还可以选择绕道康王路、宝华路、多宝路、逢源路、百子路等，也可以选择六条带“福”字的路，即同福路、惠福路、永福路、恒福路、盘福路、万福路。

百余年后的当下，随着汽车的普及，迎亲队伍走广州“好意头”路的婚礼习俗不仅没有式微，反而越发成为时尚，得到越来越多的新人认可。前几年，笔者远在白云区江高镇的亲戚嫁女，新郎迎娶新娘时就别出心裁驱车通过华快，特意绕道越秀区东风路，前往连新路、吉祥路行走一周，后转入盘福路再往黄埔区。

项 目 小 结

1. 婚礼的分类：①按表达内容的不同，婚礼可以分为中式婚礼、西式婚礼、中西合璧式婚礼；②按表现形态的不同，婚礼可以分为酒店婚礼、教堂婚礼、草坪婚礼、烛光婚礼、水上婚礼、太空婚礼等等；③按表达创意的不同，婚礼可以分为时尚主题婚礼、个性定制婚礼；④按表现元素的不同，婚礼可以分为古典主义婚礼、唯美主义婚礼、浪漫主义婚礼、印象主义婚礼、现代主义婚礼、后现代主义婚礼。

2. 婚礼主持作品的分类：①按表达内容的不同，婚礼主持作品可以分为中式婚礼主持作品、西式婚礼主持作品、中西合璧式婚礼主持作品；②按表现形态的不同，婚礼主持作品可以分为酒店婚礼主持作品、教堂婚礼主持作品、草坪婚礼主持作品、烛光婚礼主持作品、水上婚礼主持作品、太空婚礼主持作品等等；③按表达创意的不同，婚礼主持作品可以分为时尚主题婚礼主持作品、个性定制婚礼主持作品。

核心概念

婚礼分类；婚礼主持作品评价标准；婚礼主持作品鉴赏；婚礼主持作品分析

能力检测

1. 简述婚礼的分类。

2. 根据所给材料，进行一场个性定制婚礼的创意并做婚礼主持展示。

不必盛大，不必亲友齐聚一堂，不必麻烦朋友一起忙活……如今，草坪婚礼、露营婚礼逐渐流行，还出现了能够网上参加的直播婚礼，所有祝贺都通过弹幕、红包传达。当下年轻人的婚礼，从观念到形式都在发生着变化，从资金准备到具体实施，都在向轻量化方向发展。

“轻量化婚礼”之所以渐渐流行，一方面是在疫情防控常态化背景下，不宜举办大型婚礼。于是，“两个人的婚礼”“两个人加双方父母的婚礼”“一桌酒席的婚礼”乃至“云婚礼”等，成为不少新人的选择。

更重要的是，随着各地对移风易俗、破旧立新的倡导，喜事新办、简办的理念逐渐深入人心。不少人的婚庆消费观念发生了根本转变，不再大操大办，而是追求“小而精”“新而美”，虽然婚礼规模不大，但处处体现着个性、创意和温馨。

“轻量化婚礼”减轻了劳累，节省了开支，杜绝了攀比，通过为爱“减负”为幸福加分。正如有新人所说，“婚礼花钱多代表不了什么，也证明不了什么。”

从更广的层面看，随着社会文明意识、道德素养普遍提升，更多人开始抵制在婚礼中大操大办、铺张浪费。作为精神文明建设的一项重要内容，人们乐见婚俗领域出现更多这样的可喜变化，更好带动婚俗改革取得更大成效。

进而言之，为爱“减负”还可以做得更彻底。比如，除了婚礼仪式，还应提倡低彩礼、零彩礼，防止彩礼成为“甜蜜的负担”，避免此前一些农村地区家庭因彩礼返贫的事情再发生。

将婚礼轻量化，应成为更多新人及其家庭乃至全社会的共识。事实证明，积极拥抱新婚俗，同样可以拥有仪式感、幸福感。当然，移风易俗绝非一蹴而就之事，需要更多家庭形成理性的认知，需要全社会形成合力，共同将为爱“减负”进行到底。

婚姻更和谐，家庭更幸福，社会才会更稳定。“轻量化婚礼”应该成为更多新人的选择。①

3. 2014 年 5 月 11 日，吴京和谢楠在北京国贸三期宴会厅举办婚礼。华少担任婚礼主持人。观看吴京和谢楠的婚礼典礼仪式视频，对华少的婚礼主持进行分析。

项 目 评 价

序号	项目名称	考核内容	考核方式	考核时间（min）	配分	评分
1	普通话语音	语音准确、规范	口试	30	10	
2	吐字发声	吐字清晰，用声科学，状态自如			10	
3	语言表达	表达准确、生动、形象， 语流畅达、语体相合、能很好地体现出文案创意			30	
4	主持功力	主持思路清晰、逻辑严谨、状态积极、交流感强、有亲和力、分寸适度			30	
5	态势语	主持人形象大方，举止得体，能结合特定情境合理使用体态语，有声语言与态势语和谐统一			10	
6	个性特点	体现出正确的文化传承、内涵丰厚、结构合理、表达完整、形式新颖、风格独特			10	

① 李秀荣，“轻量化婚礼”折射观念转变 [N]. 人民日报，2022-6-8（5）.

附 录

附录 A 《礼仪主持人国家职业标准（试行）》

根据《中华人民共和国劳动法》的有关规定，为了进一步完善国家职业标准体系，为职业教育、职业培训和职业技能鉴定提供科学、规范的依据，劳动和社会保障部组织有关专家，制定了《礼仪主持人国家职业标准（试行）》（以下简称《标准》）。

一、本《标准》以客观反映现阶段本职业的水平和对从业人员的要求为目标，在充分考虑经济发展、科技进步和产业结构变化对本职业影响的基础上，对职业的活动范围、工作内容、能力要求和知识水平都作了明确规定。

二、本《标准》的制定遵循了有关技术规程的要求，既保证了《标准》体例的规范化，又体现了以职业活动为导向、以职业能力为核心的特点，同时也使其具有根据科技发展进行调整的灵活性和实用性，符合培训、鉴定和就业工作的需要。

三、本《标准》依据有关规定将本职业分为四个等级，包括职业概况、基本要求、工作要求和比重表四个方面的内容。

四、本《标准》是在各有关专家和实际工作者的共同努力下完成的。参加编写的主要人员有：王群、马力、王江浩、郭永康、陈虹、张澂。本《标准》在制定过程中，得到上海市职业培训指导中心、湖南省职业技能鉴定中心等有关单位的大力支持，在此一并致谢。

五、本《标准》业经劳动和社会保障部批准，自 2007 年 1 月 1 日起施行。

礼仪主持人国家职业标准

1.1 职业名称

礼仪主持人。

1.2 职业定义

从事礼仪活动中的方案策划、程序推进、气氛营造和人际互动等工作的人员。

1.3 职业等级

本职业共设四个等级，分别为：四级礼仪主持人（国家职业资格四级）、三级礼仪主持人（国家职业资格三级）、二级礼仪主持人（国家职业资格二级）、一级礼仪主持人（国家职业资格一级）。

1.4 职业环境

室内、外，常温。

1.5 职业能力特征

口齿清晰、语言表达能力好、五官端正、动作协调。

1.6 基本文化程度

高中毕业以上（或同等学历）。

1.7 培训期限

全日制职业学校教育，根据其培养目标和教学计划确定。晋级培训期限：四级礼仪主持人不少于150标准学时；三级礼仪主持人不少于140标准学时；二级礼仪主持人不少于130标准学时；一级礼仪主持人不少于120标准学时。

1.8 鉴定要求

1.8.1 适用对象

从事或准备从事本职业的人员。

1.8.2 申报条件

——四级礼仪主持人（具备以下条件之一者）

（1）连续从事本职业工作2年以上，经四级礼仪主持人正规培训达规定标准学时数，并取得结业证书。

（2）连续从事本职业工作3年以上。

（3）具有本专业大学专科及以上学历证书。

（4）具有其他专业大学专科及以上学历证书，从事本职业工作1年以上，经四级礼仪主持人正规培训达规定标准学时数，并取得结业证书。

——三级礼仪主持人（具备以下条件之一者）

（1）取得四级礼仪主持人职业资格证书后，连续从事本职业工作3年以上，经三级礼仪主持人正规培训达规定标准学时数，并取得结业证书。

（2）取得四级礼仪主持人职业资格证书后，连续从事本职业工作4年以上。

（3）具有本专业大学专科学历证书，取得四级礼仪主持人职业资格证书后，连续从事本职业工作3年以上。

（4）具有本专业大学本科及以上学历证书。

（5）具有其他专业大学本科及以上学历证书，从事本职业工作1年以上，经三级礼仪主持人正规培训达规定标准学时数，并取得结业证书。

——二级礼仪主持人（具备以下条件之一者）

（1）取得三级礼仪主持人职业资格证书后，连续从事本职业工作3年以上，经二级礼仪主持人正规培训达规定标准学时数，并取得结业证书。

（2）取得三级礼仪主持人职业资格证书后，连续从事本职业工作4年以上。

（3）具有本专业大学本科及以上学历证书，连续从事本职业工作4年以上，经二级礼仪主持人正规培训达规定标准学时数，并取得结业证书。

（4）具有其他专业大学本科及以上学历证书，连续从事本职业工作6年以上，经二级礼仪主持人正规培训达规定标准学时数，并取得结业证书。

（5）具有本专业硕士及以上学历证书，连续从事本职业工作1年以上。

（6）具有其他专业硕士及以上学历证书，连续从事本职业工作2年以上。

——一级礼仪主持人（具备以下条件之一者）

（1）取得二级礼仪主持人职业资格证书后，连续从事本职业工作4年以上，经一级礼仪主持人正规培训连规定标准学时数，并取得结业证书。

（2）取得二级礼仪主持人职业资格证书后，连续从事本职业工作5年以上。

（3）具有本专业博士学历证书，连续从事本职业工作3年以上，经一级礼仪主持人正规培训达规定标准学时数，并取得结业证书。

附录B 普通话水平测试等级标准

（国家语委国语〔1997〕64号，1997年12月5日）

一级

甲等 朗读和自由交谈时，语音标准，词汇、语法正确无误，语调自然，表达流畅。测试总失分率在3%以内。

乙等 朗读和自由交谈时，语音标准，词汇、语法正确无误，语调自然，表达流畅。偶然有字音、字调失误。测试总失分率在8%以内。

二级

甲等 朗读和自由交谈时，声韵调发音基本标准，语调自然，表达流畅。少数难点音（平翘舌音、前后鼻尾音等）有时出现失误。词汇、语法极少有误。测试总失分率在13%以内。

乙等 朗读和自由交谈时，个别调值不准，声韵母发音有不到位现象。难点音较多（平翘舌音、前后鼻尾音、边鼻音、fu-hu、z-zh-j、送气不送气、i-u不分，保留浊塞音、浊塞擦音、丢介音、复韵母单音化等），失误较多。方言语调不明显。有使用方言词、方言语法的情况。测试总失分率在20%以内。

三级

甲等　朗读和自由交谈时，声韵调发音失误较多，难点音超出常见范围，声调调值多不准。方言语调较明显。词汇、语法有失误。测试者失分率在 30% 以内。

乙等　朗读和自由交谈时，声韵调发音失误较多，方言特征突出。方言语调明显。词汇、语法失误较多。外地人听其谈话有听不懂情况。测试总失分率在 40% 以内。

附录 C　容易读错的地名

浙江的丽水（Lí 离）被误读成丽（Lì 立）水，台州（Tāi）被误读成台（Tái 抬）州；

安徽的亳（Bó 驳）州，几乎经常被读作多了一横的毫（Háo）州；

湖北的监（Jiàn 见）利被误读成监 (Jiān 尖) 利；

河南的浚（Xùn 训）县被误读成浚（Jùn 俊）县；

湖南的耒（Lěi 垒）阳被误读成耒（Lái 来）阳，郴（Chēn 抻）州被误读成彬（Bīn 宾）州；

新疆的巴音郭楞（Léng）被误读成巴音郭愣（Lèng），这两个字长得很像，一不留神就读错；

内蒙古的巴彦淖（Nào 闹）尔被误读成巴音卓（Zhuó）尔。有一次和巴彦淖尔的同志一起联欢，他们的第一件事就是热情地感谢我读对了他们家乡的名字。可见平常误读率很高。

有些误读是因为地名中含有多音字，需要坚持的是“名从主人”的原则，例如：

河北的蔚县，正确读音是 Yù（玉）；

安徽的歙县，正确读音是 Shè（社）；六安，正确读音是 Lù（路）；

山西的繁峙县，正确读音是 Shì（是）；长子县，正确读音是 Zhǎng（掌）；

山东莘（Shēn 深）县，学生们一般读不错，因为有莘莘学子之说；但我到上海又读错了上海莘庄 (Xīn 新)。

福建厦门、广东番禺、安徽蚌埠，虽然也含有异音字，但因为知名度高，被误读的概率相对比较低。读错山东东阿的比较少，感谢关于阿胶的广告；读错山西洪洞的也比较少，因为那句“苏三离了洪洞县”起到了积极的推广作用。

辽宁阜新，在辽宁一般被读成 Fú（扶），在北京一般被读成 Fǔ（抚），而正确的读音却是 Fù（富）。

另外，很多情况下是因为有些字根本就没见过，望字猜音，跟着感觉走。包括一些以说话念字为职业、普通话水平一级甲等的人在内，如果能第一眼就读对 95% 的中国地名，那就相当超水平发挥了。

山西的隰县（Xí）；

山东的莒县（Jǔ），茌（Chí）平；

河北的井陉（Xíng），蠡县（Lǐ）；

四川的郫县（Pí），珙县（Gǒng），犍为（Qián 前）；

安徽的黟县（Yī），枞阳（Zōng）；

湖北的郧县（Yún）；

江西的婺源（Wù）；

浙江的鄞县（Yín）；

江苏的盱眙（Xū Yí），邗江（Hán），邳州（Pī）；

河南的柘城（Zhè），武陟（Zhì）。

附录D 婚礼创意环节主持词节选①

一、幸福开场主持词

1. 爱是什么？

我说：爱是感觉，爱是心动，爱是乍然相见时的心潮澎湃。

她说：爱是承诺，爱是相守，爱是耳鬓厮磨后的不离不弃。

我说：爱是激情，爱是溪流，爱是快乐幸福想飞舞的轻盈。

她说：爱是平淡，爱是高山，爱是耐得住岁月磨砺的厚重。

我说：爱是惊喜，爱是好奇，爱是永不会厌倦的二人世界。

她说：爱是宽容，爱是忍耐，爱是剪不断理还乱的一团麻。

我说：如果生活是一张网，那么爱是涓涓细流的源头，爱是生活的起点。

她说：如果生活是一张网，那么爱是相濡以沫的结果，爱是生命的终点。

爱是什么？很多年来，我一心赶路，我在一路的风景中陶醉。我迷恋大海的澎湃；我迷恋溪流的清澈；我迷恋草原的宽阔；我迷恋高山的巍峨；我迷恋森林的威严；我迷恋白云的轻柔；我迷恋鲜花的艳丽；我迷恋白雪的纯洁；我迷恋……

而终于，偶然的驻足，我发现，我成了那最美的风景，因为我心中有高山、大海、蓝天、白云、溪流……

2. 很多年来，我都在找寻心中的爱，我在缭乱的人群中疲惫。

我欣赏他人的才华；我欣赏他人的幽默；我欣赏他人的温柔；我欣赏他人的细腻；我欣赏……

而终于，偶然的回首，我发现了你的微笑，因为你的眼中，有我的快乐、迷茫、幸福、忧伤、彷徨！

3. 做夫妻，是讲缘分的。所以，珍惜眼前人，珍惜眼前事。懂得从平平淡淡的生活中体会出点点滴滴的感动。这，就是幸福！当如水的时光偷偷地从手指缝里溜过去，当年轻不再，当青春老去的时候，但愿你们还会细细地体会婚姻带给你们的遐思，还会细细地体会彼此给予的温暖……

珍惜眼前，珍惜身边的人，珍惜身边的机会，珍惜身边的事，珍惜一切上天赐与我们的缘分。

4. 有人说爱情是一种神奇的力量，得到了就会一生欢畅；有人说爱情就像一种心灵的食粮，收获了就能让岁月闪光。我们说爱情就像一种快乐的释放，因为我们得到了它。我们就不再害怕岁月的雨雪风霜。

---

① 根据收集整理的网络资料改编。

5. 朋友们：在通往爱的道路上，来来往往，有太多的人，每个人都在寻找自己的幸福，寻找着梦寐以求的爱情，寻找着自己终身的归宿，或许就因为一刹那的回眸对视，两个有缘的人就可以结伴同行，成为芸芸众生中永远相依相伴的知心爱人。生活中也许我们经常会问：幸福到底是什么？有的人说，幸福就是永远有花不完的钱；有的人说，幸福就是每天可以和亲人在一起；也有人说，幸福就是每天的锅碗瓢盆酱醋茶。幸福有很多种。相信在座的每一位来宾，心中都会有自己的感悟和答案。我是如意，我的幸福就是为一对又一对的新人主持浪漫的婚礼，见证他们一生中最圣洁的时刻。在此，请允许我代表今天的新郎新娘和他们的家人向各位来宾致以衷心的感谢和热烈的欢迎！

二、许愿砂主持词

两位新人将两种的彩砂放进一个大的玻璃瓶子，将彩色细沙混合在一起，寓意着二人像彩砂一样相依相伴，永远无法分离。

沙子只有在双手小心地捧起的时候才可以安静地留在手里，手抓得越紧就越容易流失……所以有请新人亲手将混合好的彩砂捧起，感受爱情和婚姻的真谛！

三、蛋糕塔主持词

今天的所有来宾都为新人带来美好的祝福，就像这多层的蛋糕一样，每一层都代表了为新人带来的祝福，层层代表了美满和团圆。牵起彼此的手走向这甜蜜，走向这幸福的生活！

希望你们共握爱的手柄，开启幸福的明天。希望你们在爱的旅途上风雨兼程；相濡以沫，真爱一生，真爱永恒。

新人开启着幸福，开启着甜蜜的生活，他们希望和来宾们分享他们的幸福，更希望现场的年轻朋友来分享他们的幸福。

四、手印泥环节主持词

1. 每个人在结婚前都是单翼天使，只有合二为一才可以展翅高飞，下面请我们的新娘伸出你的左手臂（外侧手臂），请新郎伸出你的右手臂，好，请两位将你们的手合成一双翅膀，印下手印，从此你们将用这双翅膀展翅高飞，飞向明天美好的生活。

2. 执子之手，与子偕老。当有一天你把自己的手交到另一个人的手心的时候，就意味着你把自己的心全部交给了对方。下面，我们的两位新人将用一种特殊的方式，让爱情在有限的生命里留下永不磨灭的印记，让幸福在金色的岁月里留下恒久难忘的回忆。岁月流逝，当你们的额头布满皱纹的时候，这枚宝贵的手印章，将默默为你们讲述曾经的誓言和永恒美好的爱情……

3. 其实每一个人的手伸出来都是一个天使之翼，但是一个天使的翅膀没有办法在爱的天空里自由翱翔，只有两个翅膀合在一起组成完整的天使之翼，才能在爱的天空里自由翱翔。新人的手合成一个翅膀，从此以后两颗心永远合成一颗心，现在请记录下这难忘的瞬间，盖上这爱的印记（盖印泥）。这珍贵的手印泥将为新人终生保留，我相信此刻是他们终生难忘的时刻。

4. 渴望在爱的天堂飞翔，这双彩翼翅膀要靠你们用双手共同编织。来吧，用彼此刻有生命线的双手，扯下一根耳鬓厮磨的情丝，印下千年不变的誓言。心的形状在双手的呵护中诞生，十指编织一双彩翼，让心去勇敢飞翔！

五、香槟塔主持词

两个人在相见的那一天，就共同酿造并珍藏了一瓶美酒，今天，两颗心终于相聚在了一起，在这个美好的时刻，你们要攀登爱情的圣堂，开启幸福的源泉，浇灌你们的幸福香槟塔。这是一颗爱的种子，它深深地埋藏在相爱人的心田里。爱的滋润，让它生根、长叶、开花、结果，今天这个幸福的时刻，它长成了一棵同心树，散发出最幸福最迷人的光彩，那缓缓流下的醇香美酒，仿佛一个个跳动的爱的音符，串连成一曲最浪漫最动人的爱的旋律。这支动人的爱情旋律，见证、记录了他们相恋时那许多温馨浪漫的时光——每一次深情的回眸、每一次甜蜜的拥吻、每一句打动心灵铭刻终生的爱的誓言。我们相信，这支动人的爱之曲，也将续写他们今后那多姿多彩的幸福生活。

六、蝴蝶放飞主持词

有一个古老的传说，结婚新人把自己的心愿轻声告诉手中的蝴蝶，然后将蝴蝶放飞，蝴蝶会告诉精灵和天使，精灵和天使就能让愿望变为现实。蝴蝶是亘古风花雪月最浪漫的传说，被赋予更多象征意味。蝴蝶忠于情侣，一生只有一个伴侣。把心里话告诉蝴蝶，由它带着飞向高空，带给天神，从而心想事成。至真、至美、至诚、至纯、至远的爱情是百年修得同船渡，懂得珍惜才使幸福的人成双对。流连戏蝶时时舞。这美丽的蝴蝶象征了这对新人的真挚爱情，愿我们这对珠联璧合、佳偶天成的新人就像这翩翩起舞的彩蝶缠缠绵绵，永相随！

七、金鱼满堂主持词

长久以来人们把金鱼看成是吉祥和招财进宝的象征，古人用水盘贮水，并加入宝石，称之为“金玉满堂”，现代人们多取金鱼的谐音，称其为“金鱼满堂”。两位新人将两条金鱼汇入一个大缸，意味着两颗心从此融合在了一起，两只充满灵性、活泼亮丽的小金鱼，在玻璃器皿中欢快地畅游着，新人接过这来自童话国度的祝福，在金鱼前将自己一生一世的承诺告诉给这可爱的精灵，共同将这份爱注入在圣洁的池水中，从此一生不离不弃、永浴爱河！震撼人心的乐曲，将这一刻永远定格在所有来宾的心中。

传说金鱼是落入凡间的精灵，如果在金鱼面前相爱的人许下心中最美好的愿望，金鱼会向天使和精灵转达新人的愿望，那么新人许下的心愿将会变为现实。新人接过天使送上的玻璃杯，两只杯中分别有两只小金鱼在欢快地畅游着，新人面对着晶莹剔透的许愿池许下一生不变的承诺，共同将心愿汇入在鲜花漂浮的池水中，从此将水乳交融，一生永不分离！这是情的交汇，这是爱的交融，波光粼粼的池水倒影中，是新人幸福的笑脸，祝愿新人——“金鱼满堂、永浴爱河！”

八、许愿水晶球主持词

在这个爱的圣地，爱的圣堂，到处都充满了甜蜜和幸福，也正是这份甜蜜，这份幸福，才使美丽的爱神降临人间，为两位新人送上了这充满魔力的水晶球。相传，两个相爱的人共同触摸这水晶球，它就会发出奇异的光芒，如果此时许下美好的愿望，这美好的愿望一定会实现，并将在水晶球上呈现。好，下面就有请一对幸福的新人，走到这充满魔力的水晶球前，面对面站好，将你们的双手握在一起，闭上眼睛，默默地许下一个美好的祝愿。

当你们把双手放到这水晶球上时，在场所有亲朋好友的都会为你们送上祝福的掌声，你们美好的愿望也一定会呈现在这水晶球上！（掌声响起）好，神奇的水晶球已经呈现出了新郎新娘美好的祝愿，那就是："执子之手，与子偕老"，就让我们真心地祝福他们"执子之手，与子偕老"，直到地老天荒！

附录 E 经典四字结婚祝福语

钟鼓乐之	鸳鸯比翼	海燕双栖	乾坤定奏	笙磬同音	琴耽瑟好
琴瑟在御	琴瑟友之	爱情永固	螽斯衍庆	鸿案相庄	如鼓琴瑟
凤凰于飞	美满家园	琴瑟和鸣	相敬如宾	同德同心	如鼓琴瑟
花开并蒂	缔结良缘	天作之合	心心相印	永结同心	相亲相爱
百年好合	永浴爱河	佳偶天成	宜室宜家	福禄鸳鸯	天缘巧合
美满良缘	郎才女貌	白头偕老	百年琴瑟	百年偕老	花好月圆
瓜瓞延绵	情投意合	夫唱妇随	珠联璧合	姻缘相配	白首成约
终身之盟	盟结良缘	神仙眷属	新婚志喜	相亲相爱	才子佳人
于飞之乐	交颈鸳鸯	同德同心	诗咏关雎	赤绳系足	相敬如宾
花开富贵	五世其昌	和乐鱼水	鱼水相谐	兰菊庭芳	天生一对
乾坤和乐	燕尔新婚	万年富贵	夫妻偕老	同心和好	有情成眷
诗咏好逑	乐赋唱随	连理交枝	燕侣双俦	闺房和乐	甜蜜佳缘
两情相悦	天缘巧合	美满良缘	良缘夙缔	玉树琼枝	龙腾凤翔
凤翥龙翔	书称厘降	鸡鸣戒旦	诗题红叶	天地配合	成双成业
美满家庭	鸾凤和鸣	缘订三生	成家之始	鸳鸯壁合	文定吉祥

附录 F[①] 婚礼致辞

婚礼致辞——证婚人致辞

女士们、先生们、朋友们：

金秋十月，天高气爽，五谷丰登，是万物收获的季节。××× 先生和 ××× 小姐的爱情，伴随着大自然的脚步，也开花结果了。今天，这对帅哥、美女，在 ××× 酒店举行隆重的结婚盛典，是他们一生中最幸福、最难忘的时刻。我受新郎新娘父母的委托，担任他们的证婚人，感到非常高兴。在这里，我向新郎新娘表示最热烈的祝贺！

新郎毕业于 ×× 外国语大学，在 ×× 矿业设备有限公司（北京）当翻译，有很高的外语水平，收入高，事业蒸蒸日上，前途无量。新娘大学毕业，是 ×× 厂的一名干部，相貌与人品俱佳，是厂里的业务骨干，有广阔的发展空间。今天，是缘分让你们二人牵手走上红地毯，走向人生的又一个驿站，从此拉开了魅力人生的序幕，用你们纯洁的爱情、激情、勤劳、智慧和汗水，在广阔的人生舞台上，演奏最美的华章，让事业和家庭获得双丰收。我将同各位来宾，在这神

① 佚名 . 婚礼致辞 [EB/OL]. 文秘 114. http://www.wenmi114.com/wenmi/yanjiang/hunlizhici/2012-09-16.

圣而庄严的婚礼仪式上，共同见证两位新人的隆重婚礼。

结婚是人生的新起点，也是人生的重要转折点，由爱情升华为婚姻，少男少女变身为夫妻。你们能走到一起，是今生有缘。婚后，衷心祝愿你们互谅互让、相亲相爱、相敬如宾，无论贫穷还是富有，都不离不弃，共同走过风雨人生路。同时，希望你们用实际行动报答父母的养育之恩！希望你们不辜负父母、亲朋和长辈寄予的厚望，用知识、爱心回报社会，在事业的田野上开拓出一片新天地！

希望你们在今后的岁月里，携手并肩，相濡以沫，孝敬父母，尊敬长辈，助人为乐，与人为善，日子过得比蜜甜！

谢谢各位！

婚礼致辞——主婚人（新郎父母）祝辞

尊敬的各位女士、先生！各位来宾，各位亲朋好友！

大家好！今天是我们家迎娶新人的大喜日子，承蒙各位的厚爱和光临，给今天的婚庆增添了无限的喜悦和光彩。为此，我代表我的家人向各位亲朋好友的光临，表示诚挚的欢迎和衷心的谢意！

缘分使我儿子 ××× 和儿媳 ××× 结为佳偶。作为父母，我们见证了他们相识、相知、相恋、相爱的过程，今天他们终于走上了婚姻的殿堂，我们无比高兴。

在这美好温馨的时刻，我对两个孩子表示由衷的祝福，祝福你们白头偕老，永结同心！同时，希望你们结婚以后，牢记今天你们彼此的真心承诺，牢记各位来宾和朋友们对你们的真诚祝愿，牢记父母对你们的无限期望。在生活上互相关心，在工作上互相支持，自信、自强、自立，共筑美好的未来。

借此机会，我还想对孩子在成长过程中予以关心和帮助的各位领导、老师、长辈、同事、同学、朋友表示最由衷的感谢。

我们是天底下最平凡的父母，我们的孩子也是天底下最平凡的孩子。我们不奢求太多，只是希望他们在踏上婚姻之路，走向人生新旅途之后，能满怀感恩之心，一路平安幸福，一辈子恩爱携手相牵。不管是苦是乐、是悲是喜，都能走向美好的明天。

最后祝福大家身体健康，家庭和谐美满。希望各位嘉宾在今天的婚宴上畅杯尽兴，度过愉快的时光，把婚礼的喜悦带回您的家，把您衷心的祝福和热情的掌声留下。

谢谢大家！

婚礼致辞——主婚人（新娘父亲）祝辞

尊敬的各位女士、先生！各位来宾，各位亲朋好友！

大家好！今天是我女儿 ××× 和女婿 ××× 新婚大喜的日子，我和 ××× 的妈妈向这对新人表示衷心的祝福！祝你们今后的生活像今天一样，热情洋溢，充满幸福！

孩子是我们的未来，是我们的希望，是我们生命的延续，你们的成长，时时刻刻牵动着长辈的心。你们的婚姻选择不仅仅属于你们自己，她牵连着你们的亲人、牵连着一切关爱你们的人的心。婚姻，是一种契约，更重要的是一种责任，它需要谦让、理解、宽容、尊重和精心经营，经得起人生风雨的洗礼。作为新娘的父亲，我更希望自己的女儿，在她离开父母后，在新的家庭环境中，能够更加幸福愉快地生活。因此真诚地希望，你们今后能够互敬、互爱、互谅、互让，一生一世、一心一意，忠贞不渝地爱护对方，真心实意地孝敬公婆，关爱小姑，共同营造温馨和谐家庭。家和万事兴啊。

在这里要感谢亲家、感谢 ×× 这片热土为我们养育了一个好女婿。

谢谢大家！

婚礼致辞——婚礼来宾致辞

各位朋友、各位来宾：

五月是一个浪漫的季节，今天是一个吉祥的日子，此时是一个醉人的时刻。因为，××× 先生与 ××× 小姐在这里举行隆重庆典，喜结良缘。从此，新郎新娘将拥有一个温馨怡人的爱之甜梦，也开始了人生幸福热烈的爱之旅程。在这神圣庄严的婚礼仪式上，我代表3000多名员工，向这对珠联璧合、佳偶天成的新人表示最热烈的祝贺。

俗话说：同船共渡，需五百世因缘。相识本身是一种缘，能够相守更是一种缘。他们从相识、相知、相恋到喜结良缘，经历了人生最美好的时光，此时的天作之合又延伸了这种缘。婚姻是一份承诺，更是一份责任，愿两位新人从此互敬互爱、谦让包容，要像光一样彼此照耀，像火一样彼此温暖。要以事业为重，用自己的聪明才智和勤劳双手打造美好的未来。不仅如此，还要尊敬父母，孝心不变，常回家看看。

衷心祝福两位新人，生活像蜜一样甘甜，爱情像钻石般永恒，事业像黄金般灿烂。祝愿你们青春美丽，生活美好，生命精彩，人生辉煌。

最后，让我们共同分享这幸福而美好的时刻，祝大家身体健康，万事顺畅，吉祥满堂！

谢谢大家！

婚礼致辞——新人答谢辞

各位亲朋好友：各位领导、各位女士、各位先生：

人生能有几次最难忘、最幸福的时刻，今天我真正从内心里感到无比激动，无比幸福，更无比难忘。今天我和心上人 ××× 小姐结婚，有我们的父母、长辈、亲戚、知心朋友和领导在百忙当中远道而来参加我俩婚礼庆典，给今天的婚礼带来了欢乐，带来了喜悦，带来了真诚的祝福。借此机会，让我俩再一次地真诚地感谢父母把我们养育成人，感谢领导的关心，感谢朋友们的祝福。

请相信我，我会永远深深爱着我的妻子，并通过我们勤劳智慧的双手，创造美满的幸福家庭。

最后，请大家与我们一起分享着幸福快乐的时光。祝大家万事如意、梦想事成！

谢谢大家！

参 考 文 献

[1] 张颂 . 中国播音学 [M]. 北京：北京广播学院出版社，2003.

[2] 张颂 . 播音创作基础 [M]. 北京：3 版 . 中国传媒大学出版社，2011.

[3] 付程 . 实用播音教程：语言表达 [M]. 北京：中国传媒大学出版社，2002.

[4] 陆晔，赵民 . 当代广播电视概论 [M]. 上海：复旦大学出版社，2002.

[5] 王晓玫 . 婚姻庆典服务概论 [M]. 北京：中国社会出版社，2010.

[6] 中国社会科学院语言研究所词典编辑室 . 现代汉语词典 [M]. 7 版 . 北京：商务印书馆，2016.

[7] 陆锡初 . 中国主持人节目学 [M]. 北京：中国广播电视出版社，2014.

[8] 於春 . 主持人即兴口语传播 [M]. 北京：中国传媒大学出版社，2009.

[9] 陆锡初 . 互动：节目主持的亮点 [J]. 现代传播，2003（6）.

[10] 万俊杰 . 艺术审美情境下语言功力的彰显: 谈婚礼主持语言的特点 [J]. 今传媒，2012（2）.

[11] 万俊杰 . 婚礼主持人使用普通话的必要性和发展空间 [C]. 北京市语言文字工作研究论丛，首都师范大学出版社，2012.

[12] 万俊杰 . 对象感在婚礼主持艺术中应用的新思考 [J] . 新闻传播，2015（9）.

[13] 王品芝 . 70.6% 受访者觉得婚礼仪式必不可少 . 中国青年报 05 版，2018 年 6 月 12 日 .

[14] 杨田风 . 婚礼行业未来走向：破界 + 融合 . 三湘都市报第 A2 版，2018 年 4 月 23 日 .

[15] 富强 . “私人定制”时代婚礼主持人需要更有才 . 台州商报第 06 版，2016 年 10 月 13 日 .

[16] 新华网：http://www.gd.xinhuanet.com/newscenter/2018-06/25/c_1123032960.htm，2018 年 6 月 25 日 .

[17] 搜狐网：http://www.sohu.com/a/232122998_100055621，2018 年 5 月 18 日 .

[18] 新浪体育：http://sports.sina.com.cn/o/2012-09-23/21456236799.shtml，2012 年 9 月 23 日 .

[19] 太平洋时尚网：https://brides.pclady.com.cn/151/1513689.html， 2016 年 5 月 25 日 .

[20] 中国婚庆人网：http://www.zghqr.com/.